融合创新：
基于非遗文化传承的
高校美育实践研究

黄 艺◎著

吉林出版集团股份有限公司
全国百佳图书出版单位

图书在版编目（CIP）数据

融合创新：基于非遗文化传承的高校美育实践研究 /
黄艺著. -- 长春：吉林出版集团股份有限公司，2024.
8. -- ISBN 978-7-5731-5384-5

Ⅰ. G40-014

中国国家版本馆CIP数据核字第2024JD1751号

RONGHE CHUANGXIN：JIYU FEI YI WENHUA CHUANCHENG DE GAOXIAO MEIYU SHIJIAN YANJIU

融合创新：基于非遗文化传承的高校美育实践研究

著　　者	黄　艺
责任编辑	杨　爽
装帧设计	张红霞

出　　版	吉林出版集团股份有限公司
发　　行	吉林出版集团社科图书有限公司
地　　址	吉林省长春市南关区福祉大路5788号　邮编：130118
印　　刷	长春新华印刷集团有限公司
电　　话	0431-81629711（总编办）
抖 音 号	吉林出版集团社科图书有限公司　37009026326

开　　本	710 mm×1000 mm　1 / 16
印　　张	15.5
字　　数	220千字
版　　次	2024年8月第1版
印　　次	2024年8月第1次印刷

书　　号	ISBN 978-7-5731-5384-5
定　　价	68.00元

如有印装质量问题，请与市场营销中心联系调换。0431-81629729

前　言

在全球化浪潮的推动下，文化的多样性与独特性越来越受到人们的关注。非物质文化遗产（非遗文化）作为人类文明的瑰宝，其传承与创新已成为当代社会的重要议题。高校美育作为培养学生审美情趣和创新能力的重要途径，对于非遗文化的传承与发展具有不可替代的作用。本书《融合创新：基于非遗文化传承的高校美育实践研究》旨在深入探讨非遗文化与高校美育的融合之道，以期为非遗文化的传承与高校美育的创新提供新的思路与方法。

非遗文化，承载着民族的历史记忆与文化基因，是民族精神的生动体现。然而，在现代社会的快速发展中，非遗文化面临着传承断层、资源流失等严峻挑战。高校作为文化传承与创新的重要阵地，拥有丰富的教育资源和人才优势，理应在非遗文化的传承与发展中发挥更大的作用。本书从非遗文化与高校美育的融合背景出发，深入剖析了非遗文化的传承价值、现状及其在高校美育中的独特地位，为后续的融合实践提供了理论基础。

美育，以直观、感性的方式塑造人的精神世界，对于提升学生的全面素质具有重要作用。将非遗文化融入高校美育实践，不仅可以丰富美育课程内容，还可以创新美育活动形式，从而增强学生的文化认同感和审美情趣。本书详细阐述了高校美育的功能与定位，以及美育与非遗文化结合的必要性、意义与可行性，为非遗文化与高校美育的融合实践提供了有力的支撑。

在融合创新的理念指导下，本书进一步探讨了非遗文化与高校美育的融合基础。文化传承与美育实践之间存在着内在联系与互动机制，二者的相互促进是融合创新的关键所在。本书通过分析国内外非遗文化与高校美育融合的成功案例，阐述了融合创新的理念、原则与实践基础，为高校美育实践提供了有益借鉴。

本书的主体部分围绕非遗文化传承在高校美育中的实践探索展开。从非遗文化传承与高校美育课程整合、活动创新、师资培养等多个方面入手，深入剖析了非遗文化在高校美育中的实践路径与方法。同时，通过典型案例的分析与反思，揭示了非遗文化传承与高校美育结合的优秀经验及存在的挑战与困境，为未来的融合实践提供了宝贵的启示。

面对非遗文化传承与高校美育融合过程中的挑战与困境，本书提出了针对性的对策与建议。从加强顶层设计与战略规划、完善非遗文化传承人的培养机制与激励机制、创新非遗文化与美育的结合模式与实践路径、强化政策支持、资源整合与多方协同等方面出发，为非遗文化传承与高校美育的深度融合提供了切实可行的解决方案。

展望未来，非遗文化传承与高校美育的融合将迎来更加广阔的发展前景。数字化、智能化技术的应用将为非遗文化的传承与创新带来新的机遇；国际化、本土化的融合发展趋势将推动非遗文化走向世界；跨学科、跨领域的创新实践将为非遗文化传承注入新的活力。最后，本书阐述了非遗文化传承与高校美育的共同使命与责任担当，强调了二者在弘扬民族文化、培养高素质人才、构建和谐校园文化生态以及推动社会进步与人类文明发展方面的重要作用。

黄艺
2024年6月

目　录

第一章 非遗文化与高校美育的融合背景

第一节 非遗文化的传承价值及其现状

一、非遗文化的定义、分类及其重要性

（一）非遗文化的定义与内涵

非遗文化，即非物质文化遗产，是指各族人民世代相传，与群众生活密切相关，具有历史、文化、科学、艺术等价值的各种传统文化表现形式及其相关的实物和场所。其包括口头传说和表述，如谚语、对联、绕口令等；表演艺术如戏曲、曲艺、舞蹈、杂技等；社会风俗、礼仪、节庆等；传统的手工艺技能等；有关自然界和宇宙的知识和实践。

非遗文化的内涵丰富多样，既包含了精神层面的价值观念、审美情趣、思维方式，也包含了物质层面的传统技艺、工具、实物等。它是人类文明的宝贵财富，是民族文化的根基和源泉，对于维护世界文化多样性和创造性，促进人类共同发展具有重要意义。

（二）非遗文化的分类及其特点

非遗文化，作为人类文明的瑰宝，涵盖了丰富多样的内容和形式。根据非遗文化的表现形式和传承方式，非遗文化主要可以分为以下几类：口头传统和表现形式，包括作为非遗文化媒介的语言；表演艺术，如民间音乐、舞蹈、戏剧等；社会实践、节庆活动、仪式以及节庆活动；传统手工艺技能，以及与之相关的工具、实物、手工艺品和文化场所，关于自然和宇宙的知识

和实践。

这些非遗文化类别各具特色，共同构成了非遗文化的丰富内涵。口头传统和表现形式是非遗文化中最为古老和普遍的形式之一，它们通过口耳相传的方式，将历史、传说、神话等代代相传，成为连接过去与现在的桥梁；表演艺术则以生动形象的方式展现了民间的生活和情感，是非遗文化中极具魅力和活力的部分；社会实践、节庆活动、仪式等则是非遗文化与日常生活紧密结合的体现，它们在特定的时间和空间中展开，成为社区凝聚力和文化认同的重要源泉；传统手工艺技能则是非遗文化中实用性与审美性相结合的代表，它们不仅具有实用价值，更是民间审美观念和创造力的结晶；关于自然和宇宙的知识和实践，反映了人类与自然的和谐共生关系，是非遗文化中蕴含深刻智慧的部分。

非遗文化之所以重要，首先在于非遗文化是人类创造力的结晶和文化的多样性表现。这些非遗文化代表了不同民族、不同地域、不同历史时期的独特文化传统和审美观念，是人类文化多样性的生动体现。其次，非遗文化也是人类历史和文化记忆的重要载体。它们通过代代相传的方式，将历史和文化信息传递给后人，成为连接过去与现在、传承历史文脉的重要纽带。最后，非遗文化还具有重要的社会价值和经济价值。其不仅是社区凝聚力和文化认同的重要源泉，也是促进文化交流、推动文化创新的重要资源。同时，非遗文化还具有潜在的经济价值，通过合理地开发和利用，可以为地区经济发展和文化产业繁荣做出贡献。

（三）非遗文化在当代社会的重要性

非遗文化在当代社会的重要性不容忽视，它不仅是民族历史与文明的载体，更是现代社会文化创新与发展的源泉。非遗文化的重要性主要体现在以下几个方面：

首先，非遗文化是民族认同和文化自信的重要基础。在全球化背景下，文化多样性受到挑战，非遗文化作为独特的民族标识，对于强化民族认同、提升文化自信具有不可替代的作用。通过传承和发展非遗文化，可以加深人们对本民族文化的了解和认同，增强民族凝聚力和自豪感。

其次，非遗文化具有极高的艺术价值和审美价值。无论是传统手工艺、表演艺术还是民俗节庆，非遗文化都蕴含着丰富的艺术元素和独特的审美追求。这些艺术形式和审美观念对于丰富现代社会的文化生活、提升人们的审美情趣具有重要意义。

再者，非遗文化也是现代文化创意产业的重要资源。在文化产业快速发展的今天，非遗文化凭借其独特的魅力和深厚的文化底蕴，成为文化创意产业的重要灵感来源。通过挖掘、整理和创新非遗文化元素，可以开发出具有民族特色和市场潜力的文化产品和服务，推动文化产业的发展和创新。

最后，非遗文化还具有教育价值和社会价值。在教育领域，非遗文化可以作为重要的教育资源，通过融入学校教育、社会教育等多种形式，促进青少年对传统文化的了解和传承。在社会领域，非遗文化的传承和发展有助于构建和谐的社会文化氛围，提升社会的文化品位和文明程度。

二、非遗文化的历史传承与时代价值

（一）非遗文化的历史传承脉络

非遗文化，作为中华民族悠久历史和灿烂文明的生动体现，其历史传承脉络深远而丰富。自远古时代起，我们的祖先便以智慧和勤劳的双手，创造了众多独具特色的非物质文化遗产，这些遗产不仅记录了中华民族的发展历程，更承载了深厚的民族情感和文化记忆。

在漫长的历史长河中，非遗文化经历了多个阶段的传承与发展。早期的非遗文化多以口头传统和表现形式为主，如神话传说、民间故事、歌谣等，它们通过口耳相传的方式，代代传承，不断丰富和发展。随着社会的进步和文明的演进，非遗文化的形式也逐渐多样化，包括传统表演艺术、社会实践、节庆活动、有关自然界和宇宙的知识和实践以及传统手工艺技能等。

在各个历史时期，非遗文化都发挥着不可或缺的作用。在农耕文明时期，非遗文化是农耕生活的重要组成部分，如农耕节令、农事习俗等，它们指导着人们的生产生活，维系着社会的和谐稳定。在封建社会时期，非遗文化则成为统治者巩固政权、教化民众的重要手段，如戏曲、曲艺等表演艺

术，通过寓教于乐的方式，传播着封建伦理道德和价值观念。

进入近代以来，尽管社会经历了巨大的变革，但非遗文化依然保持着旺盛的生命力。在革命战争年代，非遗文化成为鼓舞士气、凝聚力量的重要力量，如红色歌谣、革命故事等，它们激励着人们为民族的解放和国家的独立而斗争。在新中国成立后，非遗文化得到了更加系统的保护和传承，政府和社会各界共同努力，推动非遗文化的创新发展，使其在新的时代背景下焕发出新的光彩。

值得一提的是，非遗文化的历史传承不仅仅是一种文化的延续，更是一种精神的传承。在非遗文化的传承过程中，我们可以看到中华民族勤劳、智慧、勇敢、坚韧等优秀品质的传承和发扬。这些品质构成了中华民族的精神内核，是我们在面对困难和挑战时能够坚定信念、勇往直前的重要力量。

然而，随着现代化进程的加速和全球化的冲击，非遗文化的传承面临着前所未有的挑战。一方面，现代生活方式和价值观念的改变使得一些传统非遗文化逐渐失去了生存土壤；另一方面，外来文化的冲击也使得一些非遗文化的独特性逐渐丧失。因此，加强非遗文化的保护和传承显得尤为重要。

为此，我们需要深入挖掘非遗文化的历史价值和文化内涵，通过多种形式的活动和项目，推动非遗文化的传承和发展。同时，我们也需要加强对非遗文化传承人的培养和扶持，鼓励他们继续发扬光大非遗文化，为中华民族的文化繁荣和发展做出更大的贡献。

（二）非遗文化的时代价值体现

在全球化、现代化的浪潮中，非遗文化作为人类文明的瑰宝，其时代价值愈发凸显。非遗文化不仅承载着民族的记忆与情感，更是连接过去与未来的桥梁，为现代社会的发展提供着源源不断的精神滋养和创新灵感。

首先，非遗文化的时代价值体现在其对于文化多样性的维护上。在全球化的大背景下，文化的交流与融合成为一种趋势，但这也带来了文化同质化的风险。非遗文化作为各民族、各地区独特的文化标识，其传承与发展有助于保持文化的多样性，为世界文化的大花园增添绚丽的色彩。通过非遗文化的展示与传播，人们可以更加深入地了解不同民族、不同地域的文化特色，增进相互之间的理解与尊重，从而推动和谐世界的构建。

其次，非遗文化在促进经济发展方面也具有重要作用。随着文化产业的兴起，非遗文化成为一种重要的经济资源。通过对非遗文化的挖掘、整理与开发，可以创造出独具特色的文化产品和服务，满足人民日益增长的精神文化需求。同时，非遗文化的产业化发展还能带动相关产业的繁荣，促进就业和经济增长。例如，传统手工艺品的制作与销售、非遗文化主题旅游的开发等，都是将非遗文化转化为经济优势的有效途径。

再次，非遗文化在推动社会创新方面同样发挥着不可忽视的作用。非遗文化中蕴含的丰富智慧和创新精神，为现代社会的科技、艺术、设计等领域提供了宝贵的灵感来源。许多非遗项目所运用的独特技艺和材料，经过现代科技手段的创新应用，可以开发出更具创意和实用性的新产品。这种传统与现代相结合的方式，不仅有助于非遗文化的传承与发展，也促进了现代社会的创新与进步。

最后，非遗文化的时代价值还体现在其对于人类精神世界的滋养上。非遗文化作为民族精神的载体，蕴含着深刻的思想观念、价值追求和审美情感。通过传承与弘扬非遗文化，可以激发人们的爱国热情、民族自豪感和文化自信心，从而增强民族凝聚力和向心力。同时，非遗文化所传递的积极向上的人生态度、和谐共处的社会理念以及追求美好生活的精神需求，对于现代社会中的人们具有重要的启示和引领作用。

（三）非遗文化与现代社会的融合

在现代社会的快速发展中，非遗文化并不是孤立存在的，而是与当代社会、经济、科技等方面紧密交织在一起的。非遗文化与现代社会的融合，不仅有助于非遗文化的传承与发展，也为现代社会带来了丰富的文化资源和创新动力。

首先，非遗文化与现代社会的融合体现在生活方式的融合上。许多非遗项目，如传统手工艺、民俗活动等，原本是人们生活的重要组成部分。在现代社会，这些非遗文化通过与现代生活方式的结合，焕发出新的活力。例如，传统手工艺品经过现代设计理念的改造，成为时尚的生活用品；民俗活动与现代节庆相结合，形成了具有地方特色的文化盛宴。这种融合不仅让非遗文化在日常生活中得到传承，也丰富了现代人的生活方式。

其次，非遗文化与现代科技的融合为非遗文化的传承与发展开辟了新的路径。现代科技手段，如数字化技术、虚拟现实等，为非遗文化的记录、展示和传播提供了强大的支持。通过数字化技术，可以对非遗项目进行高精度的记录和保存。例如，虚拟现实技术则可以让人们身临其境地体验非遗文化的魅力。这种科技与非遗文化的结合，不仅让非遗文化得以更好地传承，也为非遗文化的创新性发展提供了可能。

再次，非遗文化与现代教育的融合也是非遗文化与现代社会融合的重要方面。将非遗文化纳入教育体系，通过学校教育、社会教育等多种形式，让更多的人了解和学习非遗文化。这种融合不仅可以培养更多的非遗文化传承人，也有助于提升整个社会的文化素养和文化自觉。

最后，非遗文化与现代社会的融合还体现在文化产业的融合上。非遗文化具有丰富的文化资源和市场潜力，将其与现代文化产业相融合，可以开发出具有地方特色的文化产品和服务。这种融合不仅可以推动非遗文化的产业化发展，也有助于提升文化产业的竞争力和创新力。

三、当代非遗文化传承的现状、挑战与机遇

（一）当代非遗文化传承的现状分析

在全球化与现代化的双重冲击下，非遗文化的传承已成为一个世界性的议题。当代非遗文化传承的现状呈现出复杂且多元的特点，在积极地保护与发展的同时，也面临着严峻的挑战。

首先，从积极的方面来看，非遗文化的传承得到了越来越多的关注与重视。政府、学术界、民间组织等各方力量都在积极参与到非遗文化的保护与传承中来。许多非遗项目被列入国家级或地方级的保护名录，得到了政策与资金的支持。同时，非遗文化的传承人也开始受到重视，他们的技艺与知识得到了传承与发扬。

然而，非遗文化传承也面临着诸多挑战。一方面，现代化进程的加速推

进使得许多传统的生活方式与技艺逐渐失去了生存的土壤。非遗文化的传承空间被不断压缩，传承人群也呈现出老龄化的趋势，年轻一代对非遗文化的兴趣与认同度普遍不高；另一方面，非遗文化的传承方式相对封闭与保守，缺乏创新与发展的动力。许多非遗项目仍然沿用传统的师徒传承或家族传承方式，缺乏系统的教育与培训体系，导致传承效率低下且难以适应现代社会的需求。

此外，非遗文化传承还面临着商业化与过度开发的风险。一些非遗项目在旅游开发、文化产业等领域被过度利用，导致其文化内涵与核心价值被扭曲或淡化。这种商业化的倾向不仅损害了非遗文化的原真性与纯粹性，也对其长期可持续的传承与发展构成了威胁。

（二）非遗文化传承面临的挑战

在全球化与现代化的进程中，非遗文化传承面临着复杂而严峻的挑战，这些挑战的根源多样且相互交织，不仅关乎社会变迁的宏观背景，还触及个体认知与实践的微观层面。这些挑战来自多个方面，包括社会环境的变化、传承方式的局限、人才断层的危机，以及商业化与过度开发的威胁等。

首先，挑战源自社会环境的深刻变化。城市化的加速推进及人口流动性增强，使得承载着非遗文化的传统社区与村落逐渐消逝，原本的生活情境与文化生态遭到破坏，非遗文化赖以生存的自然与社会环境日渐萎缩。同时，科技进步与现代生活方式的快速普及，拉远了人们与传统技艺的距离，非遗文化的传承空间遭遇前所未有的挤压。

其次，传承方式的传统性与现代社会需求之间的脱节不容忽视。当前，多数非遗项目仍依赖师徒或家族传承这一古老模式，系统性教育与培训机制的缺失，限制了传承效率与广度。更深层次的问题在于，对非遗文化传承的本质理解不足，导致传承方式未能与时俱进，与当下社会、经济、教育体系的融合度不高，无法充分调动年轻一代的兴趣与参与度，进而加剧了技艺失传的风险。

再次，人才断层现象凸显，成为非遗文化存续的一大瓶颈。非遗技艺学习周期长、难度大，与当代社会追求高效率和即时满足的氛围相悖，导致年轻传承人稀缺。加之老一辈传承人队伍老龄化，缺乏新鲜血液的补充，传承链出现脆弱甚至断裂的趋势，导致非遗文化的活力与发展前景蒙上阴影。

最后，商业化与过度开发对非遗文化构成了双刃剑效应。一方面，合理利用非遗资源可以促进地方经济发展，提升文化自信；另一方面，若缺乏科学规划与监管，过度商业化将扭曲非遗文化的本质，使其沦为浅表的商业符号，失去文化内涵与精神价值。同时，生态环境的破坏和资源的不可持续利用，更是对非遗文化长远存续的潜在威胁。

（三）非遗文化传承的机遇与前景

在全球化与科技快速发展的背景下，非遗文化传承虽然面临诸多挑战的同时，也孕育着前所未有的机遇。这些机遇不仅为非遗文化的传承提供了新的路径和平台，也为其在未来的发展注入了新的活力。

首先，科技的进步为非遗文化传承带来了创新的方式和手段。数字化技术、虚拟现实技术、增强现实技术等现代科技手段的应用，使得非遗文化的展示、传播和体验更加生动和真实。例如，通过数字化技术，我们可以将非遗技艺的制作过程、表演场景等以高清影像的形式记录下来，供更多人在线学习和欣赏；虚拟现实和增强现实技术则可以为观众提供沉浸式的非遗文化体验，让他们仿佛置身于非遗技艺的表演现场或制作工坊之中。

其次，全球化进程中的文化交流与互动也为非遗文化传承带来了广阔的舞台。随着国际文化交流的日益频繁，非遗文化有机会走出国门，在世界范围内展示其独特的魅力和价值。这种跨文化的交流不仅有助于增进不同民族和国家之间的了解与友谊，也能为非遗文化吸引更多的关注和支持。同时，国际化合作与交流还能为非遗文化传承提供新的思路和灵感，推动其在创新中不断发展。

最后，国家对非遗文化传承的重视和政策支持也为其未来的发展提供了有力保障。近年来，我国政府出台了一系列关于非遗文化传承与保护的政策法规，加大了对非遗文化传承人的扶持力度，建立了非遗文化保护和传承的体系。这些政策和措施的实施，不仅为非遗文化传承提供了资金和资源上的支持，也为其在法治化、规范化的轨道上健康发展创造了有利条件。

展望未来，非遗文化传承的前景充满生机。随着社会各界对非遗文化价值的认同不断提高和深入，以及现代科技手段在非遗文化传承中的广泛应用，我们有理由相信，非遗文化将在新的时代背景下焕发出更加绚丽的光彩。同时，非遗文化与高校美育的深度融合也将为其传承和发展注入新的活力，推动其在创新中不断前行。

四、非遗文化在高校美育中的独特地位

（一）非遗文化与高校美育的内在联系

非遗文化，作为人类文明的瑰宝，承载着深厚的历史底蕴和丰富的文化内涵。它不仅仅是一种传统文化的表现形式，更是一种民族精神的传承和弘扬。而高校美育，作为教育体系中的重要组成部分，致力于培养学生的审美能力和创造力，提升学生的人文素养和综合素质。这两者之间，存在着紧密而深刻的内在联系，这种联系不仅体现在文化资源的共享上，更体现在育人目标的契合和教育理念的融合上。

首先，非遗文化为高校美育提供了丰富的教学资源和文化内涵。非遗文化涵盖了传统表演艺术、手工艺技能、民俗活动等多个领域，这些丰富多彩的文化形式为高校美育提供了广阔的教学空间。通过引入非遗文化元素，高校美育课程可以更加生动形象地展现传统文化的魅力，激发学生的学习兴趣和热情。例如，在美术课程中，可以引入传统绘画、剪纸等非遗技艺，让学生在动手实践的过程中感受传统文化的独特魅力；在音乐课程中，可以引入传统音乐、舞蹈等非遗表演艺术，让学生在欣赏和学习的过程中提升审美能力和文化素养。同时，非遗文化中蕴含的精湛技艺和深厚内涵，也是高校美育培养学生审美能力和文化素养的重要载体。通过对非遗文化的深入学习和研究，学生可以更加全面地了解传统文化的历史渊源、技艺特点和文化价值，从而增强对传统文化的认同感和自豪感。

其次，高校美育是非遗文化传承的重要途径和平台。非遗文化的传承需要一代又一代人的共同努力，而高校作为人才培养的摇篮，肩负着传承和弘扬非遗文化的重要使命。通过开展非遗文化与美育相融合的课程和实践活

动，高校可以帮助学生深入了解非遗文化的内涵和价值，从而增强学生的传承意识和责任感。例如，高校可以开设非遗文化传承相关的课程，邀请非遗传承人进校园进行授课和展示，让学生在亲身接触和学习的过程中感受非遗文化的魅力；高校还可以组织非遗文化主题的实践活动，如传统手工艺制作、非遗文化调研等，让学生在实践中深入了解非遗文化的技艺特点和传承现状；高校还可以利用自身的科研优势和学术资源，对非遗文化进行深入挖掘和整理，为非遗文化的传承和发展提供有力的学术支持。

最后，非遗文化与高校美育在育人目标上高度契合。非遗文化强调的是技艺传承和文化认同，注重培养学生的实践能力和创新精神；高校美育注重培养学生的审美能力和创造力，致力于提升学生的人文素养和综合素质。这两者都致力于提升学生的综合素养和人文精神，使学生在感受美的同时，也能够创造美、传播美。因此，将非遗文化与高校美育相结合，不仅可以丰富美育课程的内容和形式，还可以提升学生的文化素养和审美能力，实现育人目标的双赢。同时，这种内在联系还有助于推动非遗文化与现代社会的融合与发展，让传统文化在现代社会中焕发出新的生机与活力。

（二）非遗文化在高校美育中的独特作用

非遗文化，作为中华民族几千年文明积淀的精华，蕴含着丰富的历史信息、深厚的文化底蕴和独特的艺术魅力。在高校美育中，非遗文化不仅为教育实践提供了宝贵的资源，更在培养学生审美情趣、提升文化素养、传承民族文化等方面发挥着不可替代的作用。

首先，非遗文化有助于拓展高校美育的教学内容。传统的高校美育课程往往侧重于西方艺术理论和审美观念的传授，而对中国传统艺术和非遗文化的涉及相对较少。将非遗文化融入高校美育体系，可以极大地丰富教学内容，为学生提供更加多元化的艺术体验和审美视角。无论是绚烂多彩的民间美术，还是巧夺天工的传统手工艺，抑或是韵味独特的传统表演艺术，都能为学生打开一扇通往传统艺术殿堂的大门，让他们在领略非遗文化魅力的同时，提升审美情趣和艺术修养。

其次，非遗文化有助于创新高校美育的教学方法。非遗文化的传承往往采用口传心授、手把手教的方式，这种亲身体验和实践操作的教学方法与现代教育理念不谋而合。在高校美育中引入非遗文化传承人的现场教学、工作坊实践等形式，可以让学生更加直观地感受非遗文化的魅力，提高学习的积极性和参与度。同时，这种实践性的教学方法也有助于培养学生的动手能力和创新精神，为非遗文化的传承注入新的活力。

再次，非遗文化有助于提升高校美育的文化内涵。非遗文化作为中华民族传统文化的重要组成部分，蕴含着丰富的历史信息和深厚的文化底蕴。在高校美育中引入非遗文化，不仅可以让学生更加深入地了解中华民族的历史和文化，增强民族自豪感和文化自信心，还可以引导学生从传统文化的角度审视现代社会，拓展审美视野和文化素养。这对于培养具有国际视野和跨文化交流能力的高素质人才具有重要意义。

最后，非遗文化有助于实现高校美育的育人目标。高校美育的根本目的在于培养学生的审美情趣和人文素养，促进他们全面发展。非物质文化遗产作为一种活态文化，其传承和发展离不开人的参与和创造。通过对非遗文化的学习和实践，学生可以更加深刻地理解传统文化的精神内涵和价值追求，从而树立正确的世界观、人生观和价值观。同时，非遗文化的传承也需要具备创新精神和实践能力的人才支撑，这与高校美育的育人目标不谋而合。

第二节　高校美育的功能与定位

一、美育在高校教育中的地位与作用

（一）美育的定义与内涵

"美育"（Aesthetic Education）作为一个独立的学术概念，普遍认为是由德国诗人、哲学家、美学家弗里德里希·席勒于1795年在《美育书简》中首倡提出的。在20世纪初期，王国维、蔡元培等人把西方的表述译作"美

育"（或"审美教育"与"美感教育"），并引入西方的美育理论。

美育学与美学有着密切的内在联系，美育学的一些基本范畴直接来源于美学。被称为"美学之父"的德国哲学家鲍姆嘉通首次提出"美学即感性学"的命题，并由此提出"美的教育即感性教育"的重要观点。美育学的开创者席勒在继承康德的哲学思想上，从人全面发展的理想出发，奠定了美育与智育、德育、体育相并列的独立地位，明确将美育界定为"情感教育"，提出了美育作用的"中介论"，美的艺术是美育最重要的手段，并试图通过美育实现对现代社会人性的改造，建构了较为完备的美育理论体系，为之后人文主义美育的发展奠定了理论基础。此后，关于美育本质的讨论受到了国内外学者的重视，以不同的视角对其学科概念进行了界定与阐述，基本可分为六大类：美育是情感教育、是感性教育、是美观教育、是美学理论在教育实践中的应用、是培养审美能力的教育、是全面育人的教育。

然而，对于美育究竟是什么，目前并没有一个统一的共识，虽然其独立学科性质已确立，并列入我国教育方针进入各级各类教育教学体系，但对其的认识和研究还较为薄弱。美育作为一门边缘交叉学科，涉及教育学、美学、哲学、心理学、社会学等诸多方面，这决定了美育研究的综合性。美育属于人文学科，人文教育的主线始终贯穿着美育的发展。美育是教育学中具有独立意义的一个重要分支，在适配教育学基本规律的同时，以培养审美能力为宗旨又有其特殊性。美育与美学的密切关系，是教育学与美学之间的中介学科，对其研究离不开美学理论。审美过程涉及的心理与生理机制，让美育同心理学与神经科学有着紧密关系。美育所涉及的社会现象与社会实践等方面，让其研究离不开社会学的支持。美学是哲学的一门子学科，美育在美学的影响下亦需要哲学依据与思想资源为其发展提供指引。总之，美育跨学科的特性，决定了其知识与方法多元化的特点。

美育的概念随着自身以及所涉及的交叉学科不断发展，其内涵与外延也有新的表述，作为培养人的一种教育形态，美育必然具有时代的特性与任务。因此，本文以2020年中共中央办公厅、国务院办公厅印发的《关于全面加强和改进新时代学校美育工作的意见》中关于美育的表述，即"美育是审美教育、情操教育、心灵教育，也是丰富想象力和培养创新意识的教育，能提升审美素养、陶冶情操、温润心灵、激发创新创造活力"作为美育概念的界定。

具体来说，美育的内涵包括以下几个方面：

1.审美感知的培养

审美感知是人们对美的最初、最直接的体验。美育通过引导学生观察、感受生活中的各种美，如自然风光、艺术作品、人文景观等，来培养他们的审美感知能力。例如，在美术课上，学生可以通过观察名画来学习如何捕捉色彩、线条和构图中的美；在音乐课上，学生可以通过聆听古典音乐来学习如何感受旋律、节奏、和声中的美。

2.审美情趣的提升

审美情趣是人们对美的喜好和追求。美育通过提供多样化的艺术教育和文化活动，来提升学生的审美情趣。例如，学校可以组织艺术展览、音乐会、戏剧表演等活动，让学生有机会接触到不同类型的艺术作品和表演形式，从而拓宽他们的审美视野，提升他们的审美品位。

3.艺术修养的增强

艺术修养是人们对艺术知识的掌握和运用。美育通过系统的艺术课程和实践活动，来增强学生的艺术修养。例如，在舞蹈课上，学生不仅可以学习舞蹈的基本技巧和动作，还可以了解舞蹈的历史背景和文化内涵；在戏剧课上，学生不仅可以学习表演的基本技能和方法，还可以深入探究戏剧的文学价值和社会意义。

4.创造力的激发

创造力是人们在审美实践中发挥想象力和创新能力的体现。美育通过鼓励学生在艺术创作和表现中尝试新的思路和方法，来激发他们的创造力。例如，在美术创作中，学生可以尝试使用不同的材料和技法来创作独特的作品；在音乐创作中，学生可以尝试融合不同的音乐元素和风格来创作出新颖的音乐作品。

5.人文精神的熏陶

人文精神是人们对文化、历史和价值观的关注和尊重。美育通过引导学生接触和理解各种文化现象和艺术作品，来熏陶他们的人文精神。例如，在历史课上，学生可以通过学习不同历史时期的文化和艺术成就来了解人类文明的演进过程；在文学课上，学生可以通过阅读经典文学作品来感受人类情感和价值观的丰富多样性。

综上所述，美育是一种旨在培养学生审美感知、审美情趣、艺术修养、创造力和人文精神的教育形式。它通过多样化的教育资源和手段，使学生在艺术和文化领域获得全面的发展和提升，从而成为具有高度文化素养和创造力的优秀人才。

（二）美育在高校教育中的地位

美育，作为教育体系中的一个重要组成部分，对于培养全面发展的人才具有不可替代的地位。在高校教育中，美育不仅仅是艺术教育的同义词，它更涵盖了对于审美观念、创造性思维以及文化素养的培养。高校美育的地位体现在它是既提升大学生综合素质的重要途径，也是推动校园文化建设、传承优秀文化遗产的关键环节。

从教育政策的角度来看，美育已经成为国家教育改革和发展规划中的重要内容。国家在教育方针中明确指出，要全面推进素质教育，培养学生德智体美全面发展。这表明美育与德育、智育、体育一样，是高等教育不可或缺的组成部分。高校作为高等教育的主要实施机构，必须将美育贯穿于整个教育过程之中，以促进学生全面和谐发展。

在实际教育实践中，美育在高校中的地位也得到了不断地提升和强化。许多高校纷纷成立了艺术教育中心、美术馆、音乐厅等艺术教育和实践的平台，为学生提供了广阔的艺术学习和体验的空间。这些平台不仅为学生提供了丰富的艺术课程资源，还通过开展各种艺术活动、展览、演出等，让学生在亲身参与中感受艺术的魅力，从而提升审美情趣和创新能力。

同时，美育在跨学科学习和综合素养提升方面的作用也日益凸显。在现代教育中，单一的知识传授已经无法满足社会对人才多元化的需求。美育以其独特的综合性、跨学科性，成为连接不同学科领域、培养学生综合素养的桥梁。通过美育，学生可以打破传统学科的界限，探索不同知识领域的内在联系，形成更加完整的知识结构和能力体系。

综上所述，美育在高校教育中的地位不仅体现在政策支持和教育实践上，更体现在它对于学生全面发展、校园文化建设以及跨学科学习等方面的深远影响。因此，高校应该继续深化美育教学改革，加强美育与其他学科的融合，充分发挥美育在高等教育中的独特作用和价值。

（三）美育对高校学生的全面发展作用

在高校教育的宏大体系中，美育不仅仅是一门课程或者一系列活动，它更是一种理念、一种精神，深深地根植于高等教育的土壤之中。美育的目标远非简单地传授艺术知识或技能，它更在于通过艺术的媒介，培养人的审美情趣，激发创新精神，进而促进人的全面发展。这种全面发展的作用，具体表现在认知、情感、价值观以及社会交往等多个层面。

在认知层面，美育能够拓宽学生的知识视野，提升其对世界的感知能力。艺术教育通常涵盖了音乐、舞蹈、绘画、戏剧等多个领域，这些领域的学习和实践不仅能够丰富学生的知识体系，更能够锻炼他们的观察力、想象力和创新能力。通过这些艺术活动，学生们可以学会从多个角度、多个层次去认识和理解世界，形成更加全面和深刻的认知结构。

在情感层面，美育对于学生的情感培养和人格塑造具有不可替代的作用。艺术作品往往蕴含着丰富的情感和深刻的人文思考，通过对这些作品的学习和欣赏，学生们可以感受到人类情感的多样性和复杂性，进而提升自己的情感表达和理解能力。同时，艺术创作本身也是一种情感宣泄和自我表达的方式，通过艺术创作，学生们可以更好地理解和接纳自己，形成更加健康和完善的人格。

在价值观层面，美育有助于引导学生形成正确的价值观念和审美观念。艺术作品往往承载着一定的社会文化和价值观念，通过对这些作品的学习和分析，学生们可以更加深入地了解社会文化的多样性和复杂性，进而形成更加包容和开放的价值观念。同时，艺术教育也强调对美的追求和欣赏，这种对美的追求可以引导学生们形成积极向上的生活态度和价值观念。

在社会交往层面，美育同样发挥着重要的作用。艺术教育通常需要学生们进行团队合作和表演展示，这些活动不仅能够锻炼学生的团队协作和沟通能力，更能够提升他们的自信心和表现力。通过这些活动，学生们可以更好地融入集体和社会，形成更加积极和健康的人际交往模式。

综上所述，美育对高校学生的全面发展具有深远的影响和作用。它不仅能够拓宽学生的知识视野、提升其认知能力，更能够培养学生的情感表达、价值观念以及社会交往能力等多个方面。因此，在高校教育中加强美育的实施和推广，对于培养全面发展的人才具有十分重要的意义。

二、高校美育课程体系的构成、特点与发展

（一）高校美育课程体系的构成

高校美育课程体系是一个多元化、系统性的教学结构，旨在通过艺术教育的手段，提升学生的审美素养、创造能力和文化自觉。这一课程体系通常由基础理论课程、专业技能课程、实践体验课程和拓展研究课程等部分组成，每一部分都有其独特的功能和作用，共同构成了美育教育的完整框架。

基础理论课程是高校美育的基石，它包括了艺术概论、美学原理、艺术史等内容。这类课程着重于传授艺术的基本知识和理论，帮助学生建立起对艺术世界的整体认知。通过学习，学生能够了解艺术的发展脉络、风格流派以及艺术创作的来源和灵感，为后续的专业学习和实践打下坚实的基础。

专业技能课程则更加注重实践技能的训练，如绘画、雕塑、音乐演奏、舞蹈表演等。这些课程不仅要求学生掌握一定的艺术技巧，还鼓励他们发挥个人的创造力和想象力，创作出具有独特个性的艺术作品。专业技能课程的开设，旨在培养学生的艺术实践能力，让他们在实践中感受艺术的魅力，提升艺术创作的自信心和表达能力。

实践体验课程是高校美育中不可或缺的一环，它强调学生的亲身参与和体验。这类课程通常以艺术考察、社会实践、艺术创作实践等形式授课，旨在让学生通过实际的艺术活动，深入了解社会文化和艺术现象，增强对艺术的感悟和理解。实践体验课程不仅能够锻炼学生的实践能力，还能够拓宽他们的艺术视野，激发其对艺术创作的热情和兴趣。

拓展研究课程则是针对有一定艺术基础和兴趣的学生开设的，它涉及艺术评论、艺术管理、艺术市场等深层次的内容。这类课程旨在培养学生的批判性思维和创新精神，让他们能够从多角度、多层次去分析和研究艺术现象，提升对艺术的理解和鉴赏能力。同时，拓展研究课程还注重培养学生的团队协作和沟通能力，为未来的艺术事业打下坚实的基础。

综上所述，高校美育课程体系是一个由基础理论课程、专业技能课程、实践体验课程和拓展研究课程等部分构成的有机整体。各部分课程相互支撑、相互促进，共同致力于提升学生的艺术素养和综合能力。通过这一课程体系的实施和推广，高校美育将能够更好地发挥其育人功能，培养出更多具有创新精神和实践能力的艺术人才。

（二）高校美育课程的特点

高校美育课程以其独特的育人理念和多元的教学内容，成为高等教育体系中不可或缺的一部分。不同于其他专业课程，高校美育课程更注重学生的感性认知、情感体验和创造力的培养，具有以下几个显著特点。

第一，高校美育课程具有鲜明的跨学科性。美育不仅仅是艺术教育的范畴，它涵盖了文学、历史、哲学、心理学等多个学科领域。因此，在美育课程的设计上，往往融合了多种学科的知识和理论，形成了跨学科的教学体系。这种跨学科性不仅丰富了美育课程的内容，也为学生提供了更广阔的视野和更多元化的思考角度。

第二，高校美育课程强调体验性和实践性。美育不仅仅是知识的传授，更是一种体验和感悟。因此，在美育课程的教学中，教师往往采用参与式、互动式的教学方法，引导学生通过亲身实践去感受和体验艺术的美。这种体验性和实践性不仅增强了学生的学习兴趣和动力，也让他们在实践中提升了自己的艺术素养和审美能力。

第三，高校美育课程注重个性化和创新性。每个学生都有自己独特的审美偏好和艺术才能。因此，美育课程在教学上注重因材施教，尊重学生的个性差异。同时，美育课程也鼓励学生发挥自己的想象力和创造力，进行艺术创新和创作。这种个性化和创新性的教学理念不仅培养了学生的艺术才能，也激发了他们的创新精神和创造力。

第四，高校美育课程具有时代性和前瞻性。艺术是时代的产物，不同的时代有不同的艺术风格和审美标准。因此，美育课程在教学内容上紧跟时代步伐，反映当代社会的艺术发展和审美趋势。同时，美育课程也注重对未来艺术发展的预测和引领，着重培养学生的未来意识和前瞻性思维。这种时代性和前瞻性的教学理念使美育课程始终保持着活力和创新性。

综上所述，高校美育课程以其跨学科性、体验性和实践性、个性化和创新性以及时代性和前瞻性的特点，在高等教育体系中发挥着独特的作用。这些特点不仅使美育课程成为培养学生全面发展的重要途径之一，也为高等教育注入了新的活力和创新元素。在未来的教育发展中，高校美育课程将继续发挥其独特的作用和价值，为培养更多具有创新精神和实践能力的人才做出更大的贡献。

（三）高校美育课程的发展趋势

随着社会的不断进步和教育理念的更新，高校美育课程正面临着前所未有的发展机遇，呈现出以下几大明显的发展趋势。

一是课程内容的多元化与深度化。未来的高校美育课程将更加注重内容的丰富性和深度，不仅涵盖传统的艺术领域，如绘画、音乐、舞蹈等，还将拓展到影视、设计、新媒体等现代艺术领域。同时，课程内容也将更加注重对非遗文化的挖掘和传承，将非遗元素融入现代艺术教育之中，使学生在学习过程中能够更深刻地理解和感受传统文化的魅力。

二是教学方法的创新与多样化。传统的高校美育课程往往采用单一的教学方法，难以激发学生的学习兴趣和积极性。未来，高校美育课程将更加注重教学方法的创新和多样化，如采用案例分析、项目驱动、实践体验等教学方法，引导学生主动参与学习过程，提高学习效果。同时，随着信息技术的发展，线上教学、虚拟现实等现代教学手段也将被广泛应用于美育课程之中，为学生提供更加便捷和高效的学习体验。

三是课程评价的全面化与科学化。课程评价是高校美育课程发展的重要保障。未来，高校美育课程将更加注重评价的全面性和科学性。评价内容将不仅关注学生的知识掌握情况，还将更加注重学生的能力提升、情感态度等方面的评价。同时，评价方式也将更加多样化和科学化，如采用过程性评价、表现性评价等评价方式，可以全面反映学生的学习情况和发展状况。

四是课程体系的整合与优化。目前，高校美育课程往往存在各自为政、缺乏整合的问题。未来，高校美育课程将更加注重体系的整合与优化，通过构建跨学科、跨领域的课程体系，实现美育与其他学科的有机融合。同时，课程体系也将更加注重层次性和递进性，满足不同学生的学习需求和发展需求。

综上所述，高校美育课程正朝着内容多元化与深度化、教学方法创新与多样化、课程评价全面化与科学化、课程体系整合与优化的方向发展。这些发展趋势不仅符合社会进步和教育理念更新的要求，也为高校美育课程的改革与发展提供了重要的思路和方向。未来，高校应紧紧抓住这些发展趋势，不断推进美育课程的改革与创新，为培养具有创新精神和实践能力的高素质人才做出更大的贡献。

三、美育与非遗文化结合的必要性及意义

（一）美育与非遗文化结合的必要性

在深入探讨高校美育实践的过程中，我们不可避免地要触及非遗文化与美育之间的紧密联系。非遗文化，作为中华民族悠久历史和灿烂文明的活态传承，蕴含着丰富的审美教育资源，对于提升高校美育质量、促进学生全面发展具有不可替代的作用。因此，美育与非遗文化的结合显得尤为必要。

首先，非遗文化为美育提供了丰厚的教育资源。非遗文化涵盖了传统表演艺术、民俗活动、传统手工艺技能等多个领域，这些领域都蕴含着深厚的审美价值和教育意义。通过将这些非遗文化元素融入美育课程，不仅可以丰富美育的教学内容，还可以为学生提供更加多元、生动的审美体验。这种体验式的教育方式有助于激发学生的学习兴趣，提高他们的审美能力和创造力。

其次，美育是非遗文化传承的重要途径。非遗文化的传承需要借助一定的载体和途径，而美育正是其中之一。通过美育课程，学生可以接触到非遗文化的精髓和魅力，从而增强对非遗文化的认同感和归属感。同时，美育还

可以培养学生的传承意识和创新能力，为非遗文化的传承注入新的活力。这种以美育为媒介的非遗文化传承方式，既符合非遗文化的传承规律，也符合现代教育的发展趋势。

最后，美育与非遗文化的结合还有助于提升学生的文化素养和人文精神。非遗文化是中华优秀传统文化的重要组成部分，它蕴含着丰富的历史文化信息和深厚的民族精神。通过美育课程的学习，学生可以更加深入地了解非遗文化的历史渊源、文化内涵和社会价值，从而提升自身的文化素养和人文精神。这种文化素养和人文精神的提升，不仅有助于学生的全面发展，还对于推动社会主义文化繁荣兴盛具有重要意义。

综上所述，美育与非遗文化的结合具有多方面的必要性。它不仅可以丰富美育的教学内容、激发学生的学习兴趣、提高审美能力和创造力，还可以为非遗文化的传承注入新的活力、提升学生的文化素养和人文精神。因此，在高校美育实践中，我们应该充分重视非遗文化与美育的结合，积极探索有效的结合方式和方法，以推动高校美育和非遗文化传承的共同发展。

（二）美育与非遗文化结合的意义与价值

美育作为高校教育体系中不可或缺的一环，其目标在于通过艺术教育和审美实践，促进学生全面发展，提升他们的感性素养、审美能力和创新精神。而非遗文化，作为人类文明的瑰宝，承载着丰富的历史记忆、深厚的文化底蕴和独特的艺术魅力。将美育与非遗文化相结合，不仅有助于传承与发展传统文化，更是对高校美育实践的一种创新与深化。

首先，美育与非遗文化的结合有助于提升学生的文化素养。非遗文化蕴含着世代相传的智慧与情感，通过接触和学习非遗技艺、欣赏非遗作品，学生可以更加直观地感受到传统文化的魅力和价值，从而增强对民族文化的认同感和自豪感。这种文化素养的提升，不仅能够丰富学生的精神世界，还可以为他们未来的学习和生活提供深厚的文化底蕴。

其次，这种结合对于非遗文化的传承与保护具有重要意义。随着现代化进程的加快，许多非遗技艺面临着失传的风险。通过将非遗文化融入美育实践，不仅可以激发学生对非遗技艺的兴趣和热情，还可以为他们提供学习和传承的平台。这种以高校为依托的非遗文化传承方式，既能够保证传承的连续性和系统性，又能够借助高校的师资力量和研究优势，推动非遗文化的创新与发展。

再次，美育与非遗文化的结合有助于培养学生的创新精神和实践能力。非遗文化是一种活态的文化遗产，其传承与发展需要不断地创新和实践。在美育实践中引入非遗元素，可以为学生提供更加广阔的创作空间和更加多元的创作素材，从而激发他们的创新思维和想象力。同时，通过参与非遗技艺的学习和制作，学生还可以锻炼自己的动手能力和实践能力，为未来的职业发展打下坚实的基础。

最后，这种结合还能够推动高校美育课程体系的改革与创新。传统的美育课程往往注重理论知识的传授和艺术技能的训练，而忽略了对传统文化和民间艺术的挖掘与传承。将非遗文化融入美育实践，可以丰富美育课程的内容与形式，使其更加贴近学生的生活实际和审美需求。同时，这种改革与创新还能够提升美育课程的吸引力和感染力，激发学生的学习兴趣和参与度。

综上所述，美育与非遗文化的结合具有深远的意义与价值。它不仅能够提升学生的文化素养、促进非遗文化的传承与保护、培养学生的创新精神和实践能力、推动高校美育课程体系的改革与创新，还能够为高校美育实践注入新的活力与内涵，使之更加符合时代的发展需求和人才的培养目标。因此，我们应该积极探索美育与非遗文化结合的有效途径和方法，为高校美育实践的创新与发展贡献智慧和力量。

（三）美育与非遗文化结合的可行性分析

在深入探讨美育与非遗文化结合的可行性时，我们需要从多个维度进行分析，包括教育资源的互补性、教育实践的可操作性、文化传承的持续性以及教育创新的潜力等方面。这些方面共同构成了美育与非遗文化结合的现实基础和未来展望。

从教育资源的互补性来看，非遗文化作为中华民族世代相传的文化瑰宝，蕴含着丰富的历史信息、深厚的文化底蕴和独特的艺术魅力。这些资源为美育提供了生动、鲜活的教育内容，有助于丰富美育课程体系，提升美育教学的吸引力和感染力。同时，美育的教育理念和教学方法也可以为非遗文化的传承和发展提供新的思路和途径，使其更加符合当代社会的审美需求和教育要求。

在教育实践的可操作性方面，美育与非遗文化的结合具有广泛的空间和多样的形式。例如，可以通过开设非遗文化相关的美育课程、邀请非遗传承人走进校园进行技艺展示和教学、组织学生开展非遗文化的体验活动和实践创作等方式，将非遗文化融入美育实践中。这些操作性强的教育实践不仅可以激发学生的学习兴趣和参与度，还可以有效促进非遗文化的传承和发展。

从文化传承的持续性来看，美育与非遗文化的结合有助于构建长期、稳定的文化传承机制。通过将非遗文化纳入美育课程体系，可以确保非遗文化在高等教育体系中的持续传承和发展。同时，美育的实践性和创新性也可以为非遗文化的传承注入新的活力和内涵，使其更加适应时代的发展和社会的变迁。

在教育创新的潜力方面，美育与非遗文化的结合为教育创新提供了广阔的空间和丰富的资源。通过将传统非遗技艺与现代审美理念相结合，可以创作出具有时代特色和创新精神的艺术作品，推动美育教学的创新和发展。同时，这种结合还可以促进跨学科的教育合作和交流，为高等教育改革和创新提供新的思路和方向。

综上所述，美育与非遗文化的结合在教育资源的互补性、教育实践的可操作性、文化传承的持续性以及教育创新的潜力等方面都展现出了显著的可行性。这种结合不仅可以丰富美育课程体系、提升美育教学质量、促进非遗文化的传承和发展；还可以为高等教育改革和创新提供新的思路和方向。因此，我们应该积极探索美育与非遗文化结合的有效途径和方法，推动高校美育实践的创新与发展。

四、高校美育在非遗文化传承中的角色定位

（一）高校美育在非遗文化传承中的角色

在非遗文化传承的宏大舞台上，高校美育扮演着举足轻重的角色。这不仅仅是因为高校作为知识与文化的集散地，拥有传承和发展非遗文化的天然使命，更是因为美育本身的特性和功能与非遗文化的传承需求不谋而合。

首先，高校美育是非遗文化传承的重要载体。非遗文化遗产，作为一种活态文化，需要通过实践和体验来传承。高校美育课程和活动为学生提供了亲身接触、学习和传承非遗文化的机会。通过参与非遗技艺的学习、实践和创作，学生可以深入理解非遗文化的内涵和价值，从而成为非遗文化传承的有力推动者。

其次，高校美育在非遗文化传承中具有创新引领的作用。传承并不意味着墨守成规，而是在保持核心价值的基础上进行创新和发展。高校美育鼓励学生运用现代审美理念和创作手法，对非遗文化进行再创作和演绎，使其更加符合当代社会的审美需求。这种创新引领的作用，不仅有助于非遗文化在现代社会中的传播和推广，还能为非遗文化注入新的生命力和活力。

再次，高校美育还是非遗文化传承中的人才培养基地。非遗文化的传承需要一支高素质、专业化的人才队伍。高校美育通过开设相关课程、举办讲座和工作坊等形式，培养了一批既懂非遗技艺又具备现代审美素养的复合型人才。这些人才不仅能够在非遗文化传承中发挥重要作用，还能为非遗文化的产业化发展和国际交流做出贡献。

最后，高校美育在非遗文化传承中还发挥着文化交流和传播的作用。高校作为国际文化交流的窗口，通过举办各种非遗文化展览、演出和交流活动，将非遗文化推向国际舞台。这种跨文化的交流和传播，不仅有助于提升非遗文化的国际影响力，还能促进不同文化之间的相互理解和尊重。

综上所述，高校美育在非遗文化传承中扮演着多重角色，既是传承的载体和创新的引领者，又是人才培养的基地和文化交流的使者。这些角色的发挥，不仅需要高校美育自身的不断努力和提升，还需要社会各界的支持和配合。只有共同努力，才能推动非遗文化在高校美育中的传承和发展，为中华民族的文化繁荣做出更大的贡献。

（二）高校美育对非遗文化传承的推动作用

高校美育作为教育体系中的关键环节，对非遗文化传承的推动作用日益凸显。这种推动不仅体现在为非遗文化提供了更为广阔的传播空间和发展平台，更在于其通过深入系统的教育方式，激发了学生对非遗文化的兴趣与热爱，为非遗文化的长远传承和持续发展注入了新的活力。

首先，高校美育通过构建全面系统的课程体系，为非物质文化传承提供了坚实的学术支撑。在高校美育的框架下，非遗文化被纳入课程体系，成为学术研究的重要对象。通过开设相关课程，引入专家学者进行深入研究和讲解，使学生能够全面、系统地了解非遗文化的历史渊源、技艺特点、审美价值等，从而加深对非遗文化的认知和理解。这种系统化的教育方式不仅确保了非遗文化知识和技能的准确传递，更为其传承和发展提供了坚实的学术基础。

其次，高校美育借助多学科交叉融合的优势，为非遗文化传承注入了新的创新活力。在高校的环境中，非遗文化可以与历史学、艺术学、社会学、人类学等多个学科进行深度的交叉融合。这种融合不仅能够从多个角度揭示非遗文化的内涵和价值，还能够引入新的学术理念和研究方法，推动非遗文化的创新和发展。例如，通过与现代艺术设计的结合，非遗文化可以焕发出新的审美魅力；通过与科技手段的融合，非遗文化的展示和传播方式可以更加多元和生动。

再次，高校美育注重实践性教学，为学生提供了亲身接触和体验非遗文化的机会。非遗文化作为一种活态的文化形式，其传承和发展离不开实践。高校美育通过组织学生参与非遗技艺的学习、实践和创作，使学生在亲身体验中感知非遗文化的魅力和价值。这种实践性教学方式不仅能够增强学生的学习兴趣和动力，更能够培养他们的实践能力和创新精神，为非遗文化的传承和发展提供有力的人才支持。

最后，高校美育还利用其国际化的教育平台，推动了非遗文化的国际交流和传播。在全球化背景下，非遗文化的国际交流和传播对于其传承和发展具有重要意义。高校美育通过举办国际研讨会、艺术展演、文化交流活动等形式，将非遗文化推向国际舞台。这种国际交流和传播不仅能够增强非遗文化的国际影响力和竞争力，更能够促进不同文化之间的相互理解和尊重，为非遗文化的多元共存和持续发展创造有利的国际环境。

综上所述，高校美育对非遗文化传承的推动作用体现在四个层面：一是构建全面系统的课程体系为非遗文化传承提供学术支撑；二是多学科交叉融合注入创新活力；三是实践性教学提供亲身体验和感知的机会；四是国际化教育平台推动国际交流和传播。这些推动作用共同构成了高校美育在非遗文化传承中的重要地位和作用。因此，在未来的非遗文化传承中，高校应进一步加强高校美育的建设和发展，充分发挥其推动作用，为非遗文化的传承和发展贡献更大的力量。

（三）高校美育在非遗文化传承中的创新路径

在非遗文化传承的宏大舞台上，高校美育扮演着举足轻重的角色。它不仅是非遗文化的重要传播者，更是其创新发展的有力推动者。高校美育在非遗文化传承中的创新路径，既体现在教育理念和方法的革新上，也反映在非遗文化与现代艺术、科技的深度融合中。

教育理念的创新是高校美育在非遗文化传承中的首要任务。传统的高校美育往往侧重于艺术技能的培养和审美能力的提升，而在非遗文化传承的背景下，高校美育应更加注重对学生文化自觉和文化自信的培养。这要求高校美育不仅要教授学生非遗技艺，更要引导他们深入理解非遗文化的精神内涵，激发他们对非遗文化的热爱和敬畏之情。同时，高校美育还应鼓励学生以开放的心态接纳多元文化，促进非遗文化与现代文化的交流融合，从而推动非遗文化在创新中发展，在发展中传承。

教学方法的创新也是高校美育在非遗文化传承中不可或缺的一环。随着现代教育技术的飞速发展，高校美育应充分利用数字化、网络化等现代教学手段，打破时间和空间的限制，为学生提供更加丰富多样的学习资源和更加便捷高效的学习方式。例如，通过建设非遗文化数字博物馆、开发非遗技艺虚拟现实体验课程等方式，让学生足不出户就能身临其境地感受非遗文化的魅力；通过线上线下相结合的教学模式，邀请非遗传承人走进课堂与学生面对面交流，让学生近距离接触和学习非遗技艺；通过开设跨学科的非遗文化创新实践课程，鼓励学生将非遗元素融入现代设计、影视制作等领域，创作出既具有传统文化韵味又符合现代审美需求的作品。

非遗文化与现代艺术、科技的深度融合是高校美育在非遗文化传承中的创新路径之一。高校美育应积极探索非遗文化与现代艺术、科技的结合点，通过跨界合作、项目驱动等方式推动非遗文化的创新性发展和创造性转化。例如，高校可以与艺术设计学院合作开展非遗文创产品设计大赛，将传统非遗技艺与现代设计理念相结合，创作出既实用又美观的文创产品；可以与影视学院合作拍摄非遗题材的电影或纪录片，通过影像的力量让更多人了解和关注非遗文化；可以与科技公司合作开发非遗技艺的数字化保护和展示平台，利用虚拟现实、增强现实等技术手段再现非遗技艺的制作过程和精彩瞬间。

综上所述，高校美育在非遗文化传承中的创新路径是多元而丰富的。通过教育理念的创新、教学方法的创新以及非遗文化与现代艺术、科技的深度融合，高校美育可以更好地担负起非遗文化传承的历史使命和责任担当。在未来的发展中，高校美育应继续坚持以创新为动力、以传承为核心、以发展为目标的原则和方向，为非遗文化的传承和发展贡献更多的智慧和力量。

第三节　非遗文化与高校美育的融合基础

一、文化传承与美育实践的内在联系与互动机制

（一）文化传承与美育实践的内在联系

在深入探讨非遗文化与高校美育的融合之前，我们必须先理解文化传承与美育实践之间的内在联系。这种联系是深远的，源于两者共同致力于人类文明的发展和提升。

文化传承是非遗文化的核心，强调的是对传统文化、习俗和价值观的保

存与传递。它不仅仅是形式的传承，更是精神的延续。非遗文化，作为人类历史的见证和民族智慧的结晶，蕴含着丰富的教育资源和深厚的文化底蕴。它承载着世世代代人类的智慧与情感，是民族认同和社会凝聚力的重要源泉。

而美育实践，作为高校教育的重要组成部分，其核心在于通过艺术、审美等方式，培养学生的文化素养、审美能力和创造力。美育不仅仅是艺术技能的培养，更重要的是通过艺术的方式，引导学生理解世界、感悟生活、提升自我。在这个过程中，美育实践天然地具有对文化传承的需求，因为只有深入了解和传承传统文化，学生才能真正提升文化素养，形成独特的审美观念。

文化传承与美育实践之间的内在联系体现在多个方面。首先，两者都强调对人的全面发展。非遗文化通过传承传统文化，提升学生的文化素养和道德修养；而美育实践则通过艺术的方式，培养学生的审美能力和创造力，促进其全面发展。

其次，两者都注重实践和体验。非遗文化的传承需要学生亲身参与和实践，才能真正掌握其精髓；而美育实践也强调学生的亲身体验和感悟，通过艺术活动、社会实践等方式，让学生在实践中学习和成长。

再次，文化传承与美育实践之间还存在一种相互促进的关系。一方面，非遗文化的传承为美育实践提供了丰富的教育资源和文化底蕴。通过对非遗文化的学习和实践，学生可以更加深入地了解传统文化的内涵和价值，从而提升其文化素养和审美能力；另一方面，美育实践也为非遗文化的传承提供了新的平台和动力。通过现代化的教育手段和方法，美育实践可以将非遗文化更好地融入当代社会和生活，使其在新的时代背景下焕发出新的光彩。同时，通过美育实践的创新和发展，也可以为非遗文化的传承注入新的活力和动力，推动其在新的历史条件下得到更好的发展和弘扬。

最后，我们也必须认识到，文化传承与美育实践之间的内在联系并非自然形成，而是需要我们通过有意识的教育活动和实践来加强和深化。在教育实践中，我们应该注重非遗文化与美育课程的整合与渗透，通过丰富多样的教育形式和内容，引导学生深入了解和体验非遗文化，感受其独特的魅力和价值。同时，我们也应该鼓励和支持学生在美育实践中发挥主动性和创造性，通过亲身参与和实践来加深对非遗文化的理解和认同。

综上所述，文化传承与美育实践之间存在着深刻的内在联系。这种联系不仅体现在两者共同的价值追求和教育目标上，也体现在它们相互促进、共同发展的实际过程中。这种内在联系为非遗文化与高校美育的融合提供了坚实的基础和广阔的空间，也为我们进一步探索和实践非遗文化传承与高校美育创新提供了新的思路和方向。在未来的教育实践中，我们应该更加注重文化传承与美育实践的有机结合，通过不断创新和完善教育手段和方法，推动非遗文化与高校美育的深度融合和发展。

（二）文化传承与美育实践的互动机制

在深入探讨非遗文化与高校美育的融合基础时，我们不可避免地要触及文化传承与美育实践之间的互动机制。这一机制不仅揭示了两者之间相互依存、相互促进的深层关系，而且为我们理解非遗文化如何在高校美育中发挥作用，以及美育实践如何推动非遗文化的传承与创新提供了重要的理论支撑。

文化传承与美育实践之间的互动，首先，二者的互动体现在它们共同的文化使命上。非遗文化作为人类文明的瑰宝，承载着世代相传的智慧、情感和价值观。它的传承不仅是对历史的尊重，更是对未来的担当。而高校美育的目标，正是通过艺术教育和审美实践，培养学生的文化素养和创造力，促进他们全面发展。在这个过程中，非遗文化为美育实践提供了丰富的教育资源和深厚的文化底蕴，使美育实践更加有根、有源、有魂。

其次，美育实践也为非遗文化的传承注入了新的活力和动力。传统的非遗文化传承方式往往局限于师徒相传、口传心授等小范围、低效率的模式。而在高校美育的实践中，非遗文化得以与现代教育手段相结合，通过课堂教学、社会实践、网络传播等多种形式，实现更广泛、更深入的传承。此外，高校美育还鼓励学生发挥主动性和创造性，以现代审美观念和创新思维去重新解读和演绎非遗文化，从而推动非遗文化在传承中创新、在创新中发展。

再次，这种互动机制还体现在文化传承与美育实践之间的相互塑造上。

一方面，非遗文化的传承塑造了美育实践的内容和形式。不同的非遗文化具有独特的艺术风格、审美观念和表现手法，这些元素被引入美育实践中，丰富了美育课程的内容，拓展了美育实践的形式；另一方面，美育实践也塑造了非遗文化的传承方式和效果。通过现代化的教育手段和方法，美育实践使非遗文化的传承更加科学、系统、高效。同时，美育实践还培养了学生的文化素养和审美能力，使他们在非遗文化的传承中能够发挥更大的作用。

最后，文化传承与美育实践之间的互动机制还体现在它们共同的社会功能上。非遗文化和高校美育都是社会文化的重要组成部分，它们都具有弘扬民族精神、提升文化素养、促进社会和谐等重要作用。通过非遗文化与高校美育的融合实践，我们可以更好地发挥两者的社会功能，推动社会文化的繁荣和发展。

综上所述，文化传承与美育实践之间存在着深刻的互动机制。这种机制不仅体现在它们共同的文化使命、相互塑造的关系以及共同的社会功能上，更体现在它们相互促进、共同发展的实际过程中。这种互动机制为我们进一步探索非遗文化与高校美育的融合创新提供了重要的思路和方向。在未来的教育实践中，高校应该更加注重文化传承与美育实践的有机结合，通过不断创新和完善教育手段和方法，推动非遗文化与高校美育的深度融合和发展。

（三）文化传承与美育实践相互促进的案例分析

在非遗文化与高校美育的融合探索中，具体案例分析是理解其相互促进机制的关键。通过深入剖析成功案例，我们可以更清晰地看到非遗文化如何为美育实践提供丰富的教育资源，以及美育实践如何为非遗文化的传承注入新的活力。以下，我们将以某高校的非遗剪纸艺术传承与美育实践项目为详细案例，进行深入分析。

该校地处剪纸艺术发源地，拥有得天独厚的非遗文化资源。学校认识到剪纸艺术不仅是传统文化的重要组成部分，更是开展美育实践、培养学生审美情趣和创造力的优质教育资源。因此，学校决定将剪纸艺术引入美育课程，并作为校园文化建设的重点项目。

在课程设置上，学校不仅开设了剪纸艺术赏析课，还增设了剪纸技艺实践课。赏析课程中，教师通过展示经典剪纸作品，引导学生领略剪纸艺术的独特魅力和文化内涵；实践课程中，学生则在专业剪纸艺人的指导下，亲身体验剪纸的技艺和乐趣。这种理论与实践相结合的教学方式，不仅让学生全面了解了剪纸艺术的历史渊源、技艺特点和审美价值，还培养了他们的动手能力和创新思维。

为了进一步深化学生对剪纸艺术的理解，学校还定期组织剪纸艺术工作坊和研讨会。在这些活动中，学生可以与剪纸艺人进行面对面交流，探讨剪纸艺术的传承与创新问题。通过与艺人的深入交流，学生们更加深刻地认识到非遗文化传承的重要性，也激发了他们为传承和发展剪纸艺术贡献力量的热情。

在美育实践方面，学校将剪纸艺术元素融入校园景观设计和公共空间布置中。校园内随处可见以剪纸元素为主题的装饰画、雕塑和标识系统，营造出浓郁的剪纸艺术氛围。这些设计不仅提升了校园环境的审美品质，也让学生在日常生活中不断接触和感知剪纸艺术的魅力。

此外，学校还鼓励学生将剪纸艺术与其他艺术形式相结合，创作出具有独特风格的艺术作品。例如，有的学生将剪纸元素融入绘画作品中，创作出别具一格的剪纸风格画作；有的学生则将剪纸技艺应用于服装设计中，打造出独具匠心的剪纸主题时装。这些创新实践不仅丰富了校园文化的内涵，也展现了非遗文化与现代艺术相结合的无限可能。

该项目的成功实践充分证明了文化传承与美育实践之间相互促进的关系。一方面，剪纸艺术的传承为美育实践提供了丰富的教育资源和文化底蕴。通过引入剪纸艺术，学校的美育课程更加生动多彩，学生的审美情趣和创造力得到了有效提升；另一方面，美育实践也为剪纸艺术的传承注入了新的活力和动力。通过亲身体验和参与创作，学生对剪纸艺术的兴趣和热情被激发出来，他们成了传承和发展剪纸艺术的重要力量。

这个案例还启示我们，在高校非遗文化传承和美育创新中，应该注重以下几个方面：一是要深入挖掘本土非遗文化资源，将其与美育实践相结合，形成具有地方特色的美育品牌；二是要注重学生的主体性和参与性，让学生在亲身实践中感受非遗文化的魅力，培养他们的文化传承责任感；三是要注重创新实践，鼓励学生将非遗文化与现代艺术相结合，创作出具有时代特色的艺术作品；四是要注重校园文化的整体性和协调性，将非遗文化元素融入校园环境的各个方面，营造出浓郁的非遗文化氛围。

通过该案例的详细分析，我们可以看到文化传承与美育实践在高校非遗文化传承中的重要性和相互促进的作用。在未来的教育实践中，我们应该继续探索非遗文化与高校美育的深度融合路径，为培养具有文化底蕴和审美情趣的高素质人才做出更大的贡献。

二、非遗文化在高校美育中的独特作用与价值体现

（一）非遗文化在高校美育中的价值体现

非遗文化，作为中华民族几千年文明积淀的精华，承载着深厚的历史底蕴和丰富的文化内涵。在高校美育中，非遗文化不仅为学生提供了独特的美学体验，更是培育学生人文素养、创新精神和国际视野的宝贵资源。以下，我们将从教学内容、文化素养、创新资源以及国际交流四个方面，详细阐述非遗文化在高校美育中的价值体现。

1.丰富教学内容，提供多元审美体验

非遗文化的融入，极大地丰富了高校美育的教学内容。传统的高校美育课程往往以西方艺术理论和美学思想为主导，而非遗文化的引入，则为学生带来了更加多元化的艺术形式和审美体验。无论是绚丽多姿的民族服饰、巧夺天工的传统工艺，还是韵味独特的民族音乐、舞蹈，都为学生打开了一扇通往中国传统艺术殿堂的大门。

通过学习非遗文化，学生可以接触到不同地域、不同民族的艺术风格和审美观念，从而拓宽自己的艺术视野。这种多元化的审美体验，不仅有助于学生形成更加全面和深入的艺术认知，还能够激发他们的创造力和想象力。

2.提升文化素养，培育人文精神

非遗文化不仅是艺术的瑰宝，更是中华民族智慧的结晶。它蕴含着丰富的历史文化信息，反映了中华民族在不同历史时期的生活方式、思维方式和价值观念。通过学习非遗文化，学生可以更加深入地了解中国传统文化的历

史渊源和发展脉络，从而提升自身的文化素养。

同时，非遗文化所蕴含的人文精神，也是高校美育中不可或缺的重要资源。尊重自然、崇尚和谐、注重道德等人文理念，在非遗文化中得到了充分的体现。这些理念不仅有助于学生形成正确的世界观、人生观和价值观，还能够提升他们的人文素养和道德修养。

3.提供创新资源，激发创造活力

非遗文化作为一种活态的文化遗产，具有鲜明的地域性和民族性特征。这些独特的文化元素，为高校美育提供了丰富的创新资源。通过将非遗文化与现代艺术理念、科技手段相结合，学生可以创作出具有民族特色和现代气息的艺术作品。

这种创新实践不仅可以锻炼学生的艺术创造力和实践能力，还能够推动非遗文化的传承与发展。同时，非遗文化中的创新元素也为现代设计、艺术创作等领域提供了无尽的灵感来源，有助于推动中国文化的创新与发展。

4.促进国际交流，展示中国文化魅力

在全球化日益深入的今天，非遗文化在国际文化交流中扮演着越来越重要的角色。作为中国传统文化的代表之一，非遗文化具有独特的魅力和价值所在。通过学习非遗文化，学生可以更加深入地了解中国文化的内涵和特点，从而在国际交流中更加自信地展示和传播中国文化。

同时，非遗文化也为国际文化交流提供了重要的平台和载体。通过举办非遗文化展览、演出等活动，可以让更多的人了解和欣赏中国文化的魅力。这种文化交流不仅有助于增进不同国家人民之间的友谊和理解，还能够推动世界文化的多样性与繁荣发展。

综上所述，非遗文化在高校美育中的价值体现是多方面的、深层次的。它不仅丰富了教学内容、提升了学生的文化素养和人文精神、提供了独特的创新资源，还有助于培养学生的国际视野和跨文化交流能力。因此，在推进高校美育实践的过程中，我们应充分认识到非遗文化的重要性，并积极将其融入高校美育的各个环节中去。通过挖掘非遗文化的深厚内涵和独特魅力，我们可以为培养具有全面素养和创新精神的新时代人才贡献自己的力量。

（二）非遗文化在高校美育中的创新应用

在深入探讨非遗文化在高校美育中的创新应用之前，我们首先需要理解非遗文化所蕴含的深厚历史底蕴和独特艺术魅力。非遗文化，作为人类文明的宝贵遗产，承载着世代相传的智慧和情感，其丰富的艺术形式和深刻的文化内涵为高校美育提供了广阔的创新空间。非遗文化在高校美育中的创新应用体现在以下几方面。

首先，体现在对传统艺术形式的现代解读和再创造上。高校美育课程可以引入非遗文化元素，如传统戏曲、民间舞蹈、剪纸艺术等。通过对这些艺术形式的深入剖析和现代解读，引导学生领悟其中所蕴含的审美理念和艺术精神。在此基础上，鼓励学生运用现代审美观念和创作手法，对传统非遗艺术形式进行再创造，从而使其焕发新的生命力。这种创新应用不仅有助于非遗文化的传承与发展，更能培养学生的创新意识和审美能力。

其次，非遗文化在高校美育中的创新应用还体现在教学方法和手段的创新上。传统的高校美育教学往往侧重于理论传授和技能训练，而忽视了学生的主体性和实践性。引入非遗文化元素后，高校美育教学可以采用更加灵活多样的教学方法和手段，如案例分析、实践操作、互动体验等，以激发学生的学习兴趣和积极性。例如，可以组织学生参观非遗文化展览、参与非遗技艺体验活动、与非遗传承人进行面对面交流等，让学生在亲身实践中感受非遗文化的魅力，从而更加深入地理解其文化内涵和艺术价值。

再次，非遗文化在高校美育中的创新应用还体现在课程资源的整合与开发上。高校可以充分利用地域性非遗文化资源，结合本校美育课程的特点和需求，进行课程资源的整合与开发。例如，可以开设以地域性非遗文化为主题的美育课程，邀请当地非遗传承人进校园进行授课和指导，组织学生开展非遗文化主题的创作和展示活动等。这种创新应用不仅能够丰富高校美育课程的内容和形式，还能促进地域性非遗文化的传承与发展。

最后，非遗文化在高校美育中的创新应用还需要关注评价体系的完善与创新。传统的高校美育评价体系往往过于注重知识和技能的考核，而忽视了对学生审美素养和文化理解能力的评价。引入非遗文化元素后，高校美育评价体系应该更加注重学生的实践表现和创新成果，采用多元化的评价方式和方法，如作品展示、表演汇报、论文撰写等，以全面评估学生的美育素养和综合能力。

综上所述，非遗文化在高校美育中的创新应用是一个多维度、全方位的过程，需要从课程内容、教学方法、课程资源、评价体系等多个方面进行综合改进和创新。只有这样，才能真正实现非遗文化与高校美育的有机融合和相互促进，为非遗文化的传承与发展和高校美育质量的提升做出积极的贡献。同时，这也将为培养具有高度文化素养和创新能力的优秀人才奠定坚实的基础。

三、融合创新的理念、原则与实践基础

（一）融合创新的理念与内涵

融合创新，作为非遗文化与高校美育实践相结合的核心思想，其理念与内涵远非简单相加或拼接，而是涉及深层次的文化理解、教育理念的转变以及实践方法的创新。这一理念强调在保持非遗文化本真性的基础上，通过高校美育的实践平台，实现传统与现代、东方与西方、艺术与科技的多元融合，在推动非遗文化的传承与创新的同时，丰富和提升高校美育的层次与内涵。

首先，从文化理解的角度来看，融合创新要求我们对非遗文化有深入的了解和尊重。非遗文化是人类文明的瑰宝，它们蕴含着丰富的历史信息、深厚的文化底蕴和独特的艺术魅力。在融合创新的过程中，高校需要深入挖掘非遗文化的内涵和价值，理解其背后的历史脉络、社会背景和文化精神，这是实现有效融合的前提和基础。同时，高校还需要以开放和包容的心态来面对不同的文化，尊重文化的多样性和差异性，避免在融合过程中出现文化误解或文化冲突。

其次，从教育理念的转变来看，融合创新要求高校打破传统的学科壁垒和教育模式，实现跨学科、跨领域的教育资源整合。在传统的教育理念中，各学科往往各自为政，缺乏有效的交流和合作。然而，在非遗文化与高校美

育的融合创新中，高校需要打破这种壁垒，实现艺术学、历史学、社会学、人类学等多学科的交叉融合。这种融合不仅可以为学生提供更加全面和深入的知识体系，还可以培养他们的创新思维和解决问题的能力。同时，高校还需要将非遗文化的传承与创新融入高校美育的课程体系、教学方法和评价机制中，使其成为高校美育的重要组成部分，从而推动高校美育的变革和发展。

再次，从实践方法的创新来看，融合创新要求我们不断探索和实践新的教育方法和手段。非遗文化的传承与创新需要具体的实践平台和载体，而高校美育则提供了这样的平台和载体。高校可以通过开设非遗文化相关的课程、举办非遗文化主题的展览和演出、建立非遗文化传承基地等方式，将非遗文化引入到高校美育的实践中。同时，高校还可以借助现代科技手段，如虚拟现实、增强现实、数字化技术等，来创新非遗文化的展示方式和传承手段，使其更加符合现代人的审美需求和学习习惯。此外，高校还可以通过校企合作、校地合作等方式，将非遗文化的传承与创新融入社会实践中，从而推动非遗文化的活态传承和可持续发展。

最后，在融合创新的内涵方面，除了上述提到的跨文化、跨学科、跨领域的融合外，还包括以下几个方面：一是创新性的教育理念和教育模式。融合创新要求我们以创新为驱动，不断探索和实践新的教育理念和教育模式，以适应非遗文化与高校美育融合发展的需要；二是多元化的教育内容和教育形式。融合创新要求高校提供多元化的教育内容和教育形式，以满足不同学生的学习需求和兴趣爱好；三是开放性的教育环境和教育资源。融合创新要求高校打破传统的教育边界，实现教育资源的共享和开放，为学生提供更加广阔的学习空间和发展机会。

（二）融合创新的原则与方法

在非遗文化与高校美育的融合创新过程中，遵循一定的原则和运用恰当的方法至关重要。这些原则和方法不仅确保融合创新的顺利进行，还能提高非遗文化传承的效果和高校美育实践的质量。

1.融合创新的原则

在非遗文化与高校美育融合创新的过程中，四大核心原则构成了融合实践的基石，确保了融合过程的正当性、有效性以及非遗文化和高校美育双方的共赢。

（1）尊重非遗文化的本真性原则

尊重非遗文化的本真性是融合创新的首要原则。非遗文化作为人类文明的宝贵遗产，蕴含着深厚的历史底蕴和独特的艺术魅力。在融合创新中，我们必须充分尊重非遗文化的原始性、纯粹性和独特性，避免对其进行任意篡改或扭曲。这意味着高校在引入非遗文化元素时，要深入研究其历史背景、文化内涵和社会价值，确保其在高校美育实践中得到恰当而准确的呈现。同时，我们还应关注非遗文化的传承主体，即传承人的意见和建议，确保融合创新符合非遗文化的内在逻辑和发展规律。

为了贯彻这一原则，高校需要建立严格的非遗文化筛选和评估机制，确保所引入的非遗文化元素具有代表性、典型性和教育性。此外，还应加强对非遗文化传承人的培训和支持，增强他们的传承能力和创新意识，为融合创新提供坚实的人才保障。

（2）注重美育实践的教育性原则

高校美育作为教育体系的重要组成部分，肩负着培养学生审美能力、创造力和文化素养的重要使命。因此，在非遗文化与高校美育融合创新中，必须注重美育实践的教育性原则。这意味着在融合过程中，要始终坚持以学生为中心，关注学生的需求和发展，确保非遗文化内容与美育课程目标紧密相连，有助于实现教育目标。

为了贯彻这一原则，我们需要将非遗文化元素有机地融入高校美育课程体系中，形成特色鲜明、内容丰富的美育课程。同时，还应注重课程实施的多样性和灵活性，采用多种教学方法和手段，如情境教学、项目教学、合作学习等，激发学生的学习兴趣和积极性。此外，还应建立科学的课程评价体系，关注学生的学习过程和成果展示，为改进课程内容和教学方法提供有力依据。

（3）强调跨学科的整合性原则

非遗文化是一种综合性的文化现象，涉及艺术、历史、社会等多个领域。因此，在非遗文化与高校美育融合创新中，强调跨学科的整合性原则至关重要。通过打破学科壁垒，可以实现艺术学、历史学、社会学等多学科的交叉融合，还可以全面深入地挖掘非遗文化的内涵和价值，为学生提供更加多元、综合的知识体系。

为了贯彻这一原则，我们需要建立跨学科的研究团队和教学团队，共同推进非遗文化与高校美育的融合创新。同时，还应加强不同学科之间的沟通和协作，共同开发跨学科的课程项目和教学资源。此外，还应鼓励学生选修不同学科的课程，拓宽知识面和视野，培养跨学科的综合素养。

（4）坚持创新性与传统性相结合的原则

在非遗文化与高校美育融合创新中，坚持创新性与传统性相结合的原则至关重要。非遗文化作为传统文化的重要组成部分，具有独特的魅力和价值。然而，在现代社会背景下，我们也需要对其进行适当的创新和发展，以满足当代学生的需求和兴趣。

为了贯彻这一原则，我们需要在保持非遗文化传统魅力的基础上，勇于尝试新的教育手段和表现形式。例如，可以运用现代科技手段对非遗文化进行数字化保护和展示；可以将非遗文化与当代艺术、设计等领域相结合，创造出具有现代审美价值的作品；还可以探索非遗文化的现代应用场景和社会价值等。这些创新举措有助于让非遗文化焕发新的生机和活力，更好地融入现代生活和教育中。

2.融合创新的方法

在明确了融合创新的原则后，接下来我们需要探讨具体的实施方法。针对非遗文化与高校美育融合创新的特殊性和复杂性，以下四种方法值得借鉴和应用。

（1）课程整合法

课程整合法是非遗文化与高校美育融合创新的基本方法之一。通过将非遗文化内容融入高校美育课程体系中，我们可以系统地传授非遗文化的知识和技能给学生。为了实现这一目标，我们需要对现有的美育课程进行梳理和评估，找出与非遗文化相关联的切入点和结合点。然后，高校可以开发专门的非遗文化课程或模块，如非遗手工艺制作、民间舞蹈欣赏与实践、传统音乐鉴赏与演奏等，使学生能够深入了解和学习非遗文化的精髓和特色。同时，高校还应注重课程的连贯性和层次性，确保学生在不同阶段都能够接触到适合自己的非遗文化内容。

在实施课程整合法时，高校还需要关注课程的实施效果和质量。为此，我们可以建立课程反馈机制和学生评价体系，及时收集学生和教师的意见和建议，对课程内容和教学方法进行持续改进和优化。此外，高校还应加强与非遗文化传承人的合作与交流，邀请他们参与课程设计和教学实施过程，为学生提供更加真实、生动的非遗文化学习体验。

（2）实践体验法

实践体验法是非遗文化与高校美育融合创新中非常重要的一种方法。通过组织学生参与非遗文化的实践活动，如手工艺制作体验、民间舞蹈表演实践、传统音乐演奏实习等，可以让学生亲身感受非遗文化的魅力和价值。这些实践活动不仅可以培养学生的动手能力和创新能力，还能增强他们对非遗文化的认同感和归属感。

为了实施好实践体验法，高校需要做好充分的准备工作。首先，高校需要选择合适的非遗文化项目和传承人进行合作；其次，制定详细的实践计划和安排；再次，组织学生参加实践活动并进行现场指导；最后，对实践成果进行展示和评价。在整个过程中，高校应注重学生的安全教育和纪律管理，确保实践活动的顺利进行。

此外，高校还可以将实践体验法与课程教学相结合，形成"理论+实践"的教学模式。在这种模式下，首先，学生可以在课堂上学习非遗文化的相关理论知识和技能；其次，在课外参加实践活动进行巩固和拓展；最后，再回到课堂上进行总结和反思。这种教学模式有助于加深学生对非遗文化的理解和掌握程度。

（3）案例分析法

案例分析法是一种通过分析和研究具体案例来推广经验和做法的方法。在非遗文化与高校美育融合创新中，高校可以选取典型的非遗文化传承案例或高校美育实践案例进行深入剖析和研究。这些案例可以是非遗文化传承人的成功经验、高校美育课程的创新实践、非遗文化与高校美育融合的优秀成果等。通过分析这些案例背后的故事、策略和技巧等，我们可以提炼出成功的经验和做法，并将其应用到自己的实践中去。

为了实施好案例分析法，我们需要做好案例的搜集和整理工作。可以通过查阅相关文献、访问传承人、参观展览等方式来实现。在搜集到足够的案例后，我们需要对其进行分类和筛选，选出具有代表性的案例进行深入分析和研究。在分析过程中，我们应注重案例的背景、过程、结果和影响等方面的挖掘和解读，以提炼出有价值的经验和启示。

同时，我们还应将案例分析法与其他方法相结合使用。例如，我们可以将案例分析与课程教学相结合，通过引入具体案例来丰富教学内容和提高学生的学习兴趣；我们也可以将案例分析与项目实践相结合，通过借鉴成功案例的经验和做法来指导自己的实践项目等。

（4）数字技术辅助法

随着科技的发展和进步，数字技术已经广泛应用于各个领域并取得了显著成效。在非遗文化与高校美育融合创新中，数字技术同样可以发挥重要作用。通过运用虚拟现实（VR）、增强现实（AR）、数字动画等先进技术手段对非遗文化进行数字化处理和展示，我们可以更加生动形象地呈现非遗文化的细节和魅力，从而激发学生的学习兴趣和好奇心，提高他们对非遗文化的认知和理解程度，同时也可以为非遗文化的保护和传承提供有力支持。

为了实施好数字技术辅助法，我们需要加强与科技公司和专业机构的合作与交流，引进先进的技术和设备，建立专业的技术团队和运营团队，对非遗文化进行数字化采集、整理和展示，开发相关的数字化教育产品和服务等。同时，我们还应关注数字技术的安全性和可持续性发展问题，确保数字技术在非遗文化传承中发挥积极作用的同时，不会对非遗文化造成损害或负面影响。

（三）融合创新的实践基础与案例分析

融合创新作为非遗文化与高校美育结合的重要途径，其实践基础不仅要有深厚的文化底蕴，还需要教育实践的持续探索与创新。本小节将详细阐述融合创新的实践基础，并通过具体案例分析其在高校美育中的应用，以期为相关领域的实践提供有益的参考。

1.融合创新的实践基础

融合创新的实践基础主要体现在以下几个方面：

（1）文化资源的深度整合

非遗文化作为中华民族几千年文明传承的结晶，蕴含着丰富的历史信息、深厚的文化底蕴和独特的艺术魅力。高校美育作为培养学生审美情趣和创造力的重要途径，需要不断汲取新的教育资源。将非遗文化与高校美育相结合，首先要对非遗文化资源进行深度整合，挖掘其教育价值，将其融入美育课程体系中。这种整合不是简单地叠加，而是要根据美育教学的需求和学生的特点，对非遗文化进行选择性引入和创造性转化。

（2）教育模式的持续创新

传统的美育教学模式往往以课堂讲授和技能训练为主，难以激发学生的学习兴趣和创造力。融合创新要求打破这种固有模式，探索更加多样化、互动性和实践性强的教学方式。例如，可以通过项目式学习、工作坊实践、实地考察等方式，让学生在亲身体验中感受非遗文化的魅力，提升对美的感知和理解能力。同时，还可以借助现代信息技术手段，如虚拟现实、增强现实等，打造沉浸式的学习环境，让学生在互动中探索和学习。

（3）师资队伍的专业化建设

融合创新的实践需要一支既懂非遗文化又擅长美育教学的专业教师队伍。这支队伍不仅要具备深厚的非遗文化素养和美学理论知识，还要有丰富的教育实践经验和创新精神。因此，高校应该加大对美育教师的培训和引进力度，建立一支高水平的师资队伍。同时，还可以邀请非遗传承人、艺术家等进校园进行交流和合作，共同推动非遗文化与高校美育的深度融合。

（4）评价体系的多元化构建

融合创新的实践需要建立多元化的评价体系来衡量其效果。这个评价体系应该包括对学生审美情趣、创造力、文化素养等多个方面的综合考量，而不仅仅是技能掌握程度的单一评价。同时，评价过程应该注重学生的主体性和参与性，鼓励学生进行自我评价和同伴互评，以促进学生的全面发展和个性成长。

2.案例分析

以下两个案例分别从不同角度展示了融合创新在高校美育中的实践应用。

案例一：非遗剪纸艺术在高校美育中的创新实践

某高校将非遗剪纸艺术引入美育课堂，通过开设剪纸艺术课程、组织剪纸工作坊和举办剪纸艺术展览等方式，让学生在亲身体验中感受剪纸艺术的魅力。在课程设置上，该校注重将剪纸艺术与现代设计相结合，鼓励学生运用剪纸元素进行现代艺术创作。在工作坊实践中，学生可以在专业教师的指导下亲手制作剪纸作品，体验从设计到完成的整个过程。此外，该校还定期举办剪纸艺术展览，展示学生的优秀作品和剪纸艺术家的经典之作，进一步激发学生对剪纸艺术的兴趣和热爱。

这一实践不仅丰富了高校美育的内容形式，也为非遗文化的传承注入了新的活力。学生通过学习剪纸艺术不仅提升了审美情趣和创造力，还加深了对传统文化的认识和理解。同时，这种融合创新的方式也促进了非遗文化与现代艺术的交流碰撞，推动了传统文化的创新发展。

案例二：地方戏曲与高校美育的有机融合

另一所高校以地方戏曲为特色将戏曲表演、戏曲音乐、戏曲美术等融入美育教学中。该校与当地戏曲院团合作，共同开发戏曲美育课程，邀请知名戏曲演员进校园进行表演和教学。在课程设置上该校注重将戏曲元素与现代艺术教育相结合，探索出一种新的教学模式。在课堂上学生通过观赏戏曲表演、学习戏曲唱腔和身段等基本技能，感受戏曲艺术的独特魅力；在课外活动中该校还组织学生参与戏曲排练和演出活动让学生在实践中体验戏曲艺术的魅力。

此外，该校还注重将戏曲美育与其他艺术形式相结合，如将戏曲元素融入绘画、舞蹈等艺术作品中创作出具有地方特色的艺术作品。这种跨界的融合不仅拓宽了学生的艺术视野也提升了学生的综合艺术素养。同时，这种融合创新的方式也促进了地方戏曲的传承与发展，为传统文化的传承注入了新的活力。

3.总结与启示

通过以上两个案例的分析我们可以得出以下结论：首先，融合创新是非遗文化与高校美育结合的重要途径之一；其次，融合创新的实践需要文化资源的深度整合、教育模式的持续创新、师资队伍的专业化建设和评价体系的多元化构建等方面的支持；最后，融合创新的实践不仅可以丰富高校美育的内容形式，还可以为非遗文化的传承注入新的活力，推动传统文化的创新发展。

因此我们应该进一步加强对非遗文化与高校美育融合创新的研究与实践，探索出更多有效的融合方式和路径，为培养具有审美情趣、创造力和文化素养的高素质人才做出更大的贡献。同时我们也应该加强对非遗文化的保护和传承，让更多的人了解和认识非遗文化，共同推动中华优秀传统文化的传承与发展。

四、国内外非遗文化与高校美育融合的成功案例

（一）国内非遗文化与高校美育融合的成功案例

在非遗文化与高校美育融合的探索中，国内不少高校已经取得了显著的成果。这些成功案例不仅展现了非遗文化的独特魅力，也证明了高校美育在非遗文化传承中的重要作用。以下将详细阐述几个具有代表性的案例。

案例一：某美术学院与剪纸艺术的深度融合

某美术学院位于剪纸艺术发源地，充分利用这一地域优势，将剪纸艺术作为美育课程的重要内容。学院与当地的剪纸艺术传承人建立了紧密的合作关系，共同研发了一套系统的剪纸艺术课程体系。这一课程体系不仅涵盖了剪纸技艺的基本知识和技巧，还包括了剪纸艺术的文化内涵、历史渊源以及与其他艺术形式的关联等内容。

为了增强教学效果，学院采用了多种教学方法，如现场教学、实践操作、作品展示等。在现场教学中，剪纸艺术传承人亲自示范，让学生们直观地感受到剪纸艺术的魅力。在实践操作中，学生们亲自动手制作剪纸作品，从实践中掌握技艺。在作品展示环节，学生们有机会展示自己的作品并获得反馈，从而不断提升自己的技艺水平。

此外，学院还鼓励学生将剪纸艺术与现代设计相结合，创作出既具有传统韵味又富有现代感的作品。学生们在教师的指导下，将剪纸元素融入服装设计、产品设计、室内设计等领域，创作出了大量优秀的作品。这些作品不仅展现了剪纸艺术的独特魅力，也体现了学生们对传统文化的深刻理解和创新应用。

通过这一深度融合的实践，某美术学院不仅丰富了美育课程内容，也有效推动了剪纸艺术的传承与创新。学生们在掌握技艺的同时，也深刻理解了剪纸艺术背后的文化内涵，增强了对传统文化的认同感和自豪感。

案例二：某大学与地方戏曲的联合培养项目

某大学位于戏曲文化丰富的地区，与当地著名的戏曲剧团合作，共同开设了一门地方戏曲课程。该课程旨在让学生全面了解地方戏曲的艺术特色和文化内涵，提升审美素养和文化修养。

为了增强教学效果，课程采用了多样化的教学方法。除了传统的课堂讲授外，还增加了现场教学、角色扮演、互动讨论等环节。在现场教学中，学生们有机会观看戏曲表演，直观地感受到戏曲艺术的魅力。在角色扮演中，学生们亲自扮演戏曲角色，从表演中体验戏曲的情感表达和艺术特色。在互动讨论中，学生们就戏曲的主题、人物、情节等进行深入探讨，加深对戏曲文化内涵的理解。

此外，课程还注重培养学生的实践能力。学生们在课程结束后，需要完成一项与戏曲相关的实践项目，如创作一部短剧、组织一场戏曲演出等。这些实践项目不仅检验了学生们的学习成果，也锻炼了他们的实践能力和团队合作精神。

通过这一联合培养项目的实践，某大学与地方戏曲剧团建立了紧密的联系和互动机制。学生们在课程中不仅提升了审美素养和文化修养，还对地方戏曲产生了浓厚的兴趣。一些优秀的学生还被选拔进入剧团进行深造，成为地方戏曲传承的新生力量。这一实践也为地方戏曲的传承和发展注入了新的活力。

案例三：某师范大学与传统手工艺的结合实践

某师范大学注重将传统手工艺融入美育教育。学校与当地的手工艺人合作，建立了一个传统手工艺实践基地。在这里，学生们可以亲身体验到手工艺的制作过程，了解手工艺的历史渊源和文化内涵。实践基地不仅提供了各种手工艺工具和材料，还配备了专业的手工艺人进行指导。学生们在实践中可以自由选择感兴趣的手工艺项目进行学习和制作，如刺绣、编织、陶艺等。

为了加深对手工艺的理解和研究，学校还开设了相关的理论课程。这些课程从学术角度研究手工艺的价值和意义，探讨手工艺与现代生活的结合点和创新方向。通过理论与实践的结合，学生们对传统手工艺有了更深入的认识和理解。

此外，学校还鼓励学生们将传统手工艺与现代设计相结合，创作出具有时代特色的作品。学生们在教师的指导下，将手工艺元素融入产品设计、室内设计等领域，创作出了大量优秀的作品。这些作品不仅展现了传统手工艺的独特魅力，也体现了学生们对传统文化的创新应用。

通过这一结合实践，某师范大学不仅提升了学生的审美素养和实践能力，也为传统手工艺的传承和发展注入了新的活力。学生们在实践中不仅掌握了技艺，还深刻理解了手工艺背后的文化内涵和精神价值。这一实践也为当地手工艺产业的振兴和发展提供了有力的人才保障和智力支持。

综上所述，这些成功案例展现了国内非遗文化与高校美育融合的丰富成果和巨大潜力。通过深入挖掘和利用非遗文化资源，高校美育课程得以丰富和拓展；通过多样化的教学方法和实践项目，学生的审美素养和文化修养得以提升；通过与当地非遗文化传承人的合作与交流，非遗文化的传承与发展得以有力推动。这些实践不仅为非遗文化的传承注入了新的活力，也为高校美育教育的发展提供了新的思路和方向。

（二）国外非遗文化与高校美育融合的成功案例

在全球化的背景下，非遗文化的传承与创新已成为国际高校美育研究的重要议题。国外许多高校在非遗文化与美育融合方面进行了积极的探索和实践，形成了各具特色的成功案例。这些案例不仅展现了非遗文化的国际魅力，也为国内高校提供了有益的借鉴和启示。

案例一：日本和纸技艺与高校美育的融合

日本和纸作为一种传统的手工艺品，具有悠久的历史和独特的文化价值。在日本某著名艺术大学，和纸技艺被引入美育课程，成为培养学生艺术素养和创造力的重要途径。该校与当地和纸工坊合作，邀请工匠进校园传授和纸制作技艺。学生们在亲手体验和纸制作的过程中，不仅学习了传统的手工技艺，还深刻感受到了日本传统文化的韵味。此外，学校还鼓励学生将和纸元素融入现代艺术设计中，创作出兼具传统韵味和现代美感的作品。这种融合实践不仅丰富了美育课程内容，也有效推动了和纸技艺的传承与创新。

案例二：意大利皮革工艺与高校美育的结合

意大利皮革工艺享誉全球，其精湛的技艺和独特的设计风格深受世界各地消费者的喜爱。在意大利某知名设计学院，皮革工艺被作为重要的美育资源加以利用。学院与当地皮革工坊紧密合作，共同研发了一套系统的皮革工艺课程体系。这套课程体系涵盖了皮革材料的选择、设计理念的培养、制作技艺的传授以及市场营销策略的讲解等方面。学生们在系统地学习和实践中，不仅掌握了皮革制品的设计和制作技艺，还了解了皮革工艺的市场前景和商业价值。此外，学院还定期举办皮革工艺设计大赛和展览活动，为学生提供了展示才华和交流学习的平台。这种结合实践不仅提升了学生的专业素养和实践能力，也为意大利皮革工艺的传承与发展注入了新的活力。

案例三：韩国传统舞蹈与高校美育的融合实践

韩国传统舞蹈以其独特的韵律和优雅的动作而著称于世。在韩国某著名艺术学院，传统舞蹈被纳入美育课程体系，成为培养学生艺术修养和审美能力的重要内容。学院与当地舞蹈团体合作，共同开发了一套适合高校学生的传统舞蹈课程。这套课程不仅注重舞蹈动作的传授和技巧的训练，还强调对舞蹈文化内涵的理解和表达。学生们在系统的学习和实践中，不仅掌握了传统舞蹈的表演技艺，还深入了解了韩国传统文化的精髓和魅力。此外，学院还积极组织传统舞蹈的演出和交流活动，为学生提供了展示才华和拓宽视野的机会。这种融合实践不仅丰富了美育课程内容，也有效推动了韩国传统舞蹈的传承与发展。

案例四：法国传统手工艺与艺术设计学院的深度合作

法国以其悠久的文化历史和精湛的手工艺而闻名于世。在法国某著名艺术设计学院，传统手工艺被引入艺术设计教育体系中，形成了独特的非遗文化与美育融合模式。学院与当地手工艺人建立了紧密的合作关系，共同开设了一系列以传统手工艺为基础的设计课程。这些课程包括纺织品的设计与制作、金属工艺品的创意加工、陶瓷艺术的现代应用等。

在这些课程中，学生们不仅能够亲身学习到传统手工艺的技艺，还能在教师的指导下，将现代设计理念与传统工艺相结合，创作出兼具传统韵味和现代审美价值的作品。这种深度融合的教学模式不仅提高了学生们的实践能力，也为他们未来的职业发展打下了坚实的基础。

此外，该艺术设计学院还定期举办传统手工艺与现代设计融合的展览活动，为学生提供了展示才华和交流学习的平台。这些展览活动不仅吸引了校内师生的关注，还吸引了社会各界的瞩目，进一步推动了传统手工艺在当代社会的传播与应用。

综上所述，国外非遗文化与高校美育融合的成功案例各具特色，但都体现了非遗文化在美育实践中的重要价值和独特魅力。这些案例为国内高校提供了有益的借鉴和启示：一方面，要深入挖掘和利用本土非遗文化资源，将其融入美育课程体系和校园文化建设中；另一方面，要注重培养学生的实践能力和创新精神，鼓励他们将非遗文化与现代艺术、科技等领域相结合，创作出更多具有时代特色的作品。同时，高校还应加强与当地非遗文化传承人的合作与交流，共同推动非遗文化的传承与发展。

（三）国内外成功案例的启示与借鉴价值

在深入研究国内外非遗文化与高校美育融合的成功案例后，我们不难发现，这些案例所蕴含的启示与借鉴价值对于推动非遗文化的传承与高校美育的创新发展具有深远的意义。以下将详细阐述这些启示与价值，以期为相关实践提供有益的参考。

1.强化非遗文化的现代性转化与创新性发展

从国内外的成功案例中，我们可以看到非遗文化在现代社会中的生命力与活力。这些案例表明，只有将非遗文化与现代社会相结合，实现其现代性转化与创新性发展，才能使其真正融入当代人们日常生活，为高校美育提供丰富的资源。因此，我们应该注重非遗文化的现代性转化，通过创新的方式和手段，将传统非遗技艺、表演艺术、节庆活动等与现代审美、现代科技、现代教育相结合，创造出既具有传统文化内涵又符合现代审美需求的非遗文化产品。同时，我们还应鼓励和支持高校师生参与非遗文化的创新性发展，通过研发新产品、创作新作品、探索新形式等方式，推动非遗文化在现代社会中的传播与应用。

2.构建多元化的非遗文化传承与教育体系

国内外的成功案例还启示我们，要构建多元化的非遗文化传承与教育体系。在这个体系中，高校应发挥重要作用，通过开设相关课程、组织实践活动、建立研究机构等方式，将非遗文化传承与高校美育紧密结合起来。同时，我们还应注重非遗文化传承的社区参与和民间力量，通过建立非遗文化传习所、举办非遗文化节庆活动、开展非遗文化进校园等活动，让更多的人了解和参与非遗文化的传承与发展。此外，我们还应加强与国际社会的交流与合作，借鉴其他国家和地区的成功经验，共同推动非遗文化的跨国传播与交流。

3.注重非遗文化与高校美育课程的深度融合

在非遗文化与高校美育的融合过程中，课程的深度融合是关键。国内外的成功案例表明，只有将非遗文化元素融入高校美育课程中，实现课程的深度融合，才能使学生真正领略到非遗文化的魅力，并提升其审美素养和创新能力。因此，我们应该注重非遗文化与高校美育课程的深度融合，通过优化课程设置、更新教学内容、创新教学方法等方式，将非遗文化的精髓和特色融入高校美育课程中。同时，我们还应加强非遗文化与相关学科的交叉融合，如艺术学、设计学、历史学等，形成多学科协同育人的良好局面。

4.发挥政府、高校和社会的协同作用

国内外的成功案例还表明，政府、高校和社会在非遗文化传承与高校美育融合中发挥着重要的作用。政府应出台相关政策，为非遗文化的传承与发展提供法律保障和政策支持；高校应发挥教育优势，通过人才培养、科学研究、社会服务等方式推动非遗文化的传承与发展；社会应营造良好的文化氛围，为非遗文化的传承与发展提供广阔的空间和平台。只有政府、高校和社会三方协同作用，才能形成推动非遗文化传承与高校美育融合的强大合力。

5.注重非遗文化传承人的培养与扶持

非遗文化传承人是非遗文化传承与发展的关键力量。国内外的成功案例都注重非遗文化传承人的培养与扶持工作。可以通过选拔优秀传承人、提供传承场所和资金支持、组织传承培训和交流活动等方式，为非遗文化传承人提供良好的成长环境和发展空间。同时，我们还应注重非遗文化传承人与高校美育的结合，通过邀请传承人进校园、开设传承人讲座和工作室等方式，让学生近距离接触和了解非遗文化及其传承人，从而增强对非遗文化的认同感和归属感。

6.加强国际交流与合作，共享非遗文化资源

国际交流与合作对于推动非遗文化的传承与发展具有重要意义。通过加强国际交流与合作，我们可以共享世界各地的非遗文化资源，借鉴其他国家的成功经验，推动非遗文化的跨国传播与交流。同时，也可以借助国际平台，展示我国非遗文化的独特魅力，提升我国非遗文化的国际影响力。

第二章　非遗文化传承在高校美育中的实践探索

第一节　非遗文化传承与高校美育课程整合

一、非遗文化元素的课程化设计思路与方法

（一）非遗文化元素的筛选与分类

在非遗文化传承与高校美育课程整合的过程中，非遗文化元素的筛选与分类是至关重要的初步工作。这一环节不仅决定了后续课程设计的方向和内容，而且直接影响到非遗文化在高校美育实践中的传播效果和教育价值。

非遗文化元素的筛选，应遵循代表性、教育性、可操作性和时代性等原则。代表性指的是所选元素应能充分体现非遗文化的核心特征和独特魅力；教育性则要求这些元素具有丰富的教育内涵和美育价值，能够激发学生的学习兴趣和审美情感；可操作性考虑的是这些元素是否便于融入课程设计，能否通过有效的教学手段进行展示和传播；时代性则强调非遗文化元素与现代社会的关联，以及其在新时代背景下的创新与发展。

在筛选过程中，可以采用专家咨询、田野调查、文献研究等多种方法，广泛收集并整理非遗文化元素。这些元素可以包括但不限于传统手工艺、表演艺术、民俗节庆、传说故事等。通过对比分析，筛选出既符合教育目标又具有鲜明特色的非遗文化元素。

分类是非遗文化元素筛选后的必要步骤。合理的分类有助于更好地理解和把握非遗文化的内在逻辑和体系结构，为后续的课程设计提供清晰的框

架。根据非遗文化的特点和教育需求，可以采用多种分类方法，如按技艺类型、表现形式、文化内涵等进行分类。这些分类方法并非孤立存在，而是可以相互交叉、融合使用，以形成多维度、多层次的非遗文化元素分类体系。

具体而言，技艺类型分类可以按照传统手工艺、表演艺术等技艺特点进行划分；表现形式分类则可以根据非遗文化的视觉表现、听觉表现、动态表现等进行细分；文化内涵分类则深入到非遗文化所蕴含的历史、民俗、信仰等层面进行剖析。这样的分类体系不仅有助于全面、系统地认识非遗文化，还能为课程设计提供丰富的素材和灵感来源。

（二）课程化设计的原则与方法论

在非遗文化传承与高校美育课程整合的过程中，课程化设计是确保非遗文化元素有效融入教育体系的关键环节。为了构建高质量的美育课程，必须遵循一系列原则，并采用合适的方法论来指导设计过程。

1.课程化设计的原则

（1）教育性原则

课程化设计应首先确保非遗文化内容的教育性，即能够培养学生的审美能力、创造力、文化传承意识等。所选内容应有助于学生全面发展，符合教育目标。

（2）系统性原则

设计过程中应注重课程的系统性，确保非遗文化元素在课程中形成有机整体，而非零散的知识点。这要求设计者从全局出发，合理规划课程内容、结构和进度。

（3）适应性原则

课程化设计应充分考虑学生的年龄、认知水平和兴趣爱好，以及学校的教学资源和条件。设计出的课程应能够适应不同学生的需求，确保教学效果。

（4）创新性原则

在传承非遗文化的同时，课程化设计应鼓励创新。这包括采用新颖的教学方法、技术手段和评价体系，以激发学生的学习兴趣和创造力。

（5）实践性原则

非遗文化具有很强的实践性，课程化设计应充分体现这一点。通过组织实践活动、项目学习等方式，让学生亲身体验非遗文化的魅力，提高其实践能力。

2.课程化设计的方法论

（1）跨学科整合

非遗文化涉及多个学科领域，如历史、艺术、民俗等。在课程化设计中，应打破学科壁垒，实现跨学科整合。这有助于学生从多角度、多层次理解非遗文化，形成全面的认识。

（2）情境化教学

为了让学生更好地理解和感受非遗文化，课程化设计应注重情境化教学。通过创设真实或模拟的非遗文化情境，让学生在具体情境中学习、体验和探究。

（3）案例分析法

选取典型的非遗文化案例进行深入分析，有助于学生深入了解非遗文化的内涵和特点。同时，通过案例分析还可以培养学生的分析、评价和解决问题的能力。

（4）参与式设计

在课程化设计过程中，可以邀请学生、教师、非遗传承人等多方参与。通过参与式设计，可以充分听取各方意见，确保课程的针对性和实效性。

（5）迭代优化法

课程化设计是一个持续优化的过程。设计者应根据实施过程中的反馈和评价，及时对课程进行调整和优化。通过迭代优化法，可以不断完善课程设计，提高教学质量。

综上所述，课程化设计在非遗文化传承与高校美育课程整合中起着至关重要的作用。遵循教育性、系统性、适应性、创新性和实践性等原则，并采用跨学科整合、情境化教学、案例分析法、参与式设计和迭代优化法等方法论来指导设计过程，可以构建出高质量的美育课程，有效促进非遗文化的传承与发展。

（三）跨学科整合非遗文化元素的策略

在非遗文化传承与高校美育课程整合的过程中，跨学科整合非遗文化元素是一项至关重要的策略。这一策略不仅有助于丰富美育课程的内容，还能够提升学生的综合素养，促进非遗文化的活态传承。

1.打破学科壁垒，促进多元融合

传统的高校学科划分往往导致知识体系的割裂，不利于非遗文化元素的全面融入。因此，跨学科整合的首要任务是打破学科壁垒，促进多元融合。这要求高校在课程设置上打破传统界限，实现艺术学、历史学、社会学、人类学等多学科的交叉融合。通过开设跨学科课程、组织跨学科研究项目等方式，鼓励学生和教师从不同角度审视非遗文化，挖掘其深层价值。

2.挖掘非遗文化的多元价值

非遗文化作为人类文明的瑰宝，蕴含着丰富的历史、艺术、科学和社会价值。跨学科整合应致力于挖掘这些多元价值，并将其融入美育课程中。例如，可以通过艺术学的研究方法分析非遗技艺的美学特征；通过历史学的研究方法探究非遗文化的历史渊源；通过社会学的研究方法探讨非遗文化在社会发展中的作用等。这种多元价值的挖掘有助于提升学生对非遗文化的认知深度和广度。

3.创新教学方法，提升教学效果

跨学科整合非遗文化元素需要创新教学方法，以提升教学效果。这包括采用案例教学、情境教学、项目式学习等多元化教学方式，激发学生的学习兴趣和主动性。同时，还可以利用现代信息技术手段，如虚拟现实、增强现实等，为学生营造身临其境的非遗文化体验环境。这些创新教学方法的应用有助于学生在实践中深化对非遗文化的理解。

4.强化师资队伍建设，提升教师跨学科素养

跨学科整合非遗文化元素对教师提出了更高的要求。高校应强化师资队伍建设，提升教师的跨学科素养。这包括加强教师培训，提高教师对非遗文化的认知水平和跨学科整合能力；引进具有跨学科背景的优秀人才，充实师资队伍；鼓励教师开展跨学科合作与交流，形成良好的学术氛围。

5.建立评估与反馈机制，持续优化整合策略

为确保跨学科整合非遗文化元素的效果，高校应建立评估与反馈机制。通过定期评估学生的学习成果、教师的教学效果以及课程的实施情况，可以及时发现问题并进行改进。同时，还可以邀请非遗传承人、相关领域专家等参与评估工作，提出宝贵意见和建议。这种评估与反馈机制的建立有助于持续优化跨学科整合策略，提升非遗文化传承与高校美育课程整合的质量。

综上所述，跨学科整合非遗文化元素是一项系统而复杂的工程，需要高校从多个方面入手，打破学科壁垒、挖掘多元价值、创新教学方法、强化师资队伍建设并建立评估与反馈机制。通过这些策略的实施，可以有效促进非遗文化在高校美育课程中的融合与传播，为培养具有国际视野和民族文化自信的新时代人才贡献力量。

（四）课程化设计的实施步骤与案例分析

在非遗文化传承与高校美育课程整合的背景下，课程化设计不仅是一个简单地将非遗元素嵌入教学过程的行为，而是一项需要深入研究、精心策划和持续优化的系统性工作。下面将更为深入地探讨课程化设计的实施步骤，并通过案例分析来具体展现其操作过程和实际成效。

1.课程化设计的深入实施步骤

（1）课程目标的深度分析与精准定位

在课程化设计的初始阶段，需要对课程目标进行深度分析，确保它们既能够体现非遗文化的核心价值，又能够紧密契合高校美育的教学目标。这要求设计者不仅要有深厚的非遗文化底蕴，还要对高校美育教学有深入的了解。通过深度分析，可以精准定位课程目标，为后续的课程设计提供明确的方向和依据。

（2）非遗文化元素的深度挖掘与多维度筛选

在确定了课程目标后，需要对非遗文化元素进行深度挖掘和多维度筛选。挖掘过程中，要注重对非遗文化元素的内涵、历史背景、技艺流程等方面的深入研究，确保所选元素能够全面、准确地反映非遗文化的精髓。同时，筛选过程中要从教育性、传承性、可视性、可操作性等多个维度进行

综合考量，确保所选元素既适合高校教学，又能够激发学生的学习兴趣和动力。

（3）课程内容的深度整合与结构化设计

在筛选出合适的非遗文化元素后，需要对课程内容进行深度整合和结构化设计。这要求设计者将非遗文化元素与美育课程内容进行有机融合，形成具有内在逻辑关联和层次递进的教学内容体系。同时，还要注重课程内容的连贯性和系统性，确保学生在学习过程中能够循序渐进地掌握非遗文化知识和技能，实现知识的有效迁移和应用。

（4）教学方法与手段的深度创新与应用

为了提升教学效果，课程化设计还需要在教学方法与手段上进行深度创新和应用。除了传统的讲授、演示等方法外，还可以尝试采用项目式学习、情境教学、合作学习等现代教学方法，以及利用虚拟现实、增强现实等现代信息技术手段来辅助教学。这些方法和手段的应用可以帮助学生更直观、更深入地理解非遗文化，提升他们的学习体验和效果。

（5）课程实施与评价的深度跟进与完善

课程化设计的最后一步是对课程实施过程进行深度跟进和完善。在课程实施过程中，要密切关注学生的学习情况和反馈意见，及时调整教学策略和方法。同时，要建立完善的评价体系，对学生的学习成果和课程实施效果进行多维度、全方位的评估。通过评价反馈，可以及时发现课程存在的问题和不足，为后续改进提供依据和方向。

2.案例分析：以某高校非遗剪纸艺术深度整合课程为例

为了更具体地展现课程化设计的深入实施过程和成效，下面以某高校非遗剪纸艺术深度整合课程为例进行详细分析。

（1）课程目标的深度分析与精准定位

该高校在开设非遗剪纸艺术深度整合课程时，首先对课程目标进行了深度分析。他们认识到，剪纸艺术作为非遗文化的重要组成部分，具有丰富的文化内涵和艺术价值。同时，剪纸艺术的操作性强、创意空间大，非常适合在高校美育课程中开展。因此，他们将课程目标定位为：通过深度整合剪纸艺术资源，培养学生的审美能力、创新能力和文化传承意识；同时推动非遗文化与高校美育的深度融合与发展。

（2）非遗文化元素的深度挖掘与多维度筛选

在确定了课程目标后，该高校对剪纸艺术进行了深度挖掘和多维度筛选。他们不仅对剪纸艺术的历史渊源、技艺流程、作品风格等方面进行了深入研究，还从教育性、传承性、可视性、可操作性等多个维度对剪纸元素进行了综合考量。最终，他们筛选出了一批既具有代表性又适合高校教学的剪纸元素，为后续的课程设计提供了丰富的素材和灵感。

（3）课程内容的深度整合与结构化设计

在筛选出合适的剪纸元素后，该高校对课程内容进行了深度整合和结构化设计。他们将剪纸元素与美育课程内容进行有机融合，形成了一系列具有内在逻辑关联和层次递进的教学单元。每个教学单元都围绕一个主题展开，包含了相关的知识点、技能点和实践活动。同时，他们还注重课程内容的连贯性和系统性，确保学生在学习过程中能够循序渐进地掌握剪纸技艺和知识。

（4）教学方法与手段的深度创新与应用

在教学过程中，该高校采用了多种现代教学方法和信息技术手段来辅助教学。他们利用虚拟现实技术创建了虚拟剪纸博物馆，让学生在虚拟环境中欣赏和学习剪纸作品；采用项目式学习方法，让学生以小组为单位完成剪纸创作项目；还邀请了非遗传承人进行现场教学和指导。这些方法和手段的应用极大地提升了学生的学习兴趣和效果，使他们在轻松愉快的氛围中学习了剪纸技艺和知识。

（5）课程实施与评价的深度跟进与完善

在课程实施过程中，该高校建立了完善的评价体系来对学生的学习成果和课程实施效果进行评估。他们采用了多种评价方式，如作品展示、技能测试、学习报告等，以确保评价的全面性和客观性。同时，他们还密切关注学生的学习情况和反馈意见，及时调整教学策略和方法。通过评价反馈和持续改进，该非遗剪纸艺术深度整合课程取得了显著成效。学生的审美能力、创新能力和文化传承意识得到了显著提升的同时，推动了非遗文化与高校美育的深度融合与发展。这表明该课程化设计是成功的，有效地将非遗文化元素融入了高校美育课程中并实现了深度整合。

二、非遗技艺与美育课程的融合实践案例

（一）传统手工艺类非遗技艺与美育课程的融合

传统手工艺类非遗技艺，作为中华民族文化的重要组成部分，承载着深厚的历史底蕴和独特的艺术价值。在高校美育实践中，将这些传统手工艺融入课程体系，不仅有助于传承和弘扬非遗文化，还能有效提升学生的审美能力和创造力。

1.传统手工艺类非遗技艺的教育价值

传统手工艺类非遗技艺，如陶瓷制作、刺绣、剪纸、木雕等，每一种都蕴含着丰富的历史文化内涵和精湛的手工技艺。这些技艺不仅是艺术的表现，更是中华民族智慧和创造力的结晶。在高校美育中引入这些非遗技艺，可以让学生在学习过程中深刻感受到中华文化的博大精深，从而增强民族自豪感和文化自信心。

同时，传统手工艺的学习和实践过程，本身就是一种对美的追求和创造。学生通过亲手制作和体验，可以更加直观地理解艺术的魅力和手工技艺的精湛，从而提升自身的审美能力和艺术素养。

2.传统手工艺类非遗技艺与美育课程的融合路径

要实现传统手工艺类非遗技艺与美育课程的有机融合，需要从课程内容、教学方法、实践环节等多个方面入手。

首先，在课程内容的选择上，应精选具有代表性的非遗技艺项目，确保其内容既符合美育课程的目标要求，又能充分体现非遗文化的独特魅力。同时，还需要结合学生的兴趣和需求，对课程内容进行适当的调整和优化。

其次，在教学方法上，应注重理论与实践相结合。教师可以通过课堂讲解、示范演示等方式，向学生传授非遗技艺的基本知识和制作技巧。同时，还应鼓励学生亲自动手实践，通过反复练习和不断尝试，逐步掌握非遗技艺的精髓和要领。

最后，在实践环节的设计上，应充分利用校内外资源，为学生提供多样

化的实践平台。例如，可以组织学生参观非遗技艺传承人的工作室或博物馆，与传承人面对面交流学习；也可以开展非遗技艺进校园活动，邀请传承人现场授课或指导学生制作作品；还可以与社会企业合作，共同开发非遗技艺相关的文创产品或服务项目。

3.融合实践中的挑战与对策

虽然传统手工艺类非遗技艺与美育课程的融合具有诸多优势，但在实际操作过程中也面临着一些挑战。例如，部分非遗技艺项目的学习难度较大，需要学生具备较高的动手能力和耐心；部分学生对非遗文化的兴趣不高，缺乏主动学习的动力；还有部分学校受限于师资力量和教学条件等因素，难以有效开展非遗技艺的教学工作。

针对这些挑战，可以采取以下对策加以应对：一是加强师资培训，提高教师的非遗技艺水平和教学能力；二是优化课程设置，根据学生的实际情况和兴趣需求调整课程内容和难度；三是创新教学方法和手段，利用现代信息技术和多媒体手段激发学生的学习兴趣和积极性；四是加强校内外合作与交流，共享资源、共谋发展。

4.融合实践的成效

通过传统手工艺类非遗技艺与美育课程的有机融合，可以取得显著的成效。一方面，学生的审美能力和创造力得到了有效提升；另一方面，非遗文化得到了更好的传承和弘扬。同时，这种融合实践还有助于推动高校美育课程的创新与发展，为培养具有民族情怀和国际视野的高素质人才提供有力支撑。

（二）表演艺术类非遗技艺与美育课程的融合

表演艺术类非遗技艺，如戏曲、舞蹈、音乐等，是中华民族文化宝库中的璀璨明珠。这些技艺不仅具有深厚的历史文化底蕴，还蕴含着丰富的艺术审美和教育价值。在高校美育实践中，将表演艺术类非遗技艺与美育课程相融合，对于提升学生的艺术素养、传承非遗文化具有重要意义。

1.表演艺术类非遗技艺的艺术魅力与教育价值

表演艺术类非遗技艺以其独特的艺术形式和深刻的文化内涵，深深吸引着人们的目光。无论是京剧的唱念做打，还是舞蹈的身韵步伐，或是音乐的旋律节奏，都蕴含着无穷的艺术魅力。这些技艺不仅是舞台上的艺术表现，更是中华民族文化精神和审美追求的生动体现。

在教育领域，表演艺术类非遗技艺同样具有不可替代的价值。通过学习和实践，学生可以深入了解中华民族的文化传统和艺术精髓，提升自身的艺术素养和审美能力。同时，表演艺术类非遗技艺的学习过程也是一种对美的追求和创造过程，有助于培养学生的创新思维和想象力。

2.表演艺术类非遗技艺与美育课程的融合实践

将表演艺术类非遗技艺融入高校美育课程，需要从课程内容、教学方法、实践环节等方面进行精心设计。

在课程内容方面，可以选取具有代表性的非遗技艺项目，如京剧、昆曲、民族舞蹈等，将其纳入美育课程体系。通过系统的教学和实践，使学生掌握基本的表演技能和艺术知识，同时感受非遗文化的独特魅力。

在教学方法上，应注重理论与实践相结合。教师可以采用讲解、示范、模仿等多种教学方法，引导学生逐步掌握表演技艺的精髓。同时，还可以邀请非遗传承人、表演艺术家等走进课堂，与学生面对面交流，传授技艺和经验。

在实践环节上，应为学生提供多样化的实践平台。可以组织学生参加各类文艺演出、比赛等活动，展示学习成果和提升表演水平。还可以与校外艺术团体、文化机构等合作，共同开展非遗技艺的传承和推广活动。

3.融合实践中的挑战与对策

在表演艺术类非遗技艺与美育课程的融合实践中，也会面临一些挑战。例如，部分非遗技艺的学习难度较大，需要学生具备较高的艺术素养和表演天赋；部分学生对非遗文化的兴趣不高，缺乏主动学习的动力；还有部分学校受限于师资力量和教学条件等因素，难以有效开展非遗技艺的教学工作。

针对这些挑战，可以采取以下对策加以应对：一是加强师资培训，提高教师的非遗技艺水平和教学能力；二是优化课程设置，根据学生的实际情况和兴趣需求调整课程内容和难度；三是创新教学方法和手段，利用现代信息技术和多媒体手段激发学生的学习兴趣和积极性；四是加强校内外合作与交流，共享资源、共谋发展。

4.融合实践的成效

通过表演艺术类非遗技艺与美育课程的融合实践，可以取得显著的成效。一方面，学生的艺术素养和审美能力得到了有效提升；另一方面，非遗文化得到了更好的传承和弘扬。同时，这种融合实践还有助于推动高校美育课程的创新与发展，为培养具有民族情怀和国际视野的高素质人才提供有力支撑。

（三）民俗节庆类非遗技艺与美育课程的融合

民俗节庆类非遗技艺是中华民族传统文化的重要组成部分，承载着丰富的历史信息和深厚的文化底蕴。这类非遗技艺包括各种传统节日的庆祝方式、民俗活动以及与之相关的手工艺等。在高校美育实践中，将这些独特的文化元素与美育课程相结合，不仅能增强学生对传统文化的认同感和归属感，还能有效提升他们的审美能力和创造力。

1.民俗节庆类非遗技艺的文化内涵与教育价值

民俗节庆类非遗技艺蕴含着中华民族的价值观念、生活方式和审美情趣。春节贴春联、放鞭炮，中秋赏月、吃月饼，这些传统习俗不仅仅是节庆的表现形式，更是人们对生活的热爱和对美好的追求。在高校美育中引入这些元素，能够让学生更深刻地理解中华文化的精神内核，培养文化自信。

此外，民俗节庆类非遗技艺还具有极高的教育价值。通过学习与实践，学生可以锻炼动手能力、团队协作能力，以及创新思维能力。在参与节庆活动的筹备与表演过程中，学生还能体验到合作的乐趣，学会欣赏他人的优点，培养包容与尊重他人的品质。

2.民俗节庆类非遗技艺与美育课程的融合路径

实现民俗节庆类非遗技艺与美育课程的有机融合，需要从多个方面入手。

在课程内容的选择上，应注重民俗节庆类非遗技艺的多样性。可以根据地域特色和民族风情，选择具有代表性的节庆活动作为课程内容。例如，北方的春节习俗、南方的端午龙舟、苗族的苗年节等，都是极具特色的非遗技艺。

在教学方法上，应注重实践与体验。教师可以通过模拟节庆场景、组织筹备节庆活动等方式，让学生亲身体验非遗技艺的魅力。此外，还可以利用多媒体教学资源，如视频、图片等，让学生更加直观地了解民俗节庆的历史渊源和文化内涵。

在课程设置上，应注重连贯性与系统性。可以将民俗节庆类非遗技艺的学习贯穿整个学期或学年，通过不断的实践与积累，逐步提升学生的文化素养和审美能力。同时，还应与其他课程内容相互衔接，形成完整的知识体系。

3.融合实践中的挑战与对策

尽管民俗节庆类非遗技艺与美育课程的融合具有诸多优势，但在实施过程中也会面临一些挑战。如部分非遗技艺的传承方式较为封闭，难以获取教学资源；部分学生对传统节庆活动的兴趣不高，缺乏学习动力等。

针对这些挑战，可以采取以下对策：一是加强与非遗传承人的合作与交流，获取他们的支持和指导；二是利用现代信息技术手段，如虚拟现实、增强现实等，创新教学方式和表现形式；三是将民俗节庆类非遗技艺与现代艺术元素相结合，创造出更具时代特色的艺术作品；四是举办各类文化活动和比赛，激发学生的学习兴趣和积极性。

4.融合实践的成效

通过民俗节庆类非遗技艺与美育课程的融合实践，可以取得显著的成效。一方面，学生的文化素养和审美能力得到了有效提升；另一方面，传统非遗技艺得到了更好的传承和发展。这种融合实践还有助于推动高校美育课程的改革与创新，为培养具有国际视野和民族情怀的高素质人才提供有力支撑。

（四）融合实践案例的成效分析与反思

在非遗文化传承与高校美育课程整合的大背景下，通过具体的融合实践案例，我们深入探索了传统与现代、文化与教育相结合的可能性。以下是对这些实践案例的详细成效分析与反思。

1.融合实践案例的成效分析

（1）文化传承的深度与广度

通过非遗技艺与美育课程的结合，学生们得以亲身接触和体验传统技艺，从而更加深刻地理解了非遗文化的历史渊源、技艺特点和文化价值。这种学习方式不仅增强了学生对传统文化的认同感和归属感，还有效地促进了非遗文化的传承和发展。此外，通过现代化的教学手段和跨学科的整合，非遗文化的传承范围也得到了极大的拓展。

（2）审美能力的提升与多元化

美育课程的核心目标之一是培养学生的审美能力。非遗技艺的融入，为学生提供了丰富多样的审美对象和体验机会。无论是精美的手工艺品、富有感染力的表演艺术，还是充满生活气息的民俗节庆，都极大地拓宽了学生的审美视野。同时，通过对非遗技艺的深入学习和欣赏，学生们的审美能力也得到了显著提升，他们能够更加敏锐地发现美、欣赏美，进而创造美。

（3）创新思维与创造力的激发

非遗技艺与美育课程的融合实践鼓励学生进行跨学科的学习和思考，这种学习方式有助于打破传统的思维定式，激发学生的创新思维和创造力。在实践中，学生们不仅学习了传统技艺，还尝试将其与现代艺术元素、科技手段等相结合，创作出了一系列具有时代特色和创新精神的作品。这些作品不仅展示了学生对传统文化的深刻理解和独特见解，也体现了他们勇于创新的精神和实践能力。

（4）团队协作与沟通能力的培养

非遗技艺的学习和表演往往需要团队合作，这在无形中培养了学生的团队协作和沟通能力。在融合实践中，学生们通过共同参与项目、分工合作、互相学习等方式，学会了如何与他人有效沟通、协同工作、解决问题。这些能力对学生未来的学习和工作都具有重要意义，也是现代社会对人才的基本要求之一。

2.融合实践案例的反思与改进策略

尽管融合实践案例取得了显著的成效，但在实施过程中也遇到了一些问题和挑战。以下是对这些问题的反思与相应的改进策略：

（1）教学资源的开发与整合

部分非遗技艺由于传承方式较为封闭或资源有限，导致教学资源相对匮乏。为了解决这个问题，我们可以积极与非遗传承人、文化机构等合作，共同开发和整合教学资源。同时，也可以利用现代信息技术手段，如数字化技术、虚拟现实等，对非遗技艺进行记录、展示和教学，从而丰富教学资源的内容和形式。

（2）学生兴趣的激发与引导

不同学生对非遗技艺的兴趣和接受程度存在差异，如何激发和引导学生的兴趣是融合实践中需要关注的问题。我们可以通过多样化的教学方式和内容选择，如实地考察、互动式体验、专题讲座等，来激发学生的学习兴趣和积极性。同时，也可以根据学生的兴趣和需求，开设选修课程或工作坊，为学生提供更加个性化和深入的学习机会。

（3）教师素质的提升与培训

非遗技艺与美育课程的融合对教师素质提出了更高的要求。为了胜任这一工作，教师需要具备跨学科的知识背景、教学能力和文化素养。因此，我们需要加强对教师的培训和提升工作，包括组织专题培训、邀请专家指导、鼓励教师进修等方式，来提高教师的专业素养和教学能力。同时，也可以建立相应的激励机制和评价体系，鼓励教师进行跨学科的学习和研究工作。

（4）课程评价的完善与优化

为了确保融合实践的效果和质量，我们需要建立和完善课程评价体系。这个体系应该包括对学生学习成果、教师教学效果、课程设计质量等多个方面的评价标准和方法。通过定期的评价和反馈机制，我们可以及时发现和改进教学中存在的问题和不足之处，从而不断优化融合实践的效果和质量。

综上所述，非遗技艺与美育课程的融合实践在文化传承、审美能力提升、创新思维激发以及团队协作能力培养等方面都取得了显著的成效。然而，在实践中也存在一些问题和挑战需要我们进行反思和改进。通过不断优化课程设计、开发教学资源、激发学生兴趣、提升教师素质以及完善课程评价等措施的实施，我们相信这种融合实践将会更加成熟和完善，为非遗文化的传承和发展以及高校美育教育贡献更大的力量。

三、课程整合的效果评估、反馈与改进策略

（一）效果评估的方法与指标体系

在非遗文化传承与高校美育课程整合的实践过程中，效果评估是确保教育质量、提升教学实践成效的重要环节。通过构建科学、全面的评估方法与指标体系，不仅能够量化分析非遗文化融入美育课程的实际效果，还能够为进一步的课程优化与改进提供有力的数据支撑。

1.效果评估的方法论基础

效果评估应基于明确的教育目标和课程目标，采用多种评估方法相结合的方式，以形成全面、客观、准确的评估结果。具体而言，可以运用以下几种评估方法：

定量评估：通过设计问卷、测试等方式收集数据，运用统计学方法对数据进行处理和分析，从而得出客观的评估结果。例如，可以设计针对学生的知识水平测试、技能掌握程度测试等，以量化分析学生的学习成效。

定性评估：通过深入访谈、观察、案例分析等方式，收集更为细致和深入的信息，以揭示非遗文化传承在美育课程中的实际影响。例如，可以通过访谈教师和学生，了解他们对非遗文化融入美育课程的感受和看法。

过程评估与结果评估相结合：既要关注教育过程的实施情况，也要关注教育结果的达成情况。过程评估可以关注课程实施的各个环节，如教学内容的选择、教学方法的运用等；结果评估则主要关注学生的学习成果和非遗文化的传承效果。

2.效果评估的指标体系构建

为了确保效果评估的全面性和准确性，需要构建一个多层次、多维度的评估指标体系。该体系应包含以下几个方面的指标：

知识与技能指标：主要评估学生对非遗文化相关知识和技能的掌握程度。可以通过测试、作品展示等方式进行量化评估。

情感态度指标：关注学生对非遗文化和美育课程的态度变化，包括兴趣提升、文化认同感增强等。可以通过问卷调查、访谈等方式进行评估。

创新能力指标：衡量学生在非遗文化传承与美育融合过程中表现出的创

新能力和创造性成果。可以通过学生作品的原创性、创新性等方面进行评估。

文化传承效果指标：评估非遗文化在美育课程中的传承效果，包括非遗文化的传播广度、深度和影响力等。可以通过对非遗文化活动的参与人数、影响力等数据的统计和分析进行评估。

3.评估实施与结果反馈

在评估实施过程中，应注重数据的真实性和有效性，确保评估结果的客观公正。同时，评估结果应及时反馈给教师和学生，以便他们了解课程实施的效果和存在的问题，从而进行针对性的改进和调整。此外，评估结果还应作为课程优化和改进的重要依据，为非遗文化传承与高校美育课程整合的持续发展提供有力支撑。

（二）学生反馈的收集与分析

在高校美育实践中融入非遗文化传承，学生的反馈是评估这一创新实践效果的重要参考。通过科学、系统地收集和分析学生反馈，不仅能够了解学生对非遗文化传承与美育课程整合的接受程度，还能为进一步优化课程设计提供宝贵的建议。

1.学生反馈的收集方法

为了确保收集到的学生反馈具有广泛性和代表性，可以采用多种方法相结合的方式进行。首先，问卷调查是一种常见且有效的方式，可以设计包含封闭式和开放式问题的问卷，覆盖课程内容、教学方法、学习体验等多个方面。此外，为了获取更为深入和细致的反馈，还可以采用小组座谈会和个别访谈的方式，与学生进行面对面的交流。这些方法能够帮助研究者捕捉到问卷调查中可能忽略的细节和深层次信息。

在收集学生反馈的过程中，需要注意保护学生的隐私和信息安全，确保反馈的真实性。同时，为了鼓励学生积极参与反馈活动，可以采取一定的激励措施，如提供课程积分奖励或参与抽奖等。

2.学生反馈的分析方法

收集到的学生反馈数据需要经过科学的分析和处理，才能转化为对课程改进有指导意义的建议。

首先，对于问卷调查数据，可以利用统计软件进行分析，计算各项指标的均值、标准差等，以量化学生对不同课程要素的评价。对于开放性问题，则需要采用内容分析法，提取学生反馈中的关键信息和主题。

其次，在分析过程中，还需要注意识别不同学生群体之间的差异，如性别、专业背景、学习习惯等，这些因素都可能影响学生对非遗文化传承与美育课程整合的接受度和评价。因此，需要进行差异分析，以更全面地了解学生反馈的情况。

最后，为了更深入地挖掘学生反馈中的潜在信息和关联规则，可以采用数据挖掘技术进行处理。例如，利用关联规则挖掘算法发现学生反馈中不同问题之间的内在联系，从而为课程改进提供更有针对性的建议。

3.学生反馈的应用策略

收集和分析学生反馈的最终目的是优化非遗文化传承与美育课程的整合实践。因此，需要将分析结果转化为具体的改进策略。首先，针对学生反馈中普遍存在的问题和不足，可以对课程内容进行调整和完善，如增加非遗文化元素的种类和数量、优化教学方法等。其次，针对学生个体差异的需求，可以提供个性化的学习支持和辅导服务，以满足不同学生的学习需求。最后，还需要建立长效的反馈机制，定期收集和分析学生反馈数据，以确保课程改进的持续性和有效性。

（三）教师反馈的收集与分析

在非遗文化传承与高校美育课程整合的实践中，教师的反馈是优化课程设计、提升教学效果的关键环节。为了充分利用教师反馈，需要详细规划反馈的收集与分析过程，确保信息的准确性和有效性。

1.教师反馈的收集方法

（1）问卷调查

设计问卷时，应涵盖课程设计、教学内容、教学方法、教学资源、学生互动、教学效果等多个方面，确保全面了解教师的观点和意见。

问卷应采用李克特量表等形式，便于量化分析教师的满意度和认同度。

发放问卷时，要确保样本的广泛性和代表性，覆盖不同学科背景、教龄和教学风格的教师。

（2）深度访谈

选取具有代表性的教师进行半结构化访谈，通过预设问题和开放式引导，深入了解教师的教学体验、面临的挑战以及对课程整合的期望和建议。

访谈过程中要注意倾听和记录，确保准确捕捉教师的观点和情感反应。

（3）教学观察与记录

安排专业的教学观察员或同行教师进入课堂，使用观察指南或检查表记录教师的教学行为、师生互动、课堂氛围以及非遗文化元素的融入情况等。

观察结果应与教师进行反馈交流，确保观察的准确性和公正性。

（4）教学研讨会

定期组织专题研讨会，邀请教师围绕非遗文化传承与美育课程整合的实践进行研讨和交流。

通过小组讨论、案例分享、问题研讨等形式，激发教师的思考和创新，收集集体智慧和经验。

2.教师反馈的分析方法

（1）内容分析

对深度访谈、教学研讨会等收集到的质性数据进行逐字逐句的编码和分析，提取关键主题、观点和建议。

使用内容分析软件或手动编码方式，对数据进行分类和频数统计，以揭示教师反馈的内在结构和重点关注领域。

（2）统计分析

对问卷调查数据进行描述性统计分析，计算各项指标的均值、标准差、频数分布等，以量化教师的整体满意度和反馈趋势。

运用推断性统计方法（如t检验、方差分析等）探讨不同教师群体之间反馈的差异性和显著性。

（3）比较分析

将不同背景、不同教龄、不同学科教师的反馈进行比较分析，识别共性和差异，揭示不同群体对课程整合实践的态度和看法。

通过比较分析，发现优势群体和待改进群体，为制定针对性的改进策略提供依据。

（4）关联分析

运用相关分析、回归分析等方法探讨教师反馈与学生反馈、教学效果等因素之间的关联关系。

通过关联分析，揭示影响非遗文化传承与美育课程整合实践效果的关键因素和潜在机制。

3.教师反馈的应用策略

（1）优化课程设计

根据教师反馈调整课程目标和内容选择，确保非遗文化元素与美育课程的有效融合。

优化课程结构和顺序安排，使之更加符合学生的认知规律和审美发展需求。

结合教师建议改进教学方法和手段，如引入互动式教学、案例教学等，提升学生的学习兴趣和参与度。

（2）加强教学资源建设

根据教师反馈完善教学资源库，提供丰富多样的非遗文化资料和美育素材供教师选择和使用。

加强教学平台的建设和维护，为教师提供便捷高效的教学支持和服务。

（3）提升教师教学能力

针对教师在非遗文化传承与美育课程整合方面存在的知识和能力短板进行专项培训或工作坊活动。

鼓励教师参与相关学术研究和项目实践，拓宽视野并提升专业素养和教学能力。

（4）建立持续反馈机制

构建教师反馈的长效机制，定期收集并分析教师反馈的数据，及时发现问题并作出相应调整和改进措施。

将教师反馈与学生反馈相结合进行综合评估分析，以全面了解课程实施效果及存在问题，为进一步优化提供了有力支持。同时加强了学生与教师之间的沟通交流以增进彼此理解和信任关系。

（四）改进策略的制定与实施

在非遗文化传承与高校美育课程整合的征途中，经过深思熟虑的效果评估与反馈分析，我们认识到，尽管整合工作已经取得了一定的成效，但仍存在诸多可优化的空间。为此，我们提出了一套全面而细致的改进策略，并规划了实施路径，以期为非遗文化与高校美育的深度融合注入新的活力。

1.改进策略的构思

在制定改进策略时，我们并未停留在表面的修修补补，而是深入挖掘了现有实践中的痛点与难点。通过综合分析学生与教师的反馈，我们意识到，要想实现非遗文化与美育课程的无缝对接，必须从课程内容、教学方法、教学资源及评价体系等多个维度进行系统的优化与升级。

课程内容方面，我们致力于打破传统与现代、非遗与美育之间的隔阂，精选具有代表性的非遗文化元素，并巧妙地将其融入美育课程中，让学生在领略传统之美的同时，也能感受到非遗文化的时代价值与现实意义。

教学方法上，我们将摒弃单一的讲授模式，转而采用项目式学习、情境教学等多元化方法，引导学生主动参与、亲身体验，让非遗技艺在传承中焕发新的生命力。同时，我们还将注重线上线下相结合的教学方式，充分利用现代信息技术手段，打破时间与空间的限制，为学生提供更加便捷、高效的学习体验。

教学资源方面，我们将联手非遗传承人、专家学者等多方力量，共同打造一批高质量的非遗文化教学资源库。这些资源将不仅包含丰富的图文、音视频资料，还将涵盖非遗技艺的实操教程、案例分析等内容，为学生的学习与实践提供有力支撑。

评价体系上，我们将彻底改变以往单一的考核模式，引入过程性评价、表现性评价等多种方式，全面、客观地评价学生在非遗文化传承与美育课程学习中的表现与成果。同时，我们还将注重学生的自评与互评，鼓励他们从多个角度审视自己的学习过程与成果，培养他们的自我反思与批判性思维能力。

2.改进策略的实施路径

为了确保改进策略的有效实施，我们精心设计了实施路径，并明确了每一步的目标与任务。首先，我们将成立专门的工作小组，负责统筹协调各方资源，推进改进策略的具体落实。该小组将定期召开工作会议，及时总结经验、分析问题、调整方案，确保策略实施的高效与顺畅。

接下来，我们将分阶段推进课程内容的优化、教学方法的创新、教学资源的丰富以及评价体系的完善。每个阶段都将设定明确的时间节点与里程碑成果，确保策略的实施有条不紊、步步为营。

在课程内容优化阶段，我们将组织专家学者与非遗传承人共同研发新课程模块与教学案例。在教学方法创新阶段，我们将开展一系列教学研讨与培训活动，提升教师的信息化教学能力与创新教育理念。在教学资源丰富阶段，我们将广泛征集与筛选优质教学资源，并逐步完善非遗文化教学资源库。在评价体系完善阶段，我们将试行新的评价方式与标准，并根据实践效果进行及时的调整与优化。

四、学生对非遗文化与美育课程整合的接受度与满意度

（一）接受度的调查与分析

在非遗文化传承与高校美育课程整合的实践中，学生对这一创新教育模式的接受度是衡量其成功与否的关键指标之一。为了深入了解学生对非遗文化与美育课程整合的接受程度，本研究设计了系统的调查问卷，并结合访谈、观察等多种方法进行了综合分析。

调查问卷的设计围绕学生对非遗文化的认知、对美育课程的需求与期望以及非遗文化与美育课程整合后的学习体验等方面展开。问卷采用李克特五级量表，对各项指标进行量化评分，以便更准确地反映学生的接受程度。同时，为了确保调查结果的客观性和准确性，本研究还邀请了部分学生进行深度访谈，并对课堂观察记录进行详细分析。

调查结果显示，大部分学生对非遗文化与美育课程整合持积极态度，认为这种整合有助于丰富课程内容、提升学习兴趣、拓宽文化视野。具体而

言，学生在以下几个方面的接受度表现尤为突出：

一是对非遗文化元素的认同与喜爱。调查显示，超过80%的学生对非遗文化元素表示出浓厚兴趣，认为这些元素是中华优秀传统文化的重要组成部分，应该得到传承与弘扬。这种认同感与喜爱之情为非遗文化与美育课程的整合奠定了良好的情感基础。

二是对美育课程创新实践的期待与支持。学生普遍反映，传统的美育课程过于注重理论传授和技能训练，缺乏与现实生活、传统文化的联系。而非遗文化与美育课程的整合，恰恰弥补了这一不足，使美育课程更加生动、有趣、富有创意。因此，学生对这种创新实践表示出高度期待和支持。

三是对整合后学习效果的肯定与认可。从学生的学习成果来看，非遗文化与美育课程的整合不仅提高了学生的审美能力和文化素养，还激发了学生的创新思维和实践能力。学生在课程学习中能够主动探索、积极实践，形成了良好的学习氛围和互动效应。

然而，调查也发现了一些影响学生接受度的因素和问题。部分学生表示，非遗文化与美育课程的整合在某些方面还不够深入和细致，例如，课程内容的选择与安排、教学方法的运用与改进等方面仍有待完善。此外，一些学生对非遗文化的了解程度有限，导致在学习过程中存在一定的困难和挑战。

针对这些问题，本研究提出了以下建议以提升学生的接受度：

首先，进一步优化课程内容的选择与安排。在整合非遗文化与美育课程时，应注重内容的系统性、连贯性和层次性，确保学生能够全面、深入地了解非遗文化的内涵与价值。同时，还应根据学生的学习需求和兴趣点，有针对性地增加一些热门、有趣的非遗文化元素，以激发学生的学习兴趣和积极性。

其次，改进教学方法与手段的运用。在教学过程中，教师应灵活运用多种教学方法和手段，如情境教学、项目式学习、案例分析等，以引导学生主动参与、积极探究。同时，还应充分利用现代信息技术手段，如多媒体、网络等，为学生提供更加丰富、多样的学习资源和学习体验。

最后，加强非遗文化的宣传与普及工作。学校和社会应通过各种渠道和方式，加强对非遗文化的宣传与普及工作，提高学生对非遗文化的认知度和了解程度。同时，还可以开展一些与非遗文化相关的校园文化活动和社会实践活动，让学生在亲身参与中感受非遗文化的魅力与价值。

（二）满意度的调查与分析

在非遗文化传承与高校美育课程整合的过程中，为了深入了解学生对该整合课程的满意度，本研究进行了系统的调查与分析。通过问卷调查、访谈和课堂观察等多种方法，我们收集了大量数据，并对这些数据进行了详细的分析。

1.调查方法与样本选择

本次调查采用问卷调查法，共发放问卷200份，回收有效问卷186份，回收率为93%。调查对象涵盖了参与非遗文化与美育课程整合的本科生和研究生，样本选择注重广泛性和代表性，以确保调查结果的准确性和可靠性。

2.问卷设计与内容

问卷主要设置四个维度：课程内容、教学方法、学习效果和师生互动。每个维度下设有若干具体指标，如课程内容的丰富性、教学方法的多样性、学习效果的显著性等。问卷采用李克特五级量表进行评分，"1"表示非常不满意，"5"表示非常满意。

3.调查结果分析

（1）课程内容满意度

在课程内容方面，调查结果显示，学生对非遗文化与美育课程整合的课程内容满意度平均得分为4.2分（满分为5分）。其中，85%的学生认为课程内容丰富多样，涵盖了传统手工艺、表演艺术、民俗节庆等多个方面；78%的学生认为课程内容与现实生活紧密联系，有助于更好地理解和应用非遗文化。这些数据表明，学生对课程内容的满意度较高。

（2）教学方法满意度

在教学方法方面，学生的满意度平均得分为4.1分。具体数据显示，80%的学生认为教师采用了多种教学方法，如情境教学、项目式学习等；75%的学生认为教师注重与学生的互动和交流。这些数据表明，学生对教学方法的满意度也较高。

（3）学习效果满意度

在学习效果方面，学生的满意度平均得分为4.3分。调查结果显示，88%的学生认为非遗文化与美育课程整合有助于提升自己的审美能力和文化素养；82%的学生认为通过学习，自己掌握了非遗文化的相关知识和技能。这些数据充分证明了课程整合对学生学习效果的提升作用。

（4）师生互动满意度

在师生互动方面，学生的满意度平均得分为4.2分。具体数据显示，85%的学生认为教师注重与学生的沟通和交流；79%的学生认为教师能够及时了解自己的学习情况和需求，并给予积极的反馈和指导。这些数据表明，师生之间的互动关系良好，有助于增强学生的学习动力和自信心。

4.存在的问题与建议

尽管整体满意度较高，但仍有部分学生提出了一些问题和建议。例如，15%的学生认为课程内容在某些方面还不够深入和细致；20%的学生希望教师能够提供更多的实践机会和资源。针对这些问题，我们建议进一步优化课程内容的选择与安排，加强实践教学环节的设计与实施，并继续加强师生之间的互动和交流。

（三）影响因素的识别与分析

在探讨非遗文化传承与高校美育课程整合的过程中，我们不可避免地要面对一个核心问题：学生对这一整合的接受度与满意度如何？这并非一个简单的是非问题，而是涉及一系列复杂的影响因素。本小节将对这些因素进行深入剖析，以期为提升整合效果提供有益参考。

首先，我们必须认识到，每一个学生都是独特的个体，他们有着不同的文化背景、审美偏好和学习方式。因此，当非遗文化与美育课程进行整合时，其课程内容是否能与学生的兴趣点产生共鸣，就显得尤为重要。如果课程内容过于单一或偏离学生的实际需求，那么无论其教育价值有多高，都难以得到学生的真心接纳。

其次，教学方法的运用也是影响学生接受度和满意度的关键因素。在传统的教育观念中，教师往往是知识的单向传授者，而学生则是被动的接受者。然而，在非遗文化与美育课程的整合中，这种单向的教学模式显然已不适应。学生需要的不仅仅是知识的灌输，更是情感的共鸣和创造的激发。因此，教师能否运用多样化的教学方法，如情境教学、互动探讨等，来激发学生的学习兴趣和创造力，就显得至关重要。

再次，我们不能忽视教师在这一过程中的角色和影响。教师的专业素养和教学态度不仅直接关系到课程的质量，更在无形中影响着学生的学习态度和情感投入。一位对非遗文化充满热情、对美育教育有着深刻理解的教师，往往能够以其人格魅力和专业素养赢得学生的尊重和喜爱，从而提升学生的学习体验。

最后，课程评价的公正性和合理性也是不容忽视的影响因素。在课程整合的过程中，评价不仅是对学生学习成果的检验，更是对学生学习动力的激发。一个公正、合理的评价体系能够真实反映学生的学习情况和努力程度，从而激发学生的学习积极性和自信心。相反，如果评价体系存在偏见或不公，那么无论学生的学习成果如何，都难以得到应有的认可和鼓励，这无疑会对学生的接受度和满意度产生负面影响。

综上所述，非遗文化传承与高校美育课程整合的过程中，学生的接受度和满意度受到多方面因素的影响。为了提升整合效果，我们必须深入了解这些因素，并根据实际情况进行有针对性的调整和优化。只有这样，我们才能真正实现非遗文化与美育教育的有机融合，让学生在感受非遗文化魅力的同时，提升审美素养和创造力。

（四）提升接受度与满意度的策略建议

在非遗文化传承与高校美育课程整合的背景下，提升学生的接受度与满意度是至关重要的。为了实现这一目标，本小节从课程内容设计、教学方法优化、教师专业素养提升、评价体系改革等多个方面，提出具有针对性和可操作性的策略建议。

1.丰富课程内容设计，贴近学生实际需求

非遗文化内容丰富多样，高校美育课程应充分挖掘和利用这些资源，将具有代表性的非遗文化元素有机融入课程内容中。在设计课程内容时，应注重与学生的实际生活经验和兴趣点相结合，使非遗文化在现代教育中焕发新的生命力。例如，可以通过设置以非遗文化为主题的美育实践项目，让学生在亲身参与中感受非遗文化的魅力，从而提高他们的接受度和满意度。

2.创新教学方法，激发学生的学习兴趣

传统的教学方法往往注重知识的单向传授，忽视了学生的主体地位和个性化需求。为了提升学生对非遗文化与美育课程整合的接受度和满意度，教师应积极探索和运用多样化的教学方法，如情景模拟、角色扮演、小组合作等，以激发学生的学习兴趣和创造力。此外，还可以利用现代信息技术手段，如虚拟现实、增强现实等，为学生打造沉浸式的学习体验，让他们在非遗文化的熏陶中提升审美素养。

3.提升教师专业素养，树立良好的教学榜样

教师的专业素养和教学态度对学生的学习体验和满意度具有重要影响。因此，高校应加强对教师的培训和考核，提高他们在非遗文化和美育教育领域的专业素养。同时，教师也应自觉提升自己的业务水平和教育教学能力，以严谨的治学态度和热情洋溢的教学风格赢得学生的尊重和喜爱。此外，学校还可以通过邀请非遗传承人、艺术家等进校园，为教师提供现场教学和交流的机会，从而增强他们对非遗文化的理解和把握。

4.改革评价体系，促进学生的全面发展

在课程整合的过程中，评价体系改革也是提升学生接受度和满意度的重要举措之一。高校应建立公正、合理的评价体系，注重过程性评价与结果性评价相结合，真实反映学生的学习情况和努力程度。在评价过程中，还应充分考虑学生的个性化需求和差异性表现，给予他们适当的鼓励和引导。此外，学校还可以通过开展丰富多彩的美育实践活动和成果展示活动，为学生提供展示自我才华的平台和机会，从而激发他们的学习动力和创新精神。

5.加强非遗文化的校园宣传与推广

为了进一步提升学生对非遗文化与美育课程整合的接受度和满意度，高校还应加大非遗文化的校园宣传与推广力度。可以通过举办非遗文化讲座、展览、演出等活动，让学生了解更多的非遗文化知识和背后的故事；还可以

通过建立非遗文化社团或兴趣小组等形式，为学生提供交流学习的平台；同时，学校官网、微信公众号等新媒体平台也可以成为非遗文化传播的重要途径之一。这些举措不仅可以增强学生的文化自信和民族认同感，还可以促进非遗文化在高校中的广泛传播与普及。

综上所述，通过丰富课程内容设计、创新教学方法、提升教师专业素养、改革评价体系以及加强非遗文化的校园宣传与推广等一系列策略措施的实施，可以有效地提升学生对非遗文化与美育课程整合的接受度和满意度。这不仅有助于实现非遗文化的传承与发展目标，更为高校美育教育实践提供了新的思路和方向。

第二节 非遗文化传承与高校美育活动创新

一、非遗文化主题的美育活动策划与实施

（一）策划理念与主题选择

在探讨非遗文化传承与高校美育活动创新时，策划理念与主题选择无疑是整个活动的基石。它们不仅为活动提供了方向和内容，更是确保活动能够深入人心、产生长远影响的关键因素。因此，我们需要以深思熟虑的态度来确立策划理念和选择主题。

1.策划理念：以文化为魂，以美育为媒

策划理念是整个活动的指导思想，它应该既体现非遗文化的深厚底蕴，又符合高校美育的育人目标。我们认为，一个成功的策划理念应该"以文化为魂，以美育为媒"。

"以文化为魂"意味着我们要将非遗文化的精髓作为活动的灵魂。非遗文化是中华民族几千年文明的结晶，它包含了丰富的历史信息、深厚的民族情感和独特的审美价值。因此，在策划活动时，我们要深入挖掘非遗文化的

内涵，将其独特的艺术魅力、深厚的历史底蕴和丰富的教育价值充分展现出来。

"以美育为媒"则强调了美育在非遗文化传承中的重要作用。美育是高等教育的重要组成部分，它旨在培养学生的审美能力、创造力和文化素养。通过非遗文化传承与美育的结合，我们可以让学生在亲身参与中感受非遗文化的魅力，提升他们的审美素养和文化认知，从而实现非遗文化的有效传承和高校美育的深化发展。

2.主题选择：凸显特色，引领风尚

主题选择是活动策划的关键环节之一。一个好的主题能够凸显活动的特色，吸引公众的注意，引领社会风尚。在选择主题时，我们应该遵循以下原则：

首先，主题要凸显非遗文化的特色。非遗文化种类繁多、形态各异，每个地区、每个民族都有自己独特的非遗项目。因此，在选择主题时，我们要充分考虑当地的文化特色和资源优势，选择具有代表性的非遗项目作为活动的主题。这样不仅可以增强活动的地域性和民族性，还可以更好地展现非遗文化的独特魅力。

其次，主题要具有时代性和前瞻性。非遗文化虽然历史悠久，但并不意味着它就是过时的。相反，我们应该用现代的审美观念和创新手段来重新解读和呈现非遗文化，使其与现代生活相契合，引领社会风尚。因此，在选择主题时，我们要关注当代社会的审美需求和文化关切，选择能够反映时代精神、引领文化潮流的主题。

最后，主题要具有教育性和启发性。非遗文化传承与高校美育的结合旨在提升学生的文化素养和审美能力。因此，在选择主题时，我们要注重其教育价值和启发性。通过选择具有深刻内涵和丰富教育意义的主题，我们可以引导学生在参与活动的过程中进行深入思考，从而达到提升他们文化素养和审美能力的目的。

（二）活动形式与内容设计：以生动与深度为非遗文化注入新活力

在非遗文化传承与高校美育的交汇点上，活动形式与内容的设计是确保活动吸引力、参与度和效果的重要环节。为了让学生更深入地了解非遗文化，激发其兴趣和创造力，我们需要以生动与深度为非遗文化注入新活力。下面将详细介绍如何通过多种活动形式与内容的设计，实现这一目标。

1.沉浸式体验：全方位感受非遗文化魅力

为了让学生与非遗文化零距离接触，我们可以打造一个沉浸式的非遗文化体验空间。这个空间可以包括多个区域，每个区域都聚焦一种非遗技艺或元素，如剪纸艺术区、刺绣工艺区、传统音乐演奏区等。每个区域都配备专业的非遗传承人，他们不仅进行现场技艺展示，还亲自指导学生进行体验。

在剪纸艺术区，学生们可以在传承人的指导下，学习剪纸的基本技法和图案设计，感受纸张在剪刀下的变幻莫测；在刺绣工艺区，学生们可以尝试刺绣的基本针法和图案绣制，体验丝线在布面上的穿梭之美；在传统音乐演奏区，学生们可以聆听现场演奏的民间音乐，感受传统乐器的音色和旋律之美。

通过这种沉浸式的体验，学生们可以全方位地感受非遗文化的魅力，从而激发其对传统艺术的兴趣和热爱。

2.互动式学习：让非遗知识变得生动有趣

为了让非遗知识不再枯燥乏味，我们可以采用互动式学习的方式，将知识融入趣味性的互动环节中。例如，我们可以设计非遗知识问答游戏，通过抢答、猜词游戏等形式，让学生在轻松愉快的氛围中掌握非遗知识。同时，还可以设置非遗技艺拼图游戏、手工艺制作比赛等互动环节，让学生在动手实践中巩固所学知识。

此外，我们还可以邀请非遗专家进行现场讲解和示范。与传统的讲座形式不同，这种互动式讲座更注重与学生的互动交流。专家可以通过现场演示技艺、解答学生疑问等方式，与学生们进行面对面的交流互动。这种亲切的互动方式不仅可以拉近学生与非遗文化的距离，还可以激发其探索欲望和学习兴趣。

3.创意性展示：让非遗文化焕发时代光彩

为了让非遗文化在现代社会中焕发新的光彩，我们可以组织创意性的展示活动。这些活动旨在鼓励学生们运用现代设计理念和技术手段，对非遗元素进行再创造和设计。

例如，我们可以举办非遗文化主题创意设计大赛。学生们可以运用所学的设计知识和技能，将非遗元素融入现代设计中，创作出具有时代感和艺术价值的作品。这些作品可以是服饰设计、家居用品设计、平面设计等，只要是能够体现非遗文化的独特魅力和现代设计的创新理念即可。

同时，我们还可以举办非遗文化时尚秀。这场时尚秀将传统服饰、手工艺品等与现代时尚元素相结合，展现出非遗文化的时尚魅力。模特们身着融合非遗元素的时尚服饰，在T台上演绎传统与现代的完美融合。这种创意性的展示方式不仅可以吸引更多学生的关注和参与，还可以推动非遗文化在现代社会中的传播与发展。

4.实践性探索：让非遗文化融入日常生活

非遗文化的传承与发展离不开实践性的探索。为了让学生们更好地将非遗文化融入日常生活，我们可以组织一系列实践性探索活动。

首先，我们可以组织学生们走访非遗传承人。通过实地拜访和交流，学生们可以深入了解传承人的技艺传承经历、创作理念等，从而加深对非遗文化的认知和理解。同时，传承人还可以为学生们提供现场指导和技艺传授，让他们亲身感受非遗技艺的独特魅力和精湛技艺。

其次，我们可以鼓励学生们将非遗元素融入日常生活用品的设计中。例如，学生们可以运用所学的手工艺技能，制作融合非遗元素的文创产品、家居用品等。这些产品既具有实用性，又体现了非遗文化的独特魅力，可以让学生们在日常生活中时刻感受到非遗文化的存在。

最后，我们还可以建立非遗文化传承社团或兴趣小组。这些社团或小组可以为学生们提供长期、稳定的非遗文化学习和交流平台。通过定期组织活动、开展技艺交流等方式，学生们可以在实践中不断提升自己的非遗技艺水平和文化素养。

（三）资源整合与宣传推广：构建非遗美育活动的立体支撑体系

在非遗文化传承与高校美育的融合创新中，资源整合与宣传推广不仅是策略，更是一种艺术。它们如同精心编织的网，将非遗文化的精髓与现代美育的理念紧密连接，共同构建起一个立体、多维的支撑体系。

1.深度挖掘与精准匹配：资源整合的艺术

资源整合不是简单的"1+1=2"，而是要通过深度挖掘和精准匹配，实现"1+1>2"的效果。首先，高校需要对自身的非遗文化资源和美育需求进行深入的梳理和分析。这包括对校内外的非遗传承人、技艺、作品等进行全面调研，以及对师生的美育需求、兴趣点等进行准确把握。在此基础上，高校可以更加精准地对接校内外资源，实现资源的优化配置和高效利用。例如，某高校在举办非遗美育活动时，通过深度挖掘，发现校内有一位对剪纸艺术颇有研究的退休教师。于是，他们邀请这位教师开设剪纸艺术工作坊，与师生共同探索剪纸的奥秘。同时，他们还与当地著名的剪纸传承人建立合作关系，引入其精湛的技艺和丰富的作品资源，为活动增添了更多的亮点和深度。

此外，高校还需要注重资源的多元化和互补性。在整合非遗文化资源时，不仅要关注传统的技艺和作品，还要关注与之相关的历史、民俗、艺术等方面的资源。这些资源可以相互补充、相互映衬，共同构建起一个更加完整、丰富的非遗文化体系。同时，高校还可以积极引入现代科技手段，如虚拟现实、增强现实等，为非遗文化的展示和传播提供新的可能。

2.多元传播与深度互动：宣传推广的巧思

宣传推广是非遗美育活动成功的"助推器"。在多元传播的时代背景下，高校需要巧妙地运用各种传播手段和平台，实现非遗美育活动的高效传播和深度互动。

首先，高校可以充分利用校园媒体进行宣传推广。包括校园广播、电视、报纸等传统媒体，以及校园网站、微信公众号、微博等新媒体平台。通过精心策划和制作精美的宣传内容，高校可以在校园内营造出浓厚的非遗文化氛围，吸引更多的师生关注和参与。

其次，高校还可以积极与校外媒体合作，扩大活动的影响力。如与主流媒体、文化类网站、社交媒体等建立合作关系，共同推广非遗美育活动。通过校外媒体的报道和宣传，可以让更多的人了解非遗文化的魅力和价值，进而促进非遗文化在社会上的广泛传播和认同。

最后，高校还需要注重深度互动和社群建设。在宣传推广过程中，高校可以通过举办互动体验活动、发起话题讨论、邀请嘉宾访谈等方式，与师生进行深度互动和交流。同时，还可以建立非遗美育活动的社群或论坛，为爱好者提供一个交流互动的平台，让他们在这里分享经验、交流心得、共同成长。

3.案例剖析：以实践诠释资源整合与宣传推广的魅力

以某高校举办的非遗服饰秀活动为例。该校通过深度挖掘和精准匹配资源，成功引入了当地著名的民族服饰制作技艺和作品资源。同时，他们还邀请了民族服饰传承人进校园进行技艺展示和教学指导。在宣传推广方面，该校充分利用校园媒体和校外媒体进行广泛宣传，并通过举办互动体验活动、发起话题讨论等方式与师生进行深度互动。最终，该活动不仅吸引了大量师生参与和关注，还得到了社会各界的广泛赞誉和认可。

（四）实施步骤与注意事项

在非遗文化传承与高校美育的交汇点上，实施步骤与注意事项宛如一幅细致入微的工笔画，每一笔都需精心描绘，以确保这幅画卷的完美呈现。下面，就让我们一同揭开这幅画卷的神秘面纱。

1.实施步骤：步步为营，稳扎稳打

首先，我们需要明确活动的目标与定位，这如同画家的构思，是整幅画卷的灵魂所在。只有明确了目标与定位，我们才能确保活动的方向正确，步伐坚定。

其次，制定详细的活动计划。计划如同画家的草图，为我们勾勒出活动的整体框架和每一个细节。在时间节点、责任人、具体任务等方面做到事无巨细，确保活动的每一步都井然有序。

再次，便是组建专业团队并分配任务。这个过程如同画家挑选颜料和画笔，只有选对了工具，才能将画卷描绘得更加绚丽多彩。我们要根据团队成员的专业背景和特长，合理分配任务，让每个人都能在自己的领域里发光发热。

然后，落实资源整合与宣传推广。这如同画家在画布上涂抹底色，为后续的描绘奠定基础。我们要积极对接校内外资源，让非遗文化和美育实践在高校的土壤里生根发芽。同时，通过巧妙的宣传推广，让更多的人了解并参与到我们的活动中来。

最后，便是活动的执行与现场管理。这如同画家的最后润色，需要我们在实践中不断调整和完善。我们要严格按照计划执行，确保活动的顺利进行。同时，加强现场管理，保障参与者的安全和活动的秩序。

2.注意事项：细节决定成败

在实施过程中，我们需要注意以下几点：

首先，保持非遗文化的原真性。这如同画家对细节的刻画，需要我们精准把握非遗文化的精髓和特色，避免在传承过程中失真或变味。

其次，注重活动的教育性。美育活动的核心是教育，我们要通过活动引导学生深入了解非遗文化，提升他们的审美能力和文化素养。这如同画家在画作中融入思想内涵，让观者在欣赏的同时得到心灵的启迪。

再次，强化互动与体验。为了让学生更加深入地感受非遗文化的魅力，我们可以设计一些互动环节和体验项目，让学生在亲身参与中收获成长和快乐。这如同画家在画作中运用光影和色彩的变化，营造出引人入胜的视觉效果。

最后，确保活动的安全性。安全是任何活动的底线，我们要在活动前对场地、设施等进行全面检查，确保无安全隐患。同时，制定应急预案，以应对可能出现的突发情况。这如同画家在创作过程中注重画面的稳定性和平衡感，确保整幅画卷的和谐统一。

二、非遗技艺体验与校园文化活动的结合方式

（一）非遗技艺体验活动的类型与特点

非遗技艺体验活动，作为高校美育实践的重要组成部分，旨在通过亲身参与和体验，以加深学生对非遗文化的认知和理解，从而培养其审美情感和文化自觉。这类活动通常具有多样性、互动性和教育性等特点，不仅丰富了校园文化生活，也为非遗文化的传承注入了新的活力。

从活动类型来看，非遗技艺体验活动可分为技艺学习型、技艺展示型和

技艺创新型三大类。技艺学习型活动主要侧重于非遗技艺的传授和学习，如剪纸、刺绣、泥塑等传统手工艺的体验课程。这类活动注重技艺的传承和实践，通过专业导师的指导和学生的亲身实践，使学生能够掌握一定的非遗技艺，感受传统文化的魅力；技艺展示型活动则是以展示非遗技艺为主，如非遗技艺展览、表演等。这类活动通过现场展示和表演，让学生直观地感受到非遗技艺的独特魅力和文化价值，从而激发其对传统文化的兴趣和热爱；技艺创新型活动则是在传统非遗技艺的基础上进行创新和发展，如非遗技艺与现代设计的结合、非遗技艺的数字化呈现等。这类活动旨在探索非遗技艺的现代转型和创新发展路径，推动传统文化与现代生活的融合。

非遗技艺体验活动的特点主要体现在以下几个方面：一是参与性强。这类活动通常需要学生亲身参与和体验，通过实践操作来感受非遗技艺的独特魅力，从而增强学生的参与感和获得感；二是互动性好。非遗技艺体验活动往往采用互动式的教学方式，导师与学生之间、学生与学生之间可以进行充分的交流和互动，共同探讨非遗技艺的精髓和创新点；三是教育性强。这类活动不仅传授非遗技艺本身，更注重对传统文化内涵的挖掘和传播，通过非遗技艺的学习和实践，培养学生的文化素养和审美能力。

此外，非遗技艺体验活动还具有文化传承性和创新性的双重特点。一方面，这类活动致力于非遗文化的传承和保护，通过学习和实践使传统技艺得以延续和发展；另一方面，这类活动也注重创新和发展，探索非遗技艺与现代生活相结合的新路径和新模式，推动传统文化的现代转型和创新发展。

（二）校园文化活动的形式与内容

在高校美育实践中，校园文化活动作为重要的载体，其形式与内容对于非遗文化传承具有举足轻重的作用。校园文化活动不仅丰富了学生的课余生活，更是非遗文化与现代教育体系相融合的关键环节。

从形式上来看，校园文化活动多种多样，既包括传统的节庆活动、文艺演出，也包括学术讲座、展览展示以及互动体验等。这些活动形式各具特色，为非遗文化的展示和传播提供了广阔的平台。例如，通过举办以非遗文化为主题的节庆活动，如"非遗文化节""传统手工艺大赛"等，可以集中展示非遗文化的魅力，吸引学生的广泛参与；文艺演出则可以将非遗文化中的音乐、舞蹈、戏剧等元素搬上舞台，让学生在欣赏艺术的同时，感受到非遗文化的深厚底蕴；学术讲座和展览展示则更注重对非遗文化的深入解读和学术研究，通过专家的讲解和实物的展示，使学生能够更加全面、深入地了解非遗文化的内涵和价值。

在内容方面，校园文化活动紧密围绕非遗文化的核心要素和精神内涵进行设计。活动内容不仅涵盖了非遗技艺的展示和传授，还包括了非遗文化的历史渊源、发展脉络、地域特色以及与现代生活的关联等方面的介绍和探讨。这样的内容设计旨在帮助学生建立起对非遗文化的整体认知，从而更好地理解和欣赏非遗文化的独特魅力。同时，通过将非遗文化与校园生活相结合，校园文化活动还能够引导学生在日常生活中发现和体验非遗文化，从而培养其对非遗文化的兴趣和热爱。

此外，为了增强活动的吸引力和参与度，许多校园文化活动还融入了现代科技手段和时尚元素。例如，利用虚拟现实（VR）技术打造非遗技艺的沉浸式体验空间，让学生仿佛置身于传统手工艺的制作现场；或者邀请非遗传承人进行现场表演和互动教学，让学生在亲身实践中感受非遗技艺的精湛和奇妙。这些创新性的尝试不仅提升了活动的趣味性和互动性，也为非遗文化的传承注入了新的活力。

（三）结合方式的探索与实践

在非遗文化传承与高校美育的融合创新中，非遗技艺体验与校园文化活动的结合方式至关重要。这种结合不仅有助于非遗文化的传承与发展，还能丰富校园文化生活，提升学生的审美素养和文化自觉。本节将详细探讨非遗技艺体验与校园文化活动结合方式的探索与实践。

1.嵌入式结合

嵌入式结合是指将非遗技艺体验作为校园文化活动的一个环节或组成部分，融入其中。例如，在学校的文化艺术节期间，可以设立非遗技艺体验区，邀请非遗传承人进行现场展示和教学。学生可以在参与文化艺术节的同时，亲身体验和学习非遗技艺，感受传统文化的魅力。这种结合方式既保留了校园文化活动的原有形式和特色，又增加了非遗技艺体验的内容，实现了非遗文化与校园文化的有机融合。

2.主题式结合

主题式结合是指以非遗技艺或非遗文化为主题，策划和组织校园文化活动。例如，可以围绕某一非遗技艺或项目，开展主题讲座、展览、演出和体验活动等一系列校园文化活动。通过深入挖掘非遗文化的内涵和价值，主题式结合能够让学生更加全面、深入地了解和体验非遗技艺，增强其对传统文化的认同感和自豪感。同时，这种结合方式也有助于提升校园文化活动的品质和影响力。

3.创新式结合

创新式结合是指将非遗技艺与现代科技、艺术等创新元素相结合，打造具有时代特色的校园文化活动。例如，可以利用虚拟现实（VR）、增强现实（AR）等现代科技手段，创建非遗技艺的虚拟体验空间或互动游戏，让学生在趣味互动中学习和体验非遗技艺。此外，还可以将非遗技艺与现代艺术相结合，创作出具有独特魅力的现代艺术作品，并在校园文化活动中进行展示和推广。这种结合方式既保留了非遗技艺的精髓和特色，又注入了现代元素和创新精神，实现了传统文化的创造性转化和创新性发展。

4.实践案例

某高校在非遗文化传承与校园美育结合方面进行了积极探索和实践。他们通过嵌入式结合的方式，在学校的文化艺术节期间设立了非遗技艺体验区，邀请了多位非遗传承人进行现场展示和教学。同时，他们还通过主题式结合的方式，围绕当地著名的非遗技艺——剪纸艺术，开展了一系列讲座、展览和体验活动。此外，该校还尝试将非遗技艺与现代科技相结合，利用VR技术创建了剪纸艺术的虚拟体验空间，让学生在沉浸式的环境中学习和体验剪纸技艺。这些实践活动不仅丰富了校园文化生活，也提升了学生对非遗文化的认知和兴趣。

5.总结

非遗技艺体验与校园文化活动的结合方式多种多样，既可以通过嵌入式、主题式等传统方式实现有机融合，也可以通过创新式等现代手段打造具有时代特色的校园文化活动。这些结合方式各有优势，可以根据实际情况和需求进行灵活选择和运用。未来，随着科技的进步和社会的发展，非遗技艺体验与校园文化活动的结合将呈现出更加多元化和创新性的趋势。我们期待更多的高校能够积极探索和实践非遗文化传承与校园美育的结合之道，为非遗文化的传承与发展贡献智慧和力量。

（四）结合效果的评估与反馈

在非遗技艺体验与校园文化活动紧密结合的实践中，对其结合效果的深入评估与精准反馈，不仅关乎活动本身的优化与提升，更是非遗文化传承在高校美育中持续发展的动力源泉。本节将从评估体系的多维度构建、评估方法的精细化运用、反馈机制的动态化调整以及持续改进策略的针对性实施四个方面，进一步探讨如何深入丰富非遗技艺体验与校园文化活动结合效果的评估与反馈。

1.评估体系的多维度构建

为确保评估结果的全面性和深入性，评估体系应涵盖多个维度，包括但不限于以下几个方面：

（1）参与深度与广度

除了评估学生的参与积极性，还应考察其参与的深度，如学生在活动中的投入时间、参与频次以及参与过程中的互动层次。同时，要关注活动的覆盖面，确保不同背景、不同兴趣的学生都能有机会参与。

（2）技艺掌握与传承

通过设立明确的技艺掌握指标，如技能熟练度、作品质量等，来衡量学生对非遗技艺的掌握情况。同时，要关注技艺传承的可持续性，评估活动是否有助于培养新的非遗传承人或扩大传承人群。

（3）文化认同与情感联结

深入分析活动对学生文化认同感的影响，包括对非遗文化的价值认同、情感归属等方面。通过问卷调查、访谈等方式，了解学生在活动过程中是否形成了对非遗文化的深厚情感联结。

（4）创新能力与跨界融合

鼓励学生在非遗技艺传承中融入现代元素和创新思维，评估活动是否激发了学生的创造力，是否推动了非遗技艺与现代艺术、科技等领域的跨界融合。

社会效应与外部评价：关注活动在校内外产生的社会效应，包括媒体报道、社会反响等。同时，积极收集外部专家、文化机构等对活动的评价和建议，以便从更广阔的视角审视活动的价值和影响。

2.评估方法的精细化运用

在评估方法上，应注重定量分析与定性描述的有机结合，以确保评估结果的准确性和深入性。具体方法包括：

（1）量化指标分析

通过设计详细的量化指标，如参与人数、活动频次、技艺掌握程度等，对活动效果进行客观分析。利用统计软件对数据进行处理，以图表形式直观展示活动成果。

（2）质性研究补充

通过深度访谈、焦点小组讨论等方式，收集参与者的主观感受和体验，以文字描述和案例分析的形式补充量化评估的不足。重点关注参与者的情感变化、认知提升等方面。

（3）专家评审与同行评议

邀请非遗领域专家、高校美育教师等对活动进行专业评审和同行评议，从专业角度对活动效果进行评价，提出宝贵意见和建议。

（4）网络舆情监测：利用互联网工具监测活动相关的网络舆情，了解公众对活动的看法和期待，为活动优化提供参考依据。

3.反馈机制的动态化调整

建立灵活有效的反馈机制，对于及时发现问题、调整策略至关重要。反馈机制应包括以下几个环节：

（1）实时信息收集

通过活动现场观察、参与者即时反馈等方式，实时收集活动过程中的信息，确保对活动进展有全面、及时的了解。

（2）快速信息分析

对收集到的信息进行快速整理和分析，提炼出关键问题和改进建议。利用信息化手段提高分析效率，确保反馈的时效性。

（3）及时反馈与调整

将分析结果及时反馈给活动组织者和相关参与者，根据反馈情况进行活动的动态调整和优化。必要时可召开紧急会议，讨论并制定改进措施。

（4）持续跟踪与改进

在活动结束后，对活动效果进行持续跟踪和评估，根据评估结果制订下一阶段的改进计划。确保反馈机制形成一个闭环，推动活动质量的持续提升。

4.持续改进策略的针对性实施

基于深入评估与精准反馈的结果，制定并实施针对性的持续改进策略是提升非遗技艺体验与校园文化活动结合效果的关键。具体策略包括：

（1）内容创新与优化

根据评估反馈，对活动内容进行创新设计和优化调整，引入更具吸引力和教育意义的非遗技艺体验项目。同时，关注不同学生的需求和兴趣点，提供个性化的非遗技艺体验选择。

（2）形式多样化与拓展

探索并实践更多元化的活动形式，如线上线下融合、虚拟现实体验、工作坊实践等。通过多样化的活动形式吸引更多学生参与，并满足不同学生的学习风格和兴趣偏好。

（3）资源整合与协同发展

积极寻求与非遗传承人、文化机构、艺术团体等的合作机会，整合各方优质资源共同推动非遗技艺体验与校园文化活动的结合。通过协同发展实现资源共享、优势互补，提升活动的专业性和品质。

（4）宣传推广与品牌建设

加大活动的宣传推广力度，利用校园媒体、社交媒体等渠道扩大活动的知名度和影响力。同时，注重品牌建设，将非遗技艺体验与校园文化活动结合打造成学校的特色品牌活动，提升学校的文化软实力。

（5）制度保障与长效机制

将非遗技艺体验与校园文化活动结合纳入学校美育教育体系的重要组成部分，制定相关制度和政策予以保障。通过设立专项经费、建立激励机制等措施推动活动的持续发展，形成长效机制和制度保障。

三、活动创新对非遗文化传承的推动作用分析

（一）活动创新对非遗文化传承的意义与价值

在非遗文化传承的宏大命题下，高校美育活动创新不仅是一项教育策略，更是一种文化传承的时代使命。活动创新对于非遗文化传承的意义与价值，体现在对传统文化的现代解读、对非遗技艺的活化利用以及对青年一代文化认同的培育等多个层面。

非遗文化作为中华民族的精神瑰宝，承载着深厚的历史底蕴和文化记忆。然而，在现代社会的快速发展中，非遗文化面临着传承断层、形式僵化等挑战。高校作为文化传承与创新的重要阵地，其美育活动创新对于非遗文化的传承具有不可替代的作用。通过策划与实施非遗文化主题的美育活动，高校能够将传统与现代、理论与实践有机结合，使非遗文化在青年学生中焕发新的活力。

活动创新有助于非遗文化的现代解读。传统的非遗文化往往与特定的历史背景和社会环境紧密相连，其表现形式和内涵可能难以被现代人所完全理解。通过创新的美育活动，可以对非遗文化进行现代性的解读和重构，使其更加符合当代人的审美观念和价值追求。例如，将非遗技艺与现代艺术手法相结合，创作出既保留传统韵味又体现现代审美的艺术作品，这样的创新实践不仅丰富了非遗文化的表现形式，也为其传承注入了新的动力。

活动创新能够促进非遗技艺的活化利用。非遗技艺是非遗文化的核心组成部分，但由于种种原因，许多技艺面临着失传的风险。高校美育活动创新为非遗技艺的传承提供了广阔的平台。通过组织非遗技艺体验活动、技艺比赛以及技艺展示等多样化的形式，高校能够吸引更多学生亲身体验和学习非遗技艺，从而培养新的传承人和爱好者。这种活化利用的方式不仅有助于非

遗技艺的传承，还能够推动其与现代生活的融合，实现非遗文化的可持续发展。

活动创新对培育青年一代的文化认同具有重要意义。文化认同是民族认同和国家认同的基础，也是非遗文化传承的关键所在。高校美育活动创新通过丰富多彩的活动形式和内容，能够激发学生对非遗文化的兴趣和热爱，进而增强他们的文化自信心和归属感。当青年学生深刻认识到非遗文化的独特魅力和价值所在时，他们便会成为非遗文化传承的自觉践行者和积极传播者。

综上所述，活动创新在非遗文化传承中发挥着举足轻重的作用。它不仅为非遗文化注入了新的生命力，也为其在现代社会中的传播和发展提供了有力支持。高校作为非遗文化传承的重要场所，应当继续深化美育活动创新实践，探索更多有效的传承路径和模式，为非遗文化的传承和发展贡献智慧和力量。

（二）活动创新推动非遗文化传承的案例分析

在非遗文化传承的宏大背景下，高校美育活动创新成为推动这一进程的重要力量。通过深入分析具体案例，我们可以更加清晰地看到活动创新在非遗文化传承中的巨大作用。以下将详细探讨几个典型案例，以期揭示活动创新的深层机制与实践效果。

案例一：非遗技艺体验工作坊——深度体验与技艺传承

某知名高校的非遗技艺体验工作坊活动，不仅停留在表面的技艺展示，更着重于深度体验与技艺传承。工作坊邀请了剪纸、泥塑、刺绣等多种非遗技艺的传承人，他们不仅带来了丰富的技艺展示，还亲自指导学生进行实践操作。在传承人的悉心指导下，学生们从最初的生疏到逐渐掌握技艺要领，亲身感受到了非遗技艺的独特魅力。

这种深度体验的活动形式，不仅让学生们对非遗技艺有了更加直观的认识，更重要的是激发了他们的学习兴趣和传承意愿。许多学生在工作坊结束后表示，希望能够进一步学习并掌握这些技艺，成为非遗文化的传承人。这种活动创新不仅推动了非遗技艺在校园内的普及，更为非遗文化的长期传承奠定了坚实的基础。

案例二：非遗文化主题艺术展——艺术融合与创意激发

另一所高校的非遗文化主题艺术展则通过艺术融合与创意激发的方式，为非遗文化传承注入了新的活力。该展览不仅展示了传统的非遗艺术品，更鼓励师生运用现代艺术手法对非遗元素进行再创作。展览中，传统与现代、非遗与创意的碰撞与融合成为一大亮点。

这种跨界的艺术融合不仅吸引了大量观众的关注，更激发了他们对非遗文化的深入思考和创意灵感。许多观众在欣赏作品的同时，也开始思考如何将非遗文化与现代生活相结合，创造出更多具有时代特色的非遗作品。这种活动创新不仅丰富了非遗文化的表现形式，更为其传承与发展提供了新的思路和方向。

案例三：非遗文化传承人校园讲座——知识传递与精神传承

非遗文化传承人校园讲座是另一类重要的活动创新形式。某高校定期邀请非遗文化传承人到校园举办讲座和交流活动，为学生们提供与传承人面对面交流的机会。这些讲座不仅涵盖了非遗技艺的历史渊源、技艺特点、传承现状等方面的知识传递，更重要的是传承人所传递的那种对非遗文化的热爱、坚守与传承的精神力量。

通过与传承人的深入交流，学生们对非遗文化有了更加全面和深入的了解，也深刻感受到了传承人在非遗文化传承中所付出的艰辛与努力。这种精神层面的传承与激励，对于培养新一代的非遗文化传承人具有重要意义。同时，这种讲座形式也为非遗文化传承搭建了良好的交流平台，促进了校园内外非遗文化传承活动的互动与合作。

案例四：非遗文化数字化保护与展示项目——科技赋能与时空拓展

随着科技的不断发展，数字化技术在非遗文化传承中的应用越来越广泛。某高校的非遗文化数字化保护与展示项目就是一个典型的案例。该项目运用先进的数字化技术手段，对非遗文化进行全方位的采集、整理、存储和展示，建立了非遗文化数字化资源库和在线展示平台。

通过这个平台，学生们可以随时随地在线浏览和学习非遗文化的相关知识，深入了解非遗技艺的制作过程、历史文化背景以及传承现状等方面的信息。这种数字化的展示方式不仅打破了时间和空间的限制，让学生们能够更加便捷地接触到非遗文化，还为非遗文化的传承提供了新的路径和手段。同时，数字化技术的运用也为非遗文化的保护提供了更加安全和可靠的方式，有效避免了传统传承方式中可能出现的遗失和损坏等问题。

综上所述，活动创新在推动非遗文化传承方面发挥着至关重要的作用。通过策划与实施多样化的创新活动，高校不仅为学生提供了更加丰富多彩的美育体验，还为非遗文化的传承注入了新的活力和动力。这些成功案例为我们提供了宝贵的经验和启示，未来高校应继续深化活动创新实践，探索更多有效的非遗文化传承路径和模式。

（三）活动创新推动非遗文化传承的机制与路径

活动创新在推动非遗文化传承方面扮演着关键角色，它不仅能够激发人们对非遗文化的兴趣，还能够为传承工作注入新的活力。通过分析活动创新的机制与路径，我们可以更好地理解其在非遗文化传承中的作用，并为未来的实践活动提供有益的指导。

1.活动创新的驱动机制

活动创新的驱动机制主要包括文化传承需求、创新发展动力、参与者反馈三个要素。首先，非遗文化作为一种重要的文化资源，其传承对于维护文化多样性、促进文化可持续发展具有重要意义。这种传承需求驱动着活动组织者不断创新活动形式和内容，以适应不断变化的文化环境和社会需求。其次，创新发展动力来自组织者对非遗文化的热爱和对创新的追求，他们通过引入新的理念、技术和手段，不断推动活动形式的创新和内容的丰富。最后，参与者的反馈是活动创新的重要驱动力之一，他们的需求和评价直接反映了活动的效果和价值，为进一步的创新提供了有益的参考。

2.活动创新的实现路径

活动创新的实现路径主要包括内容创新、形式创新、传播方式创新以及合作与互动创新四个方面。

内容创新是活动创新的核心，它要求活动组织者在深入挖掘非遗文化内涵的基础上，结合时代特色和社会需求，对活动内容进行创新性设计。这种创新可以体现在对非遗技艺的现代化解读、对传统故事的当代演绎以及对非遗元素的创意性运用等方面。通过内容创新，可以让非遗文化更加贴近现代生活，增强其吸引力和感染力。

形式创新是活动创新的重要手段，它要求组织者打破传统的思维定式和活动框架，探索新的活动形式和表现方式。例如，可以尝试将非遗技艺与流行音乐、街舞等现代艺术形式相结合，创作出具有跨界融合特色的非遗艺术作品；或者利用虚拟现实、增强现实等先进技术，打造沉浸式的非遗文化体验场景。通过形式创新，可以让非遗文化以更加多元、立体的方式呈现在人们面前，提升其传播效果和影响力。

传播方式创新是活动创新的重要保障，它要求组织者充分利用现代传播手段和社交媒体平台，拓展非遗文化的传播渠道和受众范围。例如，可以通过短视频、直播等形式，在互联网上展示非遗技艺的制作过程和精美作品；或者与知名博主、意见领袖合作，开展非遗文化的主题推广和互动讨论。通过传播方式创新，可以让更多的人了解和关注非遗文化，为其传承和发展创造更加有利的社会环境。

合作与互动创新是活动创新的重要延伸，它要求组织者积极开展校内外合作与交流，共同推动非遗文化传承事业的发展。例如，可以与其他高校、研究机构、非遗保护组织等建立合作关系，共同开展非遗文化的理论研究、技艺交流和教育推广活动；或者邀请非遗传承人、专家学者等走进校园，与学生进行面对面的交流与互动。通过合作与互动创新，可以汇聚更多的智慧和力量，共同推动非遗文化传承事业不断向前发展。

（四）活动创新推动非遗文化传承的挑战与对策

在非遗文化传承的宏大舞台上，活动创新如同一股清新的风，为古老的非遗注入了新的生命。然而，任何创新之路都非坦途，活动创新在推动非遗文化传承的过程中同样面临着多方面的挑战。为了更好地应对这些挑战，我们需要深入剖析其根源，并提出切实可行的对策。

1.面临的挑战

（1）资源限制的挑战

非遗文化传承所需的资源种类繁多，从传统的原材料、工具到技艺传承人、场地等，每一项都不可或缺。然而，在实际操作中，这些资源的获取往往受到各种限制，如资金短缺、传承人老龄化等。这些限制使得活动创新在策划和实施阶段就遭遇瓶颈，难以充分发挥其潜力。

（2）文化误解与失真的风险

非遗文化作为特定历史和社会背景下的产物，具有深厚的文化底蕴和独特的价值体系。然而，在活动创新过程中，由于缺乏对非遗文化的深入了解和尊重，有时会出现文化误解和失真的现象。这不仅会损害非遗文化的原真性和完整性，还可能误导公众对非遗文化的认知和理解。

（3）参与度不足的问题

活动创新的初衷是吸引更多人参与非遗文化传承，但现实中往往面临参与度不足的问题。这可能是由于活动形式单一、缺乏吸引力，或者是宣传不足、目标受众定位不准确等原因造成的。参与度不足会削弱活动创新的效果，使得非遗文化传承缺乏广泛的社会基础。

（4）技术利用与融合的难题

现代科技手段为非遗文化的展示和传播提供了新的可能性，如数字化技术、虚拟现实等。然而，如何将这些技术与非遗文化有效融合，既保持非遗文化的原貌又赋予其现代魅力，是一个技术上的难题。此外，技术更新迅速，如何跟上技术发展的步伐，也是活动创新面临的挑战之一。

（5）持续性与长效机制的缺失

非遗文化传承是一项长期而艰巨的任务，需要持续不断的努力和投入。然而，许多非遗文化传承活动往往是短期的、一次性的，缺乏持续性和长效机制。这使得非遗文化传承难以形成稳定的社会氛围和持续的发展动力。

2.对策与建议的深化

（1）加强资源整合与共享

针对资源限制的挑战，我们可以通过建立非遗文化传承的资源库和共享平台，整合各方面的资源，包括资金、人才、技艺等。同时，鼓励企业、社会组织和个人参与非遗文化传承事业，形成多元化的资源投入机制。此外，加强国际交流与合作，借鉴其他国家和地区的成功经验和资源，为活动创新提供更广阔的视野和更多的可能性。

（2）深化文化研究与教育

为了减少文化误解和失真的风险，我们需要加强对非遗文化的研究和教育。通过深入挖掘非遗文化的历史渊源、技艺特点和精神内涵，形成系统而全面的知识体系。同时，将非遗文化纳入教育体系，从小培养学生对非遗文化的兴趣和热爱，提高他们的文化素养和审美能力。此外，加强与传承人的沟通与合作，尊重他们的主体地位和创造性劳动，确保活动创新在尊重非遗文化的基础上进行。

（3）优化活动设计与推广

针对参与度不足的问题，我们需要在活动设计上注重创新性和吸引力。结合现代审美和受众需求进行策划，引入时尚元素和互动环节，增强活动的趣味性和体验感。同时，加大宣传力度，利用新媒体等渠道扩大活动的影响力，吸引更多人关注和参与。此外，建立反馈机制，及时收集参与者的意见和建议，不断改进和优化活动设计，提高参与者的满意度和归属感。

（4）强化技术支持与培训

为了克服技术利用与融合的难题，我们需要加强与科技机构的合作与交流。引入先进的技术手段支持非遗文化的展示和传播，如数字化技术、虚拟现实等。同时，对非遗文化传承人和相关工作者进行技术培训，提高他们的技术利用能力和创新意识。此外，关注技术发展趋势和前沿动态，及时将新技术应用于非遗文化传承领域，保持活动创新的领先地位和竞争优势。

（5）建立持续性与长效机制

为了确保非遗文化传承的持续性和稳定性，我们需要将活动创新纳入长期规划和发展战略中。建立持续性的资金支持和人才培养机制，为非遗文化传承提供稳定的物质保障和智力支持。同时，通过政策引导和社会参与形成多方助力的非遗文化传承体系。鼓励企业、社会组织和个人设立非遗文化传承基金或捐赠项目支持非遗文化传承事业；为推动非遗文化与旅游、教育等产业的融合发展创造更多的经济价值和社会效益；加强国际交流与合作促进非遗文化在世界范围内的传播与共享。

四、校园内外非遗文化传承活动的互动与合作

（一）校园内外非遗文化传承活动的类型与特点

非遗文化传承活动在高校美育中不仅是一种文化的传递，更是一种教育与自我实现的过程。其既展现了传统文化的魅力，又体现了现代教育的创新。通过深入了解这些活动的类型和特点，我们可以更好地理解非遗文化如何在高校中得到有效的传承和发展。

1.校园内非遗文化传承活动的细化分析

校园内的非遗文化传承活动紧密围绕教学大纲和课程体系设计，旨在通过多维度的教学和实践体验，使学生能够全面、深入地理解非遗文化的内涵。

课堂教学活动不仅限于传统的讲授模式，还包括互动式讨论、案例研究、角色扮演等多种形式。教师可以利用多媒体技术展示非遗文化的视听资料，或邀请非遗传承人现场演示技艺，使学生能够在生动的教学环境中感受非遗文化的独特魅力。此外，通过设置非遗文化相关课程作为选修或必修课程，学校可以确保更多学生有机会接触和学习非遗文化。

实践体验活动是校园内非遗文化传承的重要组成部分。这些活动包括非遗技艺工作坊、实验室实践、校内非遗社团等。通过亲身参与和实践，学生可以掌握非遗技艺的基本操作，培养对非遗文化的兴趣和爱好。此外，学校还可以组织非遗文化主题的竞赛和活动，如非遗技艺比赛、非遗知识竞赛等，以激发学生的学习热情和创新精神。

学术研究活动则注重非遗文化的深层次挖掘和创新性研究。学校可以设立非遗文化研究中心或实验室，鼓励师生开展跨学科的非遗文化课题研究。同时，定期举办非遗文化学术研讨会、论文发表等活动，为师生提供交流和展示研究成果的平台。这些学术研究活动不仅可以推动非遗文化的理论创新，还可以为非遗文化的传承和发展提供科学依据。

2.校园外非遗文化传承活动的多元化探索

与校园内活动相比，校园外的非遗文化传承活动更加注重与社会的互动和合作，旨在通过多元化的形式将非遗文化推向更广泛的公众视野。

社会公益活动可以是非遗文化展览、公共讲座、社区演出等。这些活动通常与博物馆、图书馆、文化馆等公共文化机构合作举办，旨在向社会公众普及非遗知识，提高公众对非遗文化的认知和尊重。通过这些公益活动，非遗文化得以走出校园，融入社区，成为公众文化生活的一部分。

媒体传播活动则借助电视、广播、互联网等媒体平台，将非遗文化的魅力传递给更广泛的受众。例如，制作非遗文化相关的纪录片、电视节目或网络直播，邀请非遗传承人进行访谈或技艺展示。这些媒体传播活动不仅可以增强非遗文化的可见度和影响力，还可以激发公众对非遗文化的兴趣和关注。

商业开发活动是非遗文化传承的创新方式之一。在保护非遗文化核心价值的前提下，学校可以与企业、旅游机构等合作，开发非遗文化主题的旅游产品、文创商品或服务。这种商业化的运作方式不仅可以为非遗文化的传承和发展提供经济支持，还可以通过市场的反馈和需求来推动非遗文化的创新和发展。然而，需要注意的是，商业化开发必须建立在尊重和保护非遗文化核心价值的基础上，避免过度商业化和文化扭曲的现象发生。

3.校园内外非遗文化传承活动的共性特点

无论是校园内还是校园外的非遗文化传承活动，都具有以下几个共性特点：

（1）教育性

活动注重非遗文化知识和技艺的传授与学习，旨在通过教育引导的方式培养学生对非遗文化的兴趣和尊重。

（2）实践性

强调亲身参与和实践体验的重要性，让学生在实践中感受非遗文化的独特魅力和价值所在。

（3）互动性

注重参与者之间的互动与交流，包括师生之间、学生之间以及与社会公众之间的互动，从而推动非遗文化的共享与传播。

（4）创新性

鼓励在保持非遗文化核心价值的基础上进行创新尝试和发展，以适应现代社会和年轻人的需求和审美变化。

综上所述，校园内外非遗文化传承活动通过多样化的形式和特点，共同推动着非遗文化在高校美育实践中的深度融合与创新发展。这些活动不仅丰富了学生的文化生活，也为非遗文化的传承与发展注入了新的活力和希望。

（二）互动与合作的方式与机制

在非遗文化传承与高校美育实践的结合中，互动与合作是实现非遗文化有效传承和高校美育创新发展的关键环节。这种互动与合作不仅体现在校园内部各个主体之间，还延伸至校园与社会、国内与国际之间。以下将更详细地探讨这种互动与合作的方式与机制。

1.多元化的互动方式

（1）学术交流与研讨

高校可定期举办非遗文化相关的学术研讨会、论坛或讲座，邀请非遗领域的专家学者、传承人、文化机构代表以及校内外对非遗文化感兴趣的师生共同参与。通过分享研究成果、交流实践经验、探讨热点问题，促进非遗文化知识的传播和学术水平的提升。这种学术互动不仅有助于推动非遗文化的深入研究，还能为高校美育实践提供理论支撑和创新思路。

（2）技艺展示与体验活动

高校可以组织非遗技艺的展示活动，如传统手工艺展览、非遗音乐舞蹈演出等，让师生和校外公众直观地感受到非遗文化的魅力。同时，结合美育课程或实践活动，设置非遗技艺体验环节，让参与者亲手尝试制作非遗作品，深入了解非遗技艺的独特之处。这种互动方式不仅能增强参与者对非遗文化的兴趣和认同，还能促进非遗技艺的传承和发展。

（3）线上互动与交流

随着互联网技术的发展，线上互动与交流成为非遗文化传承中不可或缺的一部分。高校可以建立非遗文化传承的官方网站、社交媒体账号或在线论坛，发布非遗文化相关的资讯、活动信息、教学资源等，吸引更多人关注和参与非遗文化传承。同时，线上直播、在线课程等方式，打破了时空限制，让更多人能够便捷地学习和体验非遗文化。

2.合作机制的深入构建

（1）校地合作机制

高校可以与所在地的非遗保护机构、文化部门等建立合作关系，共同开展非遗文化的保护、传承和发展工作。通过资源共享、项目合作、人才培养等方式，推动非遗文化在校园内外的广泛传播和深入发展。这种合作机制有助于将地方非遗文化与高校美育实践相结合，形成具有地域特色的美育成果。

（2）校企合作机制

高校可以与相关文化企业、工艺品制作企业等建立校企合作机制，共同推进非遗文化的产业化发展。通过合作研发非遗文化产品、开发非遗旅游项目、举办非遗文化市场推广活动等，将非遗文化与现代商业相结合，创造出更多的经济价值和社会效益。这种合作机制有助于激发非遗文化的市场潜力，推动非遗文化的可持续发展。

（3）国际合作与交流机制

在全球化背景下，非遗文化的国际合作与交流显得尤为重要。高校可以与国外的非遗保护机构、文化机构、高校等建立合作关系，共同开展非遗文化的国际交流与合作项目。通过互派访问学者、举办国际研讨会、合作开展非遗文化研究项目等方式，促进非遗文化在国际的传播和交流。这种合作机制有助于提升非遗文化的国际影响力，增进不同文化之间的相互理解和尊重。

3.实践意义与深远影响

通过上述多元化的互动方式和深入构建的合作机制，非遗文化传承与高校美育实践的结合将产生以下实践意义和深远影响：

（1）促进非遗文化的活态传承与创新发展

通过互动与合作，非遗文化得以在校园内外广泛传播和深入发展，吸引更多年轻人参与和学习。这不仅有助于非遗文化的活态传承，还能激发年轻人的创新精神和创造力，推动非遗文化的创新发展。

（2）提升高校美育实践的质量与水平

非遗文化作为中华优秀传统文化的重要组成部分，具有丰富的美育价值和教育资源。通过将非遗文化融入高校美育实践，可以丰富美育课程内容、拓展美育实践形式、提升美育教学质量和水平。同时，非遗文化的独特魅力和深厚底蕴也能增强学生对美的感知和理解能力，提升他们的审美素养和人文精神。

（3）推动社会文化的繁荣与发展

高校作为文化传承和创新的重要阵地，通过与非遗文化的互动与合作，可以将非遗文化推向社会更广泛的领域和层面。这不仅有助于提升社会文化的多样性和丰富性，还能促进社会文化的繁荣与发展。同时，非遗文化所蕴含的优秀传统文化和价值观念也能在社会中发挥积极的引导作用，推动社会文明进步与和谐发展。

4.具体的实践路径与策略

在明确了互动与合作的方式和机制后，需要进一步探讨具体的实践路径与策略，以确保非遗文化传承与高校美育实践的有效结合。

（1）整合资源，建立非遗文化数据库

高校可以整合校内外资源，建立非遗文化数据库，收集、整理、归类和存储非遗文化的相关资料和信息。这个数据库可以包括文字、图片、视频等多种形式的内容，为学术研究、教学实践和社会服务提供丰富的资源支持。通过数据库的共享和交流，可以促进非遗文化在更大范围内的传播和利用。

（2）开发非遗文化特色课程

高校可以结合自身学科特点和地域文化特色，开发非遗文化相关的特色课程。这些课程可以涵盖非遗技艺的传承与学习、非遗文化的历史与内涵、非遗与现代设计的融合等方面。通过课程的学习和实践，学生可以更深入地了解和体验非遗文化，增强对传统文化的认同感和自豪感。

（3）加强师资队伍建设

非遗文化传承与高校美育实践的结合需要一支专业而稳定的师资队伍。高校可以通过引进和培养相结合的方式，加强师资队伍建设。一方面，可以邀请非遗领域的专家学者、传承人等作为特聘教授或客座教授，为学生提供专业的指导和教学；另一方面，应加强对本校教师的培训和学习，提升他们的非遗文化素养和教学能力。

（4）开展非遗文化主题活动

高校可以定期开展非遗文化主题活动，如非遗技艺比赛、非遗文化展览、非遗主题音乐会等。这些活动可以激发学生的兴趣和热情，让他们在参与中深入了解和体验非遗文化。同时，通过活动的组织和实施，也可以增强学生对非遗文化传承的责任感和使命感。

（5）建立非遗文化传承的评估与反馈机制

为了确保非遗文化传承与高校美育实践的有效结合，需要建立相应的评估与反馈机制。高校可以定期对非遗文化传承工作进行评估和总结，分析存在的问题和不足，提出改进措施和建议。同时，也可以邀请校外专家或机构对非遗文化传承工作进行指导和评估，以获得更客观和全面的反馈意见。

（三）互动与合作的实践案例分析

在非遗文化传承与高校美育活动创新中，互动与合作的实践案例丰富多彩，这些案例不仅有效地促进了非遗文化的校园传承，还推动了高校美育活动的创新发展。本节将详细分析几个典型案例，以展示互动与合作在非遗文化传承中的实际应用与成效。

案例一：非遗技艺进校园——剪纸艺术的传承与创新

在某高校的"非遗技艺进校园"活动中，剪纸艺术作为代表性非遗项目被引入校园。活动组织者邀请了剪纸传承人进行现场教学，并设置了体验环节，让师生们亲身感受剪纸艺术的魅力。同时，校内美术专业的学生也积极参与其中，他们运用所学的美术知识和技能，对剪纸艺术进行创新设计，创作出一系列既具有传统韵味又富有现代感的剪纸作品。

此案例中的互动与合作体现在多个层面：首先，传承人与师生之间的互动，通过现场教学和体验活动，传承人将剪纸技艺传授给师生，而师生则通过学习和实践，对剪纸艺术有了更深入的了解和认识；其次，美术专业学生的参与，他们运用所学知识对剪纸艺术进行创新设计，推动了非遗技艺与现代设计的融合；最后，活动的成功举办也离不开校内外资源的整合与合作，如场地提供、宣传推广等。

该案例的成功实践不仅促进了剪纸艺术在校园内的传承与发展，还提升了高校美育活动的丰富性和创新性。同时，通过美术专业学生的创新设计，也为剪纸艺术的现代化转型提供了有益的探索。

案例二：校地合作——地方戏曲的传承与推广

某地方高校与当地文化部门合作，共同开展了地方戏曲的传承与推广项目。该项目包括戏曲进校园演出、戏曲知识讲座、戏曲体验活动等多个环节。通过校地合作，地方高校充分利用了当地丰富的戏曲资源，将地方戏曲引入校园，让师生们近距离感受戏曲艺术的魅力。同时，文化部门也借助高校的平台，扩大了地方戏曲的影响力和知名度。

此案例中的互动与合作主要体现在校地双方的优势互补和资源共享上。地方高校提供了场地、人员和宣传等方面的支持，而文化部门则提供了专业的戏曲演员、演出剧目和教学资源等。通过双方的合作，地方戏曲得以在校园内得到更好的传承和推广。

该案例的成功实践不仅丰富了高校美育活动的内容和形式，还促进了地方戏曲在校园内的传承与发展。同时，通过校地合作的方式，也加强了高校与地方文化部门的联系和合作，为推动地方文化的传承与发展做出了积极贡献。

案例三：国际合作与交流——非遗文化的跨国传承

在全球化背景下，非遗文化的国际合作与交流也日益频繁。某高校与国外非遗保护机构合作，共同开展了非遗文化的跨国传承项目。该项目包括非遗技艺的互访交流、非遗文化展览、非遗旅游产品开发等多个方面。通过国际合作与交流，双方不仅加深了对彼此非遗文化的了解和认识，还共同探索了非遗文化在跨国传承中的新模式和新路径。

此案例中的互动与合作主要体现在国际的文化交流与合作上。双方通过互访交流、展览展示和旅游产品开发等方式，实现了非遗文化的跨国传播和共享。这种合作模式不仅有助于提升非遗文化的国际影响力，还为推动世界文化的多样性与共同发展做出了积极贡献。

该案例的成功实践展示了非遗文化传承在国际合作与交流中的广阔前景。通过跨国合作与交流，可以推动非遗文化在世界范围内的传播与发展，促进不同文化之间的相互理解和尊重。同时，这也为高校美育活动的国际化发展提供了新的思路和方向。

（四）互动与合作的前景与展望

在非遗文化传承与高校美育活动创新的交汇点上，互动与合作展现出了广阔的前景和无限的潜力。随着全球化进程的加速和文化多样性的日益凸显，非遗文化的传承与发展已成为社会关注的焦点。高校作为文化传承与创新的重要阵地，其在非遗文化传承中的作用日益凸显。而互动与合作，作为非遗文化传承与高校美育活动创新的重要方式和手段，其前景更是值得期待。

1.前景分析

（1）文化交流的深化

随着国际文化交流的日益频繁，非遗文化作为民族文化的重要组成部分，将在更广泛的领域和更高的层次上与世界各国文化进行对话与交流。高校作为国际文化交流的重要窗口，将为非遗文化的国际传播提供有力支持。通过互动与合作，不仅可以促进非遗文化的国际传播，还可以借鉴和吸收其他国家的优秀文化成果，推动非遗文化的创新发展。

（2）技术创新的驱动

现代科技的飞速发展，为非遗文化的传承与创新提供了强大的技术支持。数字化技术、虚拟现实技术、人工智能等新兴技术的应用，将为非遗文化的展示、传播和教学提供全新的手段和体验。高校作为科技创新的摇篮，将在新技术的研发和应用方面发挥重要作用。通过互动与合作，可以将新技术与非遗文化传承相结合，创造出更加丰富多样的传承方式和美育活动形式。

（3）教育模式的创新

随着教育理念的更新和教育技术的进步，高校美育教育正面临着深刻的变革。非遗文化传承作为高校美育教育的重要组成部分，将在新的教育模式下焕发新的生机和活力。通过互动与合作，可以推动高校美育教育模式的创新，将非遗文化传承与课堂教学、实践教学、社会服务等各个环节紧密结合，实现非遗文化的全方位传承和美育教育的全面提升。

2.展望与建议

（1）加强顶层设计

在非遗文化传承与高校美育活动创新的互动与合作中，应加强顶层设计，明确目标定位和发展方向。制定科学合理的发展规划，完善相关政策和法规，为互动与合作的深入开展提供有力的制度保障和政策支持。

（2）拓展合作领域

积极拓展非遗文化传承与高校美育活动创新的合作领域，探索多元化的合作方式和机制。不仅可以加强校际合作、校企合作，还可以拓展国际合作与交流，推动非遗文化的跨国传承与发展。

（3）强化人才培养

人才是非遗文化传承与高校美育活动创新的关键。应加大对非遗文化传承人才和美育教育人才的培养和引进力度，建立完善的人才培养体系和激励机制，为互动与合作的深入开展提供有力的人才保障。

（4）注重实效评估

在非遗文化传承与高校美育活动创新的互动与合作中，应注重实效评估，建立科学合理的评估体系和反馈机制。通过对合作项目的定期评估和总结，可以及时发现问题和不足，提出改进措施和建议，推动互动与合作的持续深入发展。

综上所述，非遗文化传承与高校美育活动创新的互动与合作展现出了广阔的前景和无限的潜力。只要我们加强顶层设计、拓展合作领域、强化人才培养、注重实效评估，就一定能够推动非遗文化在高校中的广泛传承和创新发展，为弘扬中华优秀传统文化、提升高校美育教育质量做出更大的贡献。

第三节　非遗文化传承与高校美育师资培养

一、非遗文化传承人的角色定位与素养要求

（一）非遗文化传承人的角色定位

在探讨非遗文化传承与高校美育师资培养的关系时，我们首先需要对非遗文化传承人的角色进行清晰的定位。非遗文化传承人不仅是传统文化的守护者，更是文化创新的推动者和美育实践的重要参与者。他们在高校美育中扮演着多重角色，这些角色既体现了非遗文化的核心价值，也与高校美育的目标紧密相连。

非遗文化传承人是传统文化的诠释者。他们深谙非遗文化的内涵与外延，能够通过自身的实践和理解，将非遗文化的精髓准确地传递给高校师生。在这个过程中，传承人不仅是知识的传递者，更是文化的解读者，他们帮助师生深入理解非遗文化的历史渊源、艺术特色和社会价值。

非遗文化传承人是文化创新的引领者。在坚守传统的同时，他们也致力于非遗文化的创新与发展。通过与高校师生的交流与合作，传承人能够汲取新的创意和灵感，将传统与现代相结合，推动非遗文化在形式和内容上的创新，使其更加符合当代审美和教育需求。

非遗文化传承人在高校美育实践中发挥着桥梁和纽带的作用。他们将非遗文化引入高校课堂，通过亲身示范和现场教学，让师生直观感受非遗文化的魅力。同时，他们也积极参与高校的美育活动，如展览、演出、讲座等，为校园文化建设增添非遗元素，提升师生的文化素养和审美情趣。

非遗文化传承人还是非遗文化传承与师资培养对接的关键人物。他们不仅具备深厚的非遗文化底蕴，还拥有丰富的教育实践经验。因此，在非遗文化传承与高校美育师资培养的过程中，传承人能够发挥重要的指导作用，帮

助高校教师提升非遗文化素养，掌握非遗技艺，进而更好地承担起非遗文化传承与美育教学的双重任务。

（二）非遗文化传承人的素养要求

非遗文化传承人在高校美育实践中的角色举足轻重，他们所承担的不仅仅是传统技艺与知识的传递，更重要的是对文化精神与价值观念的继承和发扬。因此，对非遗文化传承人的素养要求必然是多维度、深层次的。以下将从几个方面详细阐述这些素养要求。

1.扎实的非遗知识基础与深入的文化理解

非遗文化传承人作为非遗文化的守护者和传播者，必须具备扎实的非遗知识基础。这包括对项目历史背景、技艺特点、流派风格以及相关民俗风情的全面了解。此外，他们还需要深入理解非遗文化所蕴含的价值观念、审美情趣和精神内涵，这样才能确保在传承过程中准确传达非遗文化的精髓和原貌。

2.高超的技艺水平与实践能力

非遗文化的传承离不开技艺的实践与磨炼。非遗文化传承人必须具备高超的技艺水平，能够熟练掌握并运用非遗技艺，创作出高水平的非遗作品。同时，他们还需要具备丰富的实践经验，能够在不同环境和条件下灵活运用技艺，解决实际问题。这种技艺水平和实践能力的结合，是确保非遗文化得到有效传承的重要保障。

3.出色的教育教学与沟通表达能力

在高校美育实践中，非遗文化传承人需要将自己的知识和技能传授给学生。因此，他们必须具备出色的教育教学能力，能够根据学生的特点和需求制订合理的教学计划，运用多样化的教学方法和手段激发学生的学习兴趣和积极性。同时，他们还需要具备良好的沟通能力，能够与学生、教师以及社会各界人士进行有效交流，共同推动非遗文化的传承与发展。

4.敏锐的创新能力与开放的国际视野

非遗文化虽然源远流长，但也需要与时俱进，不断创新发展。非遗文化传承人需要具备敏锐的创新能力，能够在坚守传统的基础上，积极探索新的创作理念和表现手法，为非遗文化注入新的活力。同时，他们还需要具备开放的国际视野，关注国际文化发展趋势和前沿动态，学习借鉴其他国家和地区的成功经验，推动非遗文化在更广泛的领域得到认可和传播。

5.坚定的文化自信与高度的社会责任感

非遗文化传承人作为文化的使者和桥梁，必须具备坚定的文化自信和高度的社会责任感。他们要深刻理解非遗文化对于国家和民族的重要意义，自觉承担起传承和弘扬非遗文化的历史使命。同时，他们还需要积极参与社会公益事业和文化交流活动，用自己的行动感染和带动更多人关注和参与非遗文化的保护与传承工作。

总之，非遗文化传承人的素养要求是全方位、深层次的，涉及知识基础、技艺水平、教育教学、创新能力、文化自信和社会责任感等多个方面。这些素养是传承人在非遗文化传承与高校美育实践中发挥重要作用的基础和保障。因此，在非遗文化传承人的培养和选拔过程中，应注重对这些素养的全面考察和提升。只有这样，才能确保非遗文化得到有效传承和发展，为高校美育实践注入新的活力和内涵。

（三）非遗文化传承人的培养路径

非遗文化传承人的培养是一项长期而系统的工程，它不仅涉及非遗技艺的传授，更关乎文化传承的可持续性和深度。为了确保非遗文化得到有效传承和发扬，需要为传承人设计一条科学、细致且全面的培养路径。

1.建立扎实的知识体系

非遗文化博大精深，其背后蕴含着丰富的历史、民俗、艺术和科技知识。传承人在培养初期，应通过书籍、课程、讲座等多种形式，系统学习非遗文化的相关知识。这包括非遗项目的起源与发展、技艺特点与流派、传统材料与工具的使用以及相关的历史文化背景等。通过学习，传承人能够构建起一个扎实的知识体系，为后续的深入学习和实践打下坚实的基础。

2.技艺传承与实践操作

非遗文化的核心是其独特的技艺和手工制作过程。因此，技艺传承是非遗文化传承人培养的重中之重。传承人需要通过师徒传承、亲身实践、反复操作等方式，逐步掌握非遗技艺的精髓和要领。在这个过程中，传承人还需要学会如何将传统技艺与现代审美相结合，创作出既具有传统韵味又符合现代审美的非遗作品。

3.培养创新思维与跨界合作能力

在保持非遗文化核心价值的基础上，传承人需要具备一定的创新意识，以适应现代社会的变化和需求。这要求传承人不仅要关注非遗技艺本身，还要关注市场动态、消费者需求以及新技术、新材料的应用等。通过创新思维和跨界合作，传承人能够开发出更具市场竞争力和时代特色的非遗产品，推动非遗文化的现代化转型。

4.提升教学与传播能力

非遗文化传承人不仅要自身技艺精湛，还需要具备教学和传播能力，以便将非遗技艺传授给更多的人。因此，在培养过程中，应注重提升传承人的教学水平和传播意识。可以通过组织教学培训、传播技巧讲座等方式，帮助传承人提高表达能力和组织能力，使其能够更好地传授技艺、组织活动、推广非遗文化。

5.拓宽国际视野与加强交流合作

非遗文化是世界文化多样性的重要组成部分，其传承与发展需要具备国际化视野。因此，在培养非遗文化传承人的过程中，应注重拓宽其国际视野和加强国际交流合作。可以通过组织国际非遗文化交流活动、邀请国外专家进行授课和指导等方式，帮助传承人了解国际非遗文化的发展趋势和先进经验，提高其在国际舞台上的竞争力和影响力。

6.建立健全政策与制度保障体系

非遗文化传承人的培养需要得到政策支持和制度保障。政府和社会各界应加大对非遗文化传承人的扶持力度，制定出台相关政策措施和专项资金支持计划，为传承人的成长和发展提供良好的政策环境和物质条件。同时，还应建立健全非遗文化传承人的认定、管理、评估和激励机制，确保传承人的权益得到保障和尊重。此外，还可以通过设立非遗文化传承人培训基地、开展传承人研修计划等方式，为传承人提供更为系统和专业的培训机会和成长平台。

（四）非遗文化传承人的激励机制

在非遗文化的保护与传承工作中，传承人是核心力量。为了确保他们能够持续、稳定且高效地投入这项工作中，必须为他们构建一套细致入微、全面覆盖的激励机制。这套机制不仅要能够解决传承人的现实困境，还要能够激发他们的内在动力，确保非遗文化得到真正的传承与发展。

1.经济激励：多维度保障传承人的经济利益

经济激励是激励机制的基础，也是最直接的手段。对于非遗文化传承人来说，经济激励应当从多个维度出发，确保他们能够获得合理的经济回报。首先，政府和社会各界应当设立非遗文化传承基金，为传承人提供稳定的生活补助和项目经费支持。这些基金可以通过政府拨款、社会捐赠、企业赞助等方式筹集。其次，应当建立非遗文化产品的市场化运作机制，鼓励传承人通过创作、销售非遗文化产品等方式获得经济收益。最后，还可以设立非遗文化传承人的成果奖励制度，对于在非遗文化传承工作中做出突出贡献的传承人给予物质奖励和荣誉表彰。

2.社会认可：提升传承人的社会地位和影响力

社会认可是对非遗文化传承人工作的重要肯定，也是激励他们继续投身非遗文化传承事业的重要动力。为了提升传承人的社会地位和影响力，政府和社会各界应当积极举办各类非遗文化活动，如非遗文化展览、演出、研讨会等，邀请传承人参与并展示他们的技艺和成果。同时，媒体也应当加大对非遗文化传承人的宣传力度，通过报道他们的先进事迹和优秀成果，让更多人了解和关注非遗文化传承工作。此外，还可以建立非遗文化传承人的社会荣誉制度，定期评选表彰在非遗文化传承工作中做出突出贡献的传承人，授予他们荣誉称号和证书。

3.职业发展：为传承人提供持续学习和成长的机会

非遗文化传承是一项长期而艰巨的工作，需要传承人不断学习和进步。为了促进传承人的职业发展，政府和社会各界应当建立完善的非遗文化传承人培训体系，定期组织专业培训、学术交流、技艺比武等活动，帮助传承人提升技艺水平和创新能力。同时，还应当鼓励传承人参与国际非遗文化交流活动，拓宽他们的国际视野和跨文化交流能力。此外，政府和社会各界还应当建立非遗文化传承人的职称评定体系，明确他们的职业晋升通道和发展空间，让他们看到自己在非遗文化传承事业中的未来和希望。

4.精神激励：满足传承人的情感需求和归属感

非遗文化传承人往往对非遗文化有着深厚的情感和强烈的归属感。为了满足他们的精神需求，政府和社会各界应当积极营造尊重非遗文化、尊重传承人的社会氛围。可以建立非遗文化传承人的交流平台，让他们能够相互学习、交流经验、分享心得。同时，还可以定期举办非遗文化传承人的座谈会、联谊会等活动，增强他们的归属感和凝聚力。此外，政府和社会各界还应当关注传承人的心理健康问题，提供必要的心理支持和辅导服务，帮助他们缓解压力、释放情绪、保持积极健康的心态。

5.政策保障：为传承人创造稳定有利的工作环境

政策保障是激励机制的重要支撑和保障。政府应当出台相关政策法规，明确非遗文化传承人的权益和义务，保护他们的合法权益不受侵害。同时，还应当加大对非遗文化传承项目的扶持力度，为传承人提供必要的场地、设备和资源支持。此外，政府还可以设立非遗文化传承人的专项保险制度，为他们提供医疗、养老等社会保障服务。通过这些政策保障措施的实施，可以为非遗文化传承人创造一个稳定有利的工作环境和发展空间。

二、高校美育教师的非遗文化素养提升途径与方法

（一）高校美育教师的非遗文化素养现状

在非遗文化传承与高校美育的融合实践中，高校美育教师作为重要的参与者和推动者，其非遗文化素养的高低直接影响着非遗文化在高校中的传承效果。然而，当前高校美育教师在非遗文化素养方面呈现出的问题不容忽视，需要对其进行深入剖析。

1.非遗文化素养的认知参差不齐

高校美育教师对于非遗文化的认知存在较大的差异。一部分教师对于非遗文化有着浓厚的兴趣和系统的研究，能够深刻理解非遗文化的内涵和价

值，将其灵活运用于美育教学中。这些教师通常具备较高的非遗文化素养，能够为学生提供丰富多样的非遗文化体验和学习机会。然而，也有一部分教师对于非遗文化的了解相对肤浅，缺乏深入的系统学习和实践体验。他们可能只是从表面上了解一些非遗项目的形式和技巧，而对其背后的历史文化内涵和社会价值知之甚少。这种认知层次的不齐导致了非遗文化在高校美育中的传承效果参差不齐，难以形成统一的教学标准和评价体系。

2.非遗文化传承意识的薄弱

非遗文化作为中华民族传统文化的重要组成部分，承载着丰富的历史信息和深厚的文化底蕴，对于培养学生的文化素养和审美能力具有重要作用。然而，在当前的高校美育教学中，部分教师对于非遗文化传承的重视程度不够，缺乏主动传承和创新的意识。他们可能更注重美育技能的培养和审美能力的提升，而忽视了非遗文化在美育中的独特价值和作用。这种传承意识的薄弱使得非遗文化在高校美育中的传承缺乏持续性和深度，难以真正融入高校美育体系中。

3.非遗文化素养提升途径的匮乏

目前，高校美育教师提升非遗文化素养的途径相对有限。一方面，专门针对高校美育教师的非遗文化培训课程和实践活动相对较少，难以满足教师们的实际需求；另一方面，由于高校美育教师的工作繁忙，他们往往难以抽出足够的时间和精力去系统学习和实践非遗文化。此外，部分教师可能也缺乏自我提升的动力和意愿，对于非遗文化的学习和实践持消极态度。这种提升途径的匮乏制约了高校美育教师非遗文化素养的提升速度和效果，使得他们在非遗文化传承方面难以发挥应有的作用。

4.非遗文化与美育教学融合面临的困难

非遗文化与美育教学之间存在着天然的内在联系，二者相互促进、相辅相成。非遗文化可以为美育教学提供丰富的教学资源和文化素材，而美育教学则可以为非遗文化的传承和发展提供重要的平台和载体。然而，在当前的高校美育实践中，非遗文化与美育教学的融合却面临着诸多困难。部分教师在美育教学中未能充分挖掘和利用非遗文化的教育资源，使得非遗文化在美育中的独特魅力和价值未能得到充分体现。同时，由于非遗文化的复杂性和多样性，如何将其与美育教学有机地结合起来，形成具有特色和效果的教学模式和方法，也是当前高校美育教师需要面对的挑战。

（二）提升途径与方法的探索与实践

在非遗文化传承与高校美育的融合过程中，提升高校美育教师的非遗文化素养成为一项紧迫且重要的任务。针对当前高校美育教师非遗文化素养的现状，本节将深入探讨提升途径与方法，并通过实践案例加以说明。

1.构建系统的非遗文化课程体系

为了提升高校美育教师的非遗文化素养，首先，需要构建系统的非遗文化课程体系。这一课程体系应涵盖非遗文化的基本概念、历史渊源、技艺传承、审美特征等方面的内容，使教师能够全面、深入地了解非遗文化的内涵和价值。其次，课程体系还应注重实践性和体验性，通过组织教师参与非遗项目的实地考察、技艺学习、创作实践等活动，让他们亲身体验非遗文化的魅力，从而激发对非遗文化传承的热情和动力。

2.加强非遗文化传承人的交流与合作

非遗文化传承人是非遗文化的重要承载者和传播者，他们拥有丰富的实践经验和深厚的文化素养。因此，加强高校美育教师与非遗文化传承人的交流与合作是提升教师非遗文化素养的有效途径。可以通过邀请非遗文化传承人进校园举办讲座、工作坊等活动，与教师面对面交流，分享传承经验和技艺心得。同时，也可以组织教师到非遗文化传承人的工作室或传承基地进行实地考察和学习，深入了解非遗项目的制作流程和技艺精髓。这种交流与合作不仅能够提升教师的非遗文化素养，还能够促进非遗文化在校园内的传播和普及。

3.利用数字化技术丰富教学手段

随着数字化技术的不断发展，利用其丰富教学手段已成为提升高校美育教师非遗文化素养的新趋势。可以通过建设非遗文化数字化教学资源库，将非遗项目的文字、图片、音频、视频等多媒体素材进行整理和分类，为教师提供便捷的教学资源获取途径。同时，也可以利用虚拟现实（VR）、增强现实（AR）等先进技术，创建非遗文化的虚拟展示和互动体验场景，使教师能够更加直观、生动地感受非遗文化的魅力。此外，还可以鼓励教师利用社交媒体等网络平台，分享非遗文化的学习心得和教学成果，扩大非遗文化在校园内外的影响力。

4.建立激励与评价机制

为了保障高校美育教师非遗文化素养提升工作的持续性和有效性，需要建立相应的激励与评价机制。可以通过设立非遗文化传承与美育教学成果奖等方式，表彰在非遗文化传承和美育教学工作中做出突出贡献的教师，激发他们的工作热情和积极性。同时，也可以将非遗文化素养作为高校美育教师职称评定、岗位晋升等的重要依据之一，引导教师重视并不断提升自己的非遗文化素养。此外，还应定期对教师的非遗文化素养进行评估和反馈，帮助他们了解自己的优势和不足，明确提升方向和目标。

（三）提升效果的评估与反馈

在探讨非遗文化传承与高校美育师资培养时，我们不能忽视对教师非遗文化素养提升效果的评估与反馈。这一过程如同镜子，映射出教师们的成长轨迹，同时也为未来的提升之路指明方向。

1.多维度评估，全面审视提升效果

为了深入了解教师们在非遗文化素养方面的提升效果，我们采用了多维度的评估方式。这不仅包括传统的知识技能测试，更融入了教学实践的观察、科研创新的考量以及学生满意度的调查。通过这一全方位的评估体系，我们能够更加全面、客观地审视教师们在非遗文化传承与美育融合方面的努力与成果。

2.量化与质性并重，科学呈现提升实绩

在评估方法的选择上，我们坚持量化与质性并重的原则。量化评分能够客观反映教师们在各项指标上的得分情况，便于进行横向比较和纵向追踪；而质性分析则通过深入的教学案例剖析、同行评议以及学生反馈，揭示出教师们在非遗文化教学实践中的真实体验和感悟。这种科学与人文相结合的评估方法，不仅保证了评估结果的全面性和准确性，更让每一位教师的努力与成就得以真实呈现。

3.及时反馈，精准指导未来发展

评估结果的及时反馈是提升机制中不可或缺的一环。我们确保每一位教师都能在第一时间获得自己的评估报告，其中详细列出了他们在非遗文化素养各方面的表现以及具体的提升建议。这样的反馈不仅让教师们对自己的进步有了清晰的认知，更为他们未来的职业发展提供了精准的指导。同时，学校也将根据整体评估结果，调整师资培养政策、优化课程设置、改进教学方法等，以确保非遗文化传承与高校美育的深度融合与发展。

（四）持续提升的策略与建议

在非遗文化传承与高校美育师资培养的征途中，为了确保教师们的非遗文化素养能够持续提升，我们需要采取一系列详细而具体的策略与建议。这些策略与建议旨在构建一个全面、系统、持续的提升机制，为教师们的非遗文化素养之旅提供坚实的支撑和明确的指引。

1.以多元化学习方式为引擎，全面驱动知识更新

为了推动教师们的非遗文化素养持续提升，我们需要建立多元化的学习方式，以满足不同教师的学习需求和兴趣。首先，可以设立非遗文化学习小组，鼓励教师们定期参与讨论和交流，共同学习和探索非遗文化的深厚底蕴。这些学习小组可以围绕特定的非遗项目或主题展开，通过分享资料、案例分析和实践经验，促进教师之间的知识共享和思维碰撞。

其次，邀请非遗文化传承人、专家学者等举办讲座或工作坊，为教师们提供与行业内人士面对面交流的机会。这些讲座和工作坊可以涵盖非遗文化的历史渊源、技艺传承、创新发展等方面，帮助教师们深入了解非遗文化的内涵和价值。通过与传承人和专家的互动，教师们可以获取第一手的资料和经验，拓宽自己的视野和知识面。

最后，建立非遗文化在线学习平台也是重要的举措。这个平台可以整合丰富的学习资源，包括视频课程、文档资料、在线测试等，支持教师们随时随地进行自我学习和提升。通过在线学习平台，教师们可以根据自己的时间和进度安排学习，灵活掌握非遗文化的相关知识和技能。

2.以实践导向为舞台，全面提升教学能力

实践是检验教学能力的试金石。为了提升教师们的非遗文化素养，我们需要将非遗文化元素融入课堂教学，并鼓励教师们创新教学方法和手段。首先，可以组织教师们开展非遗文化主题的教学设计比赛或教学观摩活动。通过这些活动，教师们可以相互学习和借鉴优秀的教学案例和经验，提高自己的教学水平和效果。同时，这也有助于形成积极向上的教学氛围，激发教师们的创新精神和竞争意识。

其次，加强与非遗文化传承基地、博物馆等机构的合作也是重要的途径。通过与这些机构的合作，教师们可以获得实地考察和学习的机会，深入了解非遗文化的传承和实践情况。这种实地考察和学习不仅可以增强教学的实践性和体验感，还可以为教师们提供真实的教学案例和素材，丰富课堂教学内容。

3.以多维度激励机制为动力，全面激发提升热情

为了激发教师们的提升热情，我们需要建立多维度的激励机制。首先，将非遗文化素养纳入教师评价体系是重要的举措。通过将非遗文化素养作为职称评定、岗位晋升等的重要依据之一，我们可以引导教师们重视非遗文化素养的提升工作。这种评价方式可以促使教师们更加积极地参与非遗文化的学习和实践活动，提高自己的综合素质和教学能力。

其次，设立非遗文化传承与美育教学成果奖也是有效的激励手段。通过表彰在非遗文化传承和美育教学工作中做出突出贡献的教师个人或团队，我们可以发挥榜样的示范引领作用，激发其他教师的向上心和进取心。这种奖励机制不仅可以增强教师们的荣誉感和归属感，还可以提升整个教师队伍的凝聚力和战斗力。

最后，提供非遗文化研究和教学项目的经费支持也是必要的措施。通过设立专项经费或项目基金等方式，我们可以为教师们开展相关研究和实践活动提供必要的资金保障和支持。这种经费支持不仅可以解决教师们在研究和实践过程中遇到的资金困难问题，还可以鼓励他们更加深入地挖掘非遗文化的内涵和价值。

4.以国际交流与合作为窗口，全面拓宽全球视野

国际交流与合作是提升教师们非遗文化素养的重要途径之一。通过参与国际非遗文化交流活动、与国外高校和研究机构建立合作关系以及赴国外访问学习等方式，教师们可以接触到不同文化背景下的非遗文化传承模式和美育实践经验。这些国际交流经历不仅可以拓宽教师们的全球视野和跨文化交流能力，还可以为他们提供新的思路和启示，推动非遗文化传承与高校美育的深度融合与发展。

具体来说，教师可以积极参与国际非遗文化节、研讨会等活动，展示中国非遗文化的魅力并借鉴其他国家的成功经验和做法；与国外高校或研究机构建立合作关系开展联合研究和师资培养项目；鼓励教师赴国外进行访问学习或深造等。通过这些国际交流与合作活动，我们可以为教师们搭建一个更加广阔的舞台，让他们的非遗文化素养在全球化的大背景下得到更加全面和深入的提升。

三、师资培养机制与非遗文化传承的对接策略

（一）师资培养机制的现状与问题

在非遗文化传承与高校美育的融合进程中，师资培养机制作为支撑整个实践活动的关键环节，其现状与问题不容忽视。当前，随着非遗文化在高校美育中地位的逐渐提升，师资培养机制也面临着一系列新的挑战和机遇。

从现状来看，高校美育师资培养在非遗文化传承方面已经取得了一定进展。越来越多的高校开始重视非遗文化在美育中的价值，并尝试将非遗元素融入课程体系和教学实践中。同时，一些高校也积极与非遗传承人、相关机构等建立合作关系，共同推动师资培养工作的深入开展。然而，在实际操作过程中，师资培养机制仍存在不少问题，亟待解决。

首先，师资培养缺乏系统性和针对性。当前，许多高校在非遗美育师资培养方面仍处于摸索阶段，缺乏系统、完善的培养计划和课程体系。这导致教师在接受培训时往往只能获得零散的知识和技能，难以形成完整、深入的非遗文化素养。同时，由于不同高校、不同地区的非遗文化特色各异，师资

培养缺乏针对性也会导致教师难以将所学知识与当地非遗文化有效结合，从而影响教学效果。

其次，师资培养机制中的实践环节薄弱。非遗文化传承注重实践性和体验性，要求教师不仅具备理论知识，还要具备丰富的实践经验。然而，在当前的师资培养机制中，实践环节往往被忽视或弱化。许多培训项目过于注重理论传授，而忽视了实践操作和技能训练，导致教师在实际教学中难以胜任非遗技艺的传授和指导工作。

最后，师资培养机制中的激励机制不完善也是一大问题。非遗文化传承与高校美育融合是一项长期而艰巨的任务，需要教师付出大量的时间和精力。然而，当前许多高校在激励机制方面存在不足，如缺乏明确的奖励政策、职业发展路径不清晰等，这在一定程度上影响了教师参与非遗美育工作的积极性和主动性。

针对以上问题，我们需要对现有的师资培养机制进行全面审视和深入剖析，找出问题的根源所在，并提出切实可行的改进方案。首先，高校应制定系统、完善的非遗美育师资培养计划，明确培养目标、课程设置、实践环节等关键要素，确保教师能够接受全面、系统的培训。其次，应加强实践环节的设计与实施，通过组织教师参与非遗项目实践、技艺传承等活动，以提升他们的实践能力和教学经验。最后，完善激励机制，明确奖励政策，为参与非遗美育工作的教师提供清晰的职业发展路径和晋升机会，激发他们的工作热情和创造力。

（二）对接策略的制定与实施：细致入微的探寻与实践

在非遗文化传承与高校美育的交汇点上，师资培养机制的对接策略显得尤为关键。这不仅仅是一份计划的制定，更是一场文化与教育深度融合的探索之旅。对接策略的制定与实施，需要我们以细致入微的态度，去探寻非遗文化的深层内涵，去理解高校美育的真实需求，去构建师资培养的创新路径。

1.策略制定的深度思考

对接策略的制定，不是简单的文字游戏，而是对非遗文化与高校美育内在联系的深度挖掘。我们首先要做的，就是深入理解非遗文化的精神内核，把握其独特的艺术魅力和教育价值。同时，我们还要对高校美育的目标、内容和方法进行全面的梳理和分析，找出与非遗文化相结合的切入点和突破口。

在这个过程中，我们需要摒弃表面的模仿和机械的照搬，而是要以创新的视角和开放的态度，去探寻非遗文化与高校美育之间的内在联系和互动规律。只有这样，我们才能制定出真正符合实际、具有可操作性的对接策略。

2.策略实施的精细操作

对接策略的实施，更是一场考验我们耐心和细致程度的实践之旅。我们需要将策略中的每一项措施都落实到具体的行动中，确保每一个环节都能够得到有效的执行和监控。

首先，我们要建立一支专业的实施团队，明确各自的职责和任务，形成高效的工作机制。同时，我们还要加强与非遗文化传承人、高校美育教师等相关人员的沟通和协作，确保策略的实施能够得到他们的支持和配合。

其次，我们要注重实施过程中的细节把控。无论是课程体系的调整、师资培养方案的制定，还是实践教学的组织、评价体系的完善，我们都需要以精益求精的态度去对待每一个细节。只有这样，我们才能确保对接策略的实施能够真正达到预期的效果。

最后，我们还要建立一套完善的监测与评估机制，对策略的实施效果进行定期的检查和评估。通过收集和分析各方面的反馈信息，我们可以及时发现策略实施中存在的问题和不足，进而进行针对性的调整和改进。

总之，非遗文化传承与高校美育师资培养的对接策略制定与实施是一项长期而艰巨的任务。它需要我们以细致入微的态度去探寻非遗文化的深层内涵，去理解高校美育的真实需求；还需要我们以创新的视角和开放的态度去构建师资培养的创新路径；更需要我们以耐心和细致的精神去实践每一项措施，确保策略能够真正落地生根、发挥实效。在这个过程中，我们可能会遇到各种困难和挑战，但只要我们保持对非遗文化和高校美育的热爱和敬畏之心，不断探索、持续前行，就一定能够找到一条适合两者深度融合的发展之路。

（三）对接效果的评估与反馈：审视、反思与进阶之路

在探索非遗文化传承与高校美育师资培养的对接之路上，我们不仅仅是前行者，更是自身实践的审视者与反思者。对接效果的评估与反馈，就如同行进途中的指南针与修正器，确保我们的步伐既稳健又富有成效。

1.多维审视：构建立体评估框架

对接效果的评估并非简单的成果汇报，而是一场全面、深入的审视。我们从多个维度出发，构建起一个立体化的评估框架。不仅包括课程设置的合理性、师资培养的有效性，更涵盖了学生实践体验的满意度、非遗文化传承的深度与广度等方面。每一个维度都如同一面镜子，从不同角度映射出对接实践的真实面貌。

2.深度反思：数据与故事的交织

评估不仅仅是数字的堆砌，更是故事的讲述。我们运用定量分析与定性研究相结合的方法，从问卷调查、访谈记录中提炼出数据背后的真实声音。这些声音，或许是教师的感悟、学生的心得，又或许是非遗传承人的期望与建议。它们共同编织成一幅丰富而生动的实践画卷，引领我们进行深入反思：哪些策略行之有效？哪些环节仍需改进？

3.进阶之路：反馈与优化的循环

评估的目的并非停留于现状的描绘，而是为了指明进阶的方向。我们建立了一套灵活而高效的反馈机制，确保每一次评估都能引发实质性的改进。这些改进，可能涉及课程内容的调整、师资培养模式的创新，也可能关联到非遗文化传承活动的丰富与拓展。无论大小，每一步的进阶都代表着我们在非遗文化传承与高校美育融合之路上的更进一步。

4.不止于评估，更是成长的见证

对接效果的评估与反馈，不仅是对策略实施的一次检验，更是我们在非遗文化传承与高校美育融合之路上成长的见证。它记录着我们的探索、努力与收获，也指引着我们未来的方向与目标。在这条充满挑战与机遇的道路上，我们将以更加坚定的步伐，继续前行。

（四）持续改进的方向与目标

在非遗文化传承与高校美育师资培养的对接过程中，持续改进是确保这一融合创新实践不断适应时代需求、提升效果的关键。为此，明确改进的方向与目标至关重要。本小节将从多个层面探讨持续改进的方向，并设定具体、可行的目标。

1.深化非遗文化与高校美育课程的融合

当前，非遗文化与高校美育课程的融合仍处于初级阶段，需要进一步深化。改进的方向包括：增加非遗文化相关课程的数量与种类，使其更加丰富多样；提高非遗文化在美育课程中的比重，确保其成为核心内容；优化课程设置，使非遗文化与美育课程更加紧密地结合。

目标：构建一套系统、完善的非遗文化与高校美育融合课程体系，实现非遗文化在美育课程中的全面渗透。

2.提升教师的非遗文化素养与教学能力

教师在非遗文化传承与高校美育融合中起着关键作用。因此，提升教师的非遗文化素养与教学能力是持续改进的重要方向。具体措施包括：加强教师的非遗文化培训，提高他们的知识水平和技能；鼓励教师参与非遗文化传承实践活动，增强他们的实践经验；建立教师非遗文化素养评价体系，激励他们不断提升自己。

目标：培养一支具备高素质、专业化、创新型的非遗文化与高校美育融合的教师队伍。

3.强化学生的非遗文化传承意识与实践能力

学生是非遗文化传承与高校美育融合的直接受益者。因此，强化学生的非遗文化传承意识与实践能力是持续改进的重要目标。为此，需要增加非遗文化传承相关课程和实践活动的数量与质量；提高学生的参与度与积极性；建立学生非遗文化传承成果展示与评价机制。

目标：培养一批具备高度认同感、扎实技艺和创新能力的非遗文化传承人才。

4.完善对接效果的评估与反馈机制

对接效果的评估与反馈是持续改进的重要依据。因此，需要进一步完善评估体系，确保评估结果的客观性和准确性；加强评估结果的反馈与应用，确保问题得到及时改进；建立定期评估与不定期抽查相结合的机制，确保对接效果的持续稳定提升。

目标：构建一套科学、全面、动态的对接效果评估与反馈体系，为持续改进提供有力支持。

5.加强国内外交流与合作

国内外在非遗文化传承与高校美育融合方面积累了丰富的经验。因此，加强国内外交流与合作是持续改进的重要途径。通过借鉴国内外成功经验、开展合作项目、共享资源等方式，可以不断提升自身的水平与能力。

目标：建立广泛的国内外交流与合作网络，推动非遗文化传承与高校美育融合实践的创新发展。

四、国内外非遗文化传承与师资培养的成功经验借鉴

（一）国内成功经验介绍与分析

在非遗文化传承与高校美育师资培养方面，国内已有多所高校进行了有益的探索和实践，积累了丰富的经验。这些成功经验不仅为其他高校提供了可借鉴的范例，也为非遗文化的传承和发展注入了新的活力。

1.综合性大学的美育实践

综合性大学在非遗文化传承方面有着得天独厚的优势。例如，北京大学、清华大学等国内一流大学，通过开设非遗文化相关课程、举办非遗文化讲座和展览、建立非遗文化研究中心等方式，将非遗文化传承融入美育教育中。这些举措不仅丰富了学生的审美体验，也提升了教师的非遗文化素养。

在师资培养方面，这些综合性大学注重引进和培养具有非遗文化背景的优秀教师。通过设立非遗文化研究基金、鼓励教师参与非遗文化传承项目等方式，激发教师对非遗文化的兴趣和热情。同时，学校还加强与非遗文化传承人的合作与交流，为教师提供学习和实践的平台。

2.艺术类院校的专业化培养

艺术类院校在非遗文化传承和美育师资培养方面具有专业化优势。例如，中央美术学院、中国音乐学院等艺术类院校，通过设立非遗文化相关专业、建立非遗文化传承基地、开展非遗文化研学活动等方式，将非遗文化传承与艺术教育紧密结合。

这些艺术类院校注重培养学生的非遗文化素养和实践能力。在课程设置上，学校将非遗文化理论与实践相结合，注重培养学生的动手能力和创新思维。同时，学校还积极组织师生参与非遗文化传承项目和社会实践活动，让学生在实践中深入了解和学习非遗文化。

在师资培养方面，艺术类院校注重提升教师的非遗文化素养和专业技能。学校鼓励教师参与非遗文化研究和传承项目，为教师提供学习和进修的机会。同时，学校还加强与国内外非遗文化传承人和专家的交流与合作，引进先进的传承理念和教育方法。

3.地方高校的特色化发展

地方高校在非遗文化传承和美育师资培养方面也有着独特的优势。一些地方高校结合当地非遗文化资源，通过挖掘和整理地方非遗文化、建立地方非遗文化传承基地、开展地方非遗文化研学活动等方式，将非遗文化传承与地域文化特色相结合。

这些地方高校注重将非遗文化传承融入校园文化和美育教育中。学校通过举办非遗文化主题活动、建立非遗文化社团、开展非遗文化体验课程等方式，让学生在校园中就能感受到非遗文化的魅力。同时，学校还积极与当地非遗文化传承人和机构合作，共同推动地方非遗文化的传承和发展。

在师资培养方面，地方高校注重提升教师的地域文化素养和非遗文化传承能力。学校鼓励教师参与地方非遗文化研究和传承项目，为教师提供学习和实践的平台。同时，学校还加强与国内外高校和专家的交流与合作，引进先进的传承理念和教育方法。

4.经验总结与启示

从国内高校的非遗文化传承和美育师资培养成功经验中可以看出，高校在非遗文化传承方面发挥着重要作用。通过开设相关课程、举办讲座和展览、建立研究中心等方式，高校可以将非遗文化传承融入美育教育中，丰富学生的审美体验并提升教师的非遗文化素养。同时，高校还应注重引进和培养具有非遗文化背景的优秀教师，加强与非遗文化传承人的合作与交流，为教师提供学习和实践的平台。

此外，高校在非遗文化传承方面还应注重创新与发展。通过将非遗文化与现代艺术、科技等手段相结合，可以创造出更多具有时代特色的非遗文化作品和产品。同时，高校还应积极探索非遗文化传承与产业发展相结合的新模式和新路径，推动非遗文化的可持续发展。

（二）国外成功经验介绍与分析

在国际范围内，许多国家都在非遗文化传承与高校美育师资培养方面进行了有益的探索。除了日本和美国之外，还有许多其他国家的成功经验值得我们借鉴。以下将详细介绍几个国家在非遗文化传承与高校美育师资培养方面的成功实践。

1.法国的艺术教育与文化遗产传承

法国在艺术教育和文化遗产传承方面有着举世瞩目的成就。法国高校非常重视艺术教育，将艺术教育作为培养学生综合素质的重要途径。在非遗文化传承方面，法国高校注重将传统艺术与现代教育相结合，通过开设相关课程、举办讲座和展览等方式，让学生深入了解和学习法国丰富的非遗文化。

在师资培养方面，法国高校注重教师的艺术素养和专业技能，鼓励教师参与非遗文化传承项目，提升教师的实践能力和教学水平。此外，法国还建立了完善的文化遗产传承机制，通过政府、高校和社会组织的合作，共同推动非遗文化的传承和发展。

法国的成功经验表明，将艺术教育与文化遗产传承相结合，加强高校与社会的合作，是非遗文化传承的有效途径。同时，注重教师的专业素养和实践能力的提升，也是确保非遗文化传承质量的关键。

2.韩国的传统工艺教育与师资培养

韩国在非遗文化传承方面注重传统工艺的教育与传承。韩国高校开设了丰富的传统工艺课程，如韩纸工艺、传统染色、陶瓷制作等，这些课程不仅让学生学习到传统技艺，还培养了学生的审美能力和创造力。

在师资培养方面，韩国高校注重教师的传统工艺技能和教学能力，通过选拔具有传统工艺背景的优秀人才进入高校任教，确保教师具备传授技艺的能力。同时，韩国政府还设立了非遗文化传承人制度，为传承人提供经济支持和社会地位，鼓励他们将技艺传授给年轻一代。

韩国的成功经验表明，将传统工艺教育纳入教育体系，加强师资培养和非遗文化传承人的支持，是非遗文化传承的重要保障。这种模式不仅有助于传统技艺的传承和发展，也为高校美育教育注入了新的活力。

3.意大利的文化遗产保护与艺术教育

意大利在文化遗产保护方面除了注重文化遗产的保护和修复工作外，还非常重视将文化遗产保护与艺术教育相结合。意大利高校开设了丰富的艺术课程和文化遗产保护课程，让学生在学习艺术的同时，也了解到文化遗产保护的重要性和方法。

在师资培养方面，意大利高校注重教师的专业背景和实践经验。许多教师都具有艺术或文化遗产保护方面的专业背景，并参与了大量的实践项目。这些实践经验使得教师能够将理论与实践相结合，为学生提供更加生动、实用的教学内容。

意大利的成功经验表明，将文化遗产保护与艺术教育相结合是非遗文化传承的有效途径。这种模式不仅有助于培养学生的审美能力和创造力，还能够增强学生对文化遗产保护的意识和责任感。

4.经验总结与启示

从法国、韩国和意大利等国家的成功经验中，我们可以得出以下几点启示：

首先，将艺术教育与文化遗产传承相结合是非遗文化传承的重要途径。高校应该注重开设相关课程，让学生在学习艺术的同时，也了解到非遗文化的价值和意义。

其次，加强师资培养是非遗文化传承的关键。高校应该注重选拔具有专业素养和实践经验的优秀人才进入高校任教，确保教师具备传授技艺的能力。同时，政府和社会也应该为非遗文化传承人提供必要的支持和保障。

最后，加强国际合作与交流也是非遗文化传承的重要方向。通过与国际社会的交流和合作，可以借鉴其他国家的成功经验，拓宽非遗文化传承的视野和思路。同时也有助于推动非遗文化在国际的传播和影响。

（三）国内外成功经验的启示与借鉴

在深入探讨了国内外非遗文化传承与高校美育师资培养的成功经验后，我们不难发现，尽管各国文化背景和教育体系存在差异，但在非遗文化传承与美育实践方面，却展现出了诸多共通之处。这些共通之处不仅为我们提供了宝贵的启示，更为我们未来的实践指明了方向。

1.强化非遗文化传承的系统性与整体性

从国内外的成功经验中，我们可以清晰地看到，非遗文化传承不是孤立存在的，而是需要与教育体系、社会文化环境等紧密相连。无论是国内还是国外，成功的案例都强调了非遗文化传承的系统性和整体性。这意味着，我们不能仅仅将非遗文化作为一种单独的知识或技能来传授，而应该将其融入教育体系的各个层面，使其成为学生综合素质培养的重要组成部分。

例如，法国将艺术教育与文化遗产传承相结合，通过开设相关课程、举办讲座和展览等方式，让学生深入了解和学习非遗文化。这种做法不仅增强了学生对非遗文化的认同感，也提高了他们的审美能力和创造力。同样，在国内，一些高校也通过开设非遗文化课程、建立非遗文化传承基地等方式，将非遗文化传承与高校教育紧密结合，取得了显著成效。

2.注重师资培养的专业性与实践性

师资培养是非遗文化传承与高校美育实践的关键环节。国内外的成功经验都表明，优秀的师资队伍是非遗文化传承的重要保障。在师资培养方面，我们应注重教师的专业素养和实践能力的提升。

一方面，教师应具备深厚的非遗文化底蕴和专业知识，能够准确理解和把握非遗文化的精髓和价值；另一方面，教师还应具备丰富的实践经验，能够将理论知识与实际操作相结合，为学生提供生动、实用的教学内容。此外，我们还应建立完善的师资培养机制，包括选拔机制、培训机制、激励机制等，为教师的专业成长提供良好的环境和条件。

3.推动非遗文化传承与高校美育的深度融合

非遗文化传承与高校美育实践是相辅相成的。非遗文化为高校美育提供了丰富的资源和内容，而高校美育则为非遗文化传承提供了广阔的平台和载体。因此，我们应积极推动非遗文化传承与高校美育的深度融合。

具体而言，我们可以在课程设置、教学内容、教学方法等方面进行改革和创新。例如，我们可以开设以非遗文化为主题的美育课程，将非遗技艺、审美教育、文化传承等有机结合；可以采用体验式、互动式等教学方法，让学生在亲身实践中感受非遗文化的魅力；此外，我们还可以通过校园文化活动、社会实践等方式，将非遗文化传承融入学生的日常生活中。

4.借鉴国际经验，拓宽非遗文化传承的视野

在全球化背景下，非遗文化传承也面临着国际化的趋势。因此，我们应积极借鉴国际经验，拓宽非遗文化传承的视野。通过与国际社会的交流和合作，我们可以了解不同国家和地区的非遗文化传承模式和经验，从中汲取有益的营养和启示。同时，我们还可以借助国际平台，将我国的非遗文化推向世界舞台。通过举办国际非遗文化节、参加国际非遗文化交流活动等方式，展示我国非遗文化的独特魅力和价值内涵，增强我国在国际非遗文化领域的话语权和影响力。

5.结合实际情况，创新非遗文化传承的路径

最后需要强调的是，我们在借鉴国内外成功经验的同时，也要结合自身的实际情况进行创新和发展。每个国家和地区都有自己的文化背景和教育体系特点，我们不能盲目照搬他人的经验和做法。

相反，我们应该在深入分析自身实际情况的基础上，找到适合自己的非遗文化传承路径。这需要我们不断探索和实践，勇于创新和突破，为非遗文化传承与高校美育实践贡献自己的智慧和力量。

（四）结合实际情况的创新与发展

在深入探讨了非遗文化传承与高校美育师资培养的国内外成功经验后，我们必须意识到，单纯的模仿或照搬并不能满足当前非遗文化传承的复杂需求。相反，结合实际情况的创新与发展才是推动非遗文化传承在高校美育中

深入实践的关键。这需要我们从多个维度出发，对现有的传承模式、教育体系、师资培养机制等进行全面的审视和思考。

1.非遗文化传承模式的创新

传统的非遗文化传承往往依赖于口传心授、师徒相传等方式，这些方式虽然在一定程度上保证了非遗文化的纯粹性和原真性，但也限制了其传播范围和影响力。在高校美育实践中，我们可以尝试将非遗文化传承与现代教育技术相结合，利用数字化、网络化等手段，创新非遗文化的传承模式。

例如，通过建立非遗文化数字库、开发非遗文化在线课程、利用虚拟现实技术重现非遗技艺等方式，不仅可以打破时间和空间的限制，让更多的人接触到非遗文化，还可以增强非遗文化的互动性和体验性，激发学生的学习兴趣和参与度。

2.教育体系的整体优化

非遗文化传承在高校美育中的实践不仅需要关注传承本身，还需要对整个教育体系进行优化。这包括课程设置、教学方法、评价体系等多个方面。在课程设置上，我们应该打破学科壁垒，实现非遗文化与相关学科的有机融合，形成跨学科、综合性的课程体系。在教学方法上，我们应该注重学生的主体性和实践性，通过项目式学习、研学旅行等方式，让学生在亲身实践中感受非遗文化的魅力。在评价体系上，我们应该建立多元化的评价机制，将非遗文化传承纳入学生综合素质评价体系中，以评价促进传承。

3.师资培养机制的完善与创新

优秀的师资队伍是非遗文化传承在高校美育中实践的重要保障。在师资培养上，我们应该注重教师的专业素养和实践能力的提升，同时，还需要关注教师的创新意识和跨学科能力。通过建立完善的选拔机制、培训机制、激励机制等，吸引更多优秀人才投身非遗文化传承事业。此外，我们还可以尝试建立非遗文化传承人与高校教师之间的合作与交流机制，促进双方之间的互学互鉴和共同成长。

4.结合地域文化特色的创新实践

每个地区都有自己的独特非遗文化和地域特色。在高校美育实践中，我们应该充分挖掘和利用这些地域文化资源，结合当地的文化传统和民俗风情，开展具有地域特色的非遗文化传承活动。这不仅可以增强非遗文化的地域认同感和归属感，还可以促进地方文化的传承与发展。

5.注重非遗文化的活态传承与创新发展

非遗文化是一种活态的文化遗产，其生命力在于不断地传承与创新。在高校美育实践中，我们应该注重非遗文化的活态传承与创新发展。通过举办非遗文化展览、演出、比赛等活动，让非遗文化走进校园、走进社区、走进人们的生活。同时，我们还应该鼓励和支持学生对非遗文化进行创新性转化和发展性利用，让非遗文化在现代社会中焕发出新的生机和活力。

综上所述，结合实际情况的创新与发展是推动非遗文化传承在高校美育中深入实践的关键。我们应该从传承模式、教育体系、师资培养机制等多个维度出发，进行全面的审视和思考。通过创新传承模式、优化教育体系、完善师资培养机制以及结合地域文化特色开展创新实践等方式，推动非遗文化传承在高校美育中的深入发展。

第三章　非遗文化传承在高校美育中的案例研究

第一节　典型非遗项目在高校美育中的实践案例

一、传统手工艺类非遗项目的美育实践

（一）传统手工艺类非遗项目的概述与特点

传统手工艺类非遗项目，作为人类非物质文化遗产的重要组成部分，承载着深厚的历史文化底蕴和独特的民族精神。它们以手工制作为主要特征，通过世代相传的方式，将精湛的技艺、丰富的经验和深厚的文化内涵传递给后人。在高校美育实践中，传统手工艺类非遗项目以其独特的艺术魅力和教育价值，成为培养学生审美素养、创新能力和文化传承意识的重要资源。

1.传统手工艺类非遗项目的概述

传统手工艺类非遗项目涵盖了广泛的艺术形式和技艺，包括陶瓷制作、刺绣、编织、雕刻、漆艺、金属工艺等。这些手工艺品以其精湛的工艺、别致的造型和丰富的文化内涵，成为中华民族传统文化的重要载体。它们不仅具有实用功能，更在审美上给人以愉悦和享受，体现了人们对美好生活的追求和对自然、社会的感悟。

传统手工艺类非遗项目的传承方式主要是口传心授和手把手教学。这种传承方式强调了师徒之间的亲密关系和技艺传承的严谨性。在传承过程中，师傅不仅传授技艺，更传递了文化精神、价值观念和审美追求。这种传承方式使得传统手工艺类非遗项目得以保持其独特性和原真性，并在不断地发展

中焕发新的生机与活力。

2.传统手工艺类非遗项目的特点

历史性与文化性：传统手工艺类非遗项目具有深厚的历史文化底蕴。它们往往承载着某个地区或民族的历史记忆和文化传统，是后人了解和研究历史文化的重要依据。每一件手工艺品都蕴含着丰富的历史文化信息，反映了不同时期、不同地域的社会生活和审美风尚。

艺术性与审美性：传统手工艺类非遗项目以其精湛的工艺和别致的造型展现出独特的艺术魅力。它们在色彩搭配、图案设计、造型构思等方面都体现了高超的艺术水平和独特的审美追求。这些手工艺品不仅满足了人们的实用需求，更在审美上给人以愉悦和享受，提升了人们的生活品质。

民族性与地域性：不同民族、不同地域的传统手工艺品风格迥异，反映了各民族、各地区的独特文化传统和审美习惯。这些手工艺品以其鲜明的民族特色和地域特色，成为中华民族多元文化的重要组成部分。它们不仅展示了各民族的智慧和创造力，也促进了不同文化之间的交流与融合。

实践性与教育性：传统手工艺类非遗项目具有很强的实践性和教育性。通过亲手制作手工艺品，学生可以锻炼自己的动手能力和实践能力，培养耐心和毅力。同时，在制作过程中，学生可以发挥自己的想象力和创造力，创作出独具特色的作品。这种实践性和教育性使得传统手工艺类非遗项目成为高校美育实践的重要资源之一。

综上所述，传统手工艺类非遗项目以其深厚的历史文化底蕴、独特的艺术魅力、鲜明的民族特色和地域特色以及强大的实践性和教育性，在高校美育实践中发挥着重要作用。通过引入这些项目，高校可以丰富美育课程内容、拓宽学生的审美视野、培养学生的动手能力和创新精神、推动校园文化的多元化发展、并为学生传承和弘扬中华优秀传统文化提供重要平台和机会。

（二）高校引入传统手工艺类非遗项目的实践案例

随着对非物质文化遗产保护意识的加强，高校作为文化传承与创新的重要阵地，纷纷将传统手工艺类非遗项目引入校园，与美育实践相结合，取得了显著的成效。以下将详细阐述几所高校的实践案例，以展现传统手工艺类非遗项目在高校美育中的具体应用和深远影响。

案例一：某美术学院与剪纸艺术的深度融合

某美术学院在美育实践中，不仅将剪纸艺术作为一门课程来开设，更是将其融入整个美术教育体系中。学院与当地著名的剪纸传承人建立了深度的合作关系，共同研发了一套系统的剪纸艺术课程体系。这套课程从基础技艺入手，逐步深入到剪纸艺术的创意设计和文化内涵的挖掘。

在教学过程中，学生们不仅学习了剪纸的基本技法和创作流程，还在教师的引导下，将剪纸艺术与其他美术形式相结合，创作出了一系列富有创意和美感的剪纸作品。这些作品不仅在校内展览中受到师生的好评，还在各类艺术比赛中获得了优异的成绩。

此外，学院还积极组织剪纸艺术的社会实践活动，如走进社区、学校进行剪纸艺术的推广和教学，让更多的人了解和喜爱剪纸艺术。通过这些实践活动，学生们不仅锻炼了自己的社会实践能力，也为剪纸艺术的传承和发展做出了积极的贡献。

案例二：某综合大学陶瓷制作课程的创新实践

陶瓷制作作为中国传统手工艺的代表之一，具有极高的艺术价值和文化内涵。某综合大学在引入陶瓷制作课程时，注重创新实践，将传统技艺与现代设计相结合，探索出了一条独特的陶瓷制作教学之路。

该课程邀请了当地著名的陶瓷大师进校园，为学生们进行现场的技艺展示和教学指导。在大师的指导下，学生们从泥料的选择、器型的设计、釉料的配制到烧制工艺的掌握，全程参与陶瓷作品的创作过程。这种亲身实践的教学方式让学生们更加深入地了解了陶瓷制作的技艺精髓和文化内涵。

同时，课程还注重培养学生的创新意识和设计能力。教师鼓励学生们将现代设计理念融入传统陶瓷制作中，创作出既具有传统韵味又富有现代感的陶瓷作品。这些作品不仅在校内展览中受到师生的赞誉，还在市场上获得了良好的反响。

案例三：某师范大学刺绣技艺的传承与发展

刺绣是中国传统手工艺中的瑰宝之一，具有悠久的历史和精湛的技艺。

某师范大学在引入刺绣技艺时，注重传承与发展并重，将传统技艺与现代审美相结合，为刺绣艺术的传承注入了新的活力。

学校与当地著名的刺绣传承人合作，共同开设了刺绣技艺课程。课程从刺绣的历史渊源、技艺特点和文化内涵入手，引导学生们深入了解刺绣艺术。同时，学校还建立了刺绣工作室，为学生们提供了实践操作的场所和资源。

在教师的指导下，学生们亲手完成了自己的刺绣作品。这些作品不仅展现了学生们精湛的技艺和创意设计能力，也体现了传统刺绣艺术与现代审美的完美结合。通过这些实践活动，学生们不仅掌握了刺绣技艺，还增强了对民族文化的认同感和自豪感。

此外，学校还积极组织刺绣作品的展览和交流活动，让更多的人了解和欣赏刺绣艺术。这些活动不仅为学生们提供了展示自己作品的机会，也为刺绣艺术的传承和发展搭建了良好的平台。

综上所述，高校引入传统手工艺类非遗项目的实践案例具有深远的意义和影响。这些案例不仅丰富了高校美育实践的内容和形式，还为学生们提供了了解和传承民族文化的机会。通过这些实践案例的实施，传统手工艺类非遗项目在高校中得到了广泛传播和深入发展，为非遗文化的传承和创新注入了新的活力。

（三）实践案例的具体实施过程与效果分析

在融合创新的背景下，高校美育实践积极引入传统手工艺类非遗项目，不仅丰富了美育课程内容，还有效促进了非遗文化的传承与发展。本节将详细阐述几个实践案例的具体实施过程，并对实施效果进行深入分析，以期为未来高校美育实践提供有益的参考。

1.具体实施过程

案例一：剪纸艺术在高校美育中的实践

某高校在引入剪纸艺术时，首先与当地剪纸传承人建立了合作关系，共同研发了一套适合高校学生的剪纸艺术课程体系。该课程体系注重理论与实践相结合，从剪纸的基本技法入手，逐步深入到剪纸艺术的创意设计和文化内涵的挖掘。

在实施过程中，学校邀请了剪纸传承人定期来校进行授课和指导，确保学生能够接触到正宗的剪纸技艺。同时，学校还组织了剪纸艺术工作坊，为学生提供了亲自动手实践的机会。在工作坊中，学生们在传承人的指导下，完成了自己的剪纸作品，并进行了展示和交流。

案例二：陶瓷制作在高校美育中的实践

某高校在引入陶瓷制作课程时，与当地陶瓷工坊建立了合作关系，共同建设了陶瓷制作实践基地。该基地配备了专业的陶瓷制作工具和材料，为学生提供了良好的实践环境。

学校邀请了陶瓷工坊的技师来校进行授课和指导，让学生们了解陶瓷制作的全过程。在实践过程中，学生们在技师的指导下，亲手完成了陶瓷作品的制作，包括泥料的选择、器型的设计、釉料的配制以及烧制等环节。同时，学校还组织了陶瓷作品展览和比赛，为学生提供了展示和交流的平台。

2.效果分析

（1）提升了学生的审美素养和创新能力

通过引入传统手工艺类非遗项目，学生们有机会亲自动手实践，感受传统手工艺的独特魅力和文化内涵。在实践过程中，学生们不仅掌握了相关技艺，还学会了如何将传统元素与现代设计相结合，创作出具有独特美感和创意的作品。这些作品不仅体现了学生的审美素养，也展现了他们的创新能力。

（2）促进了非遗文化的传承与发展

高校引入传统手工艺类非遗项目，为非遗文化的传承与发展注入了新的活力。通过与传承人的合作，学生们有机会接触到正宗的技艺和文化内涵，成为非遗文化传承的新生力量。同时，高校作为文化传承与创新的重要阵地，也为非遗文化的传播和推广提供了广阔的平台。

（3）增强了学生对民族文化的认同感和自豪感

通过参与传统手工艺类非遗项目的实践，学生们更加深入地了解了民族文化的独特魅力和价值所在。他们不仅掌握了相关技艺，还增强了对民族文化的认同感和自豪感。这种对民族文化的热爱和尊重将激励他们在未来的学习和工作中更加积极地传承和弘扬民族文化。

综上所述，高校引入传统手工艺类非遗项目的实践案例具有显著的实施效果和深远的影响。这些实践案例不仅提升了学生的审美素养和创新能力，还促进了非遗文化的传承与发展，增强了学生对民族文化的认同感和自豪感。未来，高校应继续加强与非遗传承人的合作与交流，深入挖掘传统手工艺类非遗项目的教育价值和文化内涵，为培养具有民族文化素养和创新精神的高素质人才做出更大的贡献。

（四）实践案例的启示与反思

在深入剖析了传统手工艺类非遗项目在高校美育实践中的多个案例后，我们获得了丰富的启示，并对实践过程中的一些关键问题进行了深刻的反思。这些案例不仅为高校美育注入了新的活力，也为非遗文化的传承与发展提供了新的视角和思路。

1.实践案例的启示

（1）深化了美育的文化内涵

传统手工艺类非遗项目作为中华民族的文化瑰宝，蕴含着深厚的历史文化底蕴和独特的审美价值。高校将这些项目引入美育实践，不仅使学生有机会亲身接触和体验非遗文化的魅力，更深化了美育的文化内涵。通过实践，学生能够更加深入地理解中华文化的精神内核，增强文化自信和民族认同感。

（2）推动了非遗文化的活态传承与创新发展

非遗文化的生命力在于其活态传承与创新发展。高校作为文化传承和创新的重要场所，通过引入传统手工艺类非遗项目，为学生提供了学习和传承这些文化的平台。在实践过程中，学生不仅能够掌握非遗技艺，还能在传承的基础上进行创新，为非遗文化注入新的时代元素和活力。这种活态传承的方式有助于非遗文化的可持续发展和创新性转化。

（3）提升了学生的综合素养和实践能力

参与传统手工艺类非遗项目的实践，对学生的动手能力、创新思维、审美素养等多方面都有着积极的促进作用。通过亲手制作和体验，学生能够更加深入地理解非遗文化的技艺和美学价值，同时也能在实践中锻炼和提升自身的综合素养和实践能力。这些能力的提升有助于学生在未来的学习和工作中更好地应对各种挑战和机遇。

（4）促进了校地合作与资源共享

高校引入传统手工艺类非遗项目的过程，往往也是与地方文化机构、非遗传承人等建立合作关系的过程。这种校地合作有助于实现资源共享和优势互补，推动双方在文化传承与创新方面的深度合作。通过合作，高校可以获得更多的非遗资源和专业指导，而地方文化机构和非遗传承人也能借助高校的平台和资源，扩大非遗文化的影响力和传播范围。

2.实践案例的反思

（1）课程体系需进一步细化和完善

虽然许多高校已经尝试将传统手工艺类非遗项目引入美育实践，但在课程体系的构建上仍存在诸多不足。如课程内容的选择过于宽泛或单一、教学方法的运用缺乏针对性和创新性、评价标准的制定不够科学和全面等。因此，高校需要进一步细化和完善课程体系，确保非遗文化与美育实践的有机融合。具体而言，可以结合不同非遗项目的特点和要求，制定更加具体和针对性的课程内容和教学方法。同时，建立科学全面的评价标准，从多个维度对学生的实践成果进行评价和反馈。

（2）师资力量亟待加强

传统手工艺类非遗项目的传承与发展离不开专业的师资力量。然而，目前许多高校在这方面仍显薄弱，缺乏具备深厚文化底蕴和实践经验的非遗传承人。因此，加强师资培训、引进优秀人才、建立激励机制等举措显得尤为重要。高校可以通过与地方文化机构、非遗传承人等建立合作关系，邀请他们来校进行授课和指导。同时，也可以加大对校内教师的培训力度，提高他们的非遗文化素养和实践能力。此外，建立合理的激励机制也有助于吸引和留住优秀的非遗传承人才。

（3）学生参与度有待提高

尽管高校为学生提供了接触和学习传统手工艺类非遗项目的机会，但学生的参与度并不尽如人意。这可能与学生的兴趣爱好、课程安排、实践条件等因素有关。因此，高校需要采取多种措施激发学生的学习兴趣、优化课程设置、改善实践条件等，以提高学生的参与度。例如，可以开设丰富多样的非遗文化课程和活动，满足学生的不同需求和兴趣。同时，加大实践环节的比重和投入，为学生提供更加优质和充足的实践资源和条件。

（4）文化传承与创新的平衡问题需妥善处理

在引入传统手工艺类非遗项目时，高校需要处理好文化传承与创新的关系。一方面，要确保非遗文化的核心价值和技艺得到完整传承；另一方面，也要鼓励学生在传承的基础上进行创新，为非遗文化注入新的活力。这需要高校在课程设置、教学方法、评价标准等方面进行精心设计和调整。具体而言，可以在课程中设置专门的传承环节和创新环节，分别侧重于非遗技艺的传授和创新思维的培养。同时，在评价标准中也要体现对传承和创新的双重考量，既要注重对传统技艺的掌握程度，也要关注学生在创新方面的表现和成果。

二、表演艺术类非遗项目的美育实践

（一）表演艺术类非遗项目的概述与特点

表演艺术类非遗项目，作为人类非物质文化遗产的璀璨瑰宝，不仅是中国传统文化的重要组成部分，更是中华民族艺术创造力的生动体现。这些项目通过人的身体动作、面部表情、服饰道具以及音乐、唱腔等多种艺术手段，将故事情节、人物性格、思想感情等内容生动地呈现在观众面前，给人以美的享受和艺术的熏陶。

1.表演艺术类非遗项目的概述

表演艺术类非遗项目涵盖了戏剧、舞蹈、曲艺、杂技等多种形式，每一种形式都有其独特的表现手法和艺术风格。这些项目通常具有悠久的历史渊源和深厚的文化底蕴，是中国传统文化的重要载体和传播途径。

其中，戏剧是表演艺术类非遗项目中最具代表性的一种。中国戏剧种类繁多，包括京剧、昆曲、川剧、粤剧等，每一种戏剧都有其独特的表演体系和艺术特色。例如，京剧以唱、念、做、打为主要表演手段，通过演员的精湛技艺和丰富表演经验，将故事情节和人物性格生动地呈现在舞台上。此外，舞蹈也是表演艺术类非遗项目中的重要组成部分，包括古典舞、民族舞、现代舞等，每一种舞蹈都有其独特的舞蹈语汇和表现手法。

2.表演艺术类非遗项目的特点

（1）传承性与历史性

表演艺术类非遗项目往往承载着深厚的历史文化内涵，通过一代又一代的传承人的口传心授和表演实践得以传承至今。这种传承性不仅体现在技艺的传承上，更体现在对传统文化精神的传承和弘扬上。每一个表演动作、每一段唱腔、每一出剧目都蕴含着丰富的历史文化信息，是后人了解和研究历史文化的重要依据。

（2）活态性与创新性

表演艺术类非遗项目不是静止不变的，而是随着时代的发展和社会的变迁而不断演变和创新的。这种活态性使得表演艺术类非遗项目能够与时俱进，满足当代观众的审美需求。同时，创新也是表演艺术类非遗项目的重要特征之一，传承人需要在保持传统的基础上进行创新和发展，以适应时代的变化和观众的需求。

（3）群众性与社会性

表演艺术类非遗项目来源于民间，扎根于群众之中。它们通常具有通俗易懂、贴近生活的特点，能够引起观众的共鸣和喜爱。这种群众性使得表演艺术类非遗项目具有广泛的群众基础和强大的生命力。同时，表演艺术类非遗项目也是社会文化的重要组成部分，它们反映了一定历史时期的社会风貌和人民群众的精神面貌，具有重要的社会价值和意义。

（4）艺术性与审美性

表演艺术类非遗项目具有高度的艺术性和审美价值。它们通过精湛的表演技艺和独特的艺术风格，将故事情节、人物性格、思想感情等内容生动地呈现在舞台上，给观众带来美的享受和艺术的熏陶。无论是京剧的唱念做打、昆曲的载歌载舞，还是川剧的变脸吐火、粤剧的唱做念打，都体现了表演艺术类非遗项目独特的艺术魅力和审美价值。

综上所述，表演艺术类非遗项目作为非物质文化遗产的重要组成部分，具有传承性、活态性、群众性、艺术性和审美性等显著特点。在高校美育实践中引入这些项目，不仅可以丰富美育课程内容，提升学生艺术素养和审美能力，还可以为非遗文化的传承和发展注入新的活力和动力。同时，通过表演艺术类非遗项目的传承和发展，也可以更好地弘扬中华优秀传统文化，增强民族自信心和自豪感。

（二）高校引入表演艺术类非遗项目的实践案例

在非遗文化传承与高校美育的融合实践中，表演艺术类非遗项目的引入尤为引人注目。这些项目不仅丰富了高校美育课程的内容，更在传承中激发了新的活力，为非遗文化的可持续发展注入了新的动力。以下，将详细阐述几所代表性高校引入表演艺术类非遗项目的实践案例。

案例一：京剧进校园——某戏剧学院的京剧传承实践

某戏剧学院作为国内知名的戏剧教育机构，一直致力于传统戏剧艺术的传承与创新。近年来，学院将京剧这一国家级非遗项目纳入教学体系，通过开设京剧表演课程、举办京剧艺术讲座和展演活动等形式，让学生在亲身参与中感受京剧艺术的魅力。

学院邀请了多位京剧表演艺术家担任客座教授，为学生传授京剧表演技艺。同时，学院还建立了京剧社团，为学生提供展示和交流的平台。通过这些实践活动，学生们不仅学习了京剧的表演技巧，更对京剧的历史文化背景和艺术价值有了深刻的认识。

此外，学院还积极探索京剧与现代戏剧的结合，创作了多部融合传统与现代元素的京剧新作，受到了观众的好评。这种在传承中创新的做法，不仅让京剧艺术焕发了新的生机，也培养了学生的创新意识和实践能力。

案例二：民族舞蹈的传承与发展——某民族大学的舞蹈教育实践

某民族大学依托其丰富的民族文化资源，将民族舞蹈作为非遗文化传承的重要内容之一。学校开设了多门民族舞蹈课程，涵盖了藏族舞、维吾尔族舞、蒙古族舞等多个舞种，让学生在学习舞蹈技艺的同时，也了解了各民族的文化传统和审美习惯。

为了更好地传承和发展民族舞蹈艺术，学校还成立了民族舞蹈团，定期举办民族舞蹈专场演出和比赛活动。这些活动不仅展示了学生们的舞蹈才华，也促进了各民族文化的交流与融合。

此外，学校还积极开展民族舞蹈的编创工作，将传统民族舞蹈与现代舞蹈元素相结合，创作出了一批具有时代特色的民族舞蹈作品。这些作品既保留了传统民族舞蹈的精髓，又融入了现代审美理念，为民族舞蹈艺术的传承和发展注入了新的活力。

案例三：地方戏曲的保护与传承——某地方高校的地方戏曲教育实践

某地方高校位于戏曲文化底蕴深厚的地区，拥有丰富的地方戏曲资源。为了保护和传承这些珍贵的非遗文化，学校将地方戏曲纳入美育课程体系，通过开设地方戏曲表演课程、组织地方戏曲展演和比赛等方式，让学生在亲身参与中感受地方戏曲艺术的魅力。

学校还积极与当地戏曲院团合作，共同开展地方戏曲的传承与保护工作。双方共同制定了地方戏曲传承计划，组织专家学者对地方戏曲进行挖掘、整理和研究，为地方戏曲的传承和发展提供了有力的支持。

通过这些实践案例可以看出，高校引入表演艺术类非遗项目不仅丰富了美育课程的内容，更在传承中激发了新的活力。这些实践案例的成功经验也为其他高校开展非遗文化传承工作提供了有益的借鉴和参考。同时，我们也应该看到，在非遗文化传承的道路上仍然任重而道远，需要更多的高校和教育机构共同努力，为非遗文化的传承和发展贡献自己的力量。

（三）实践案例的具体实施过程与效果分析

在深入探究表演艺术类非遗项目在高校美育实践中的具体实施过程与效果时，我们以某综合性大学引入川剧为例，进行详细分析和阐述。川剧作为中国戏曲宝库中的一颗璀璨明珠，具有丰富的艺术内涵和独特的表现形式，其在高校美育中的实践对于传承和发展非物质文化遗产具有重要意义。

1.具体实施过程

（1）项目筹备与资源对接

在项目实施初期，该大学美育中心与当地川剧院团进行了深入沟通和合作洽谈。双方共同确定了项目目标、合作方式及具体执行计划。川剧院团提供了专业的艺术指导和表演资源，包括经典剧目、服装道具以及优秀的表演艺术家。

（2）课程设计与教学安排

基于川剧的艺术特点和表现形式，大学美育中心与川剧院团共同设计了系列课程。课程内容涵盖了川剧的历史沿革、艺术特色、表演技巧以及经典剧目赏析等。课程形式采用理论与实践相结合，既有课堂教学，也有现场观摩和互动体验。

（3）师资培训与团队建设

为了确保项目的顺利进行，川剧院团派遣了经验丰富的表演艺术家和教育工作者，对大学美育中心的教师进行系统的培训。培训内容包括川剧表演技巧、教学方法以及课堂管理等。通过培训，大学美育中心的教师团队具备了教授川剧课程的能力。

（4）学生选拔与社团建设

为了激发更多学生对川剧的兴趣，大学美育中心在全校范围内进行了广泛的宣传和选拔活动。通过面试和才艺展示，选拔出了一批对川剧有浓厚兴趣和一定基础的学生。同时，成立了川剧社团，为学生提供了更多的学习和交流机会。

（5）校内外演出与交流活动

在项目实施过程中，大学美育中心定期组织川剧社团在校内外进行演出和交流活动。这些活动不仅展示了学生的学习成果，也促进了川剧在校园内外的传播和普及。同时，通过与其他高校和文化机构的交流合作，进一步拓宽了川剧的传承渠道。

2.效果分析

（1）学生的艺术素养得到显著提升

通过系统的课程学习和实践体验，学生对川剧的艺术魅力有了更深刻的认识和理解。他们的表演技巧和艺术鉴赏能力得到了显著提升，对传统文化的认同感和自豪感也进一步增强。

（2）促进了非遗文化的传承与发展

高校作为文化传承的重要阵地，通过引入川剧等表演艺术类非遗项目，为这些传统艺术的传承和发展注入了新的活力。通过与专业院团的合作和资源整合，不仅丰富了学生的校园文化生活，也为非遗文化的传承拓宽了渠道和受众群体。

（3）提升了教师的专业技能和教学水平

通过与川剧院团的深入合作和教师培训，大学美育中心的教师团队在专业技能和教学水平方面得到了显著提升。他们不仅能够胜任川剧课程的教学工作，还能够在其他领域发挥所学所长，推动高校美育工作的全面发展。

（4）增强了学校的文化影响力和社会声誉

通过成功的项目实施和校内外演出交流活动，该大学在传承和发展非遗文化方面取得了显著成果。这些成果不仅提升了学校的文化影响力和社会声誉，也为学校未来的美育工作奠定了坚实的基础。

综上所述，该大学引入川剧等表演艺术类非遗项目的实践案例具有深远的意义和影响。通过项目实施过程的细致规划和效果分析的全面深入，我们可以清晰地看到高校在非遗文化传承中所发挥的重要作用以及取得的显著成果。这些经验和成果对于其他高校开展类似的美育实践活动具有重要的借鉴意义和推广价值。

（四）实践案例的启示与反思

在详细剖析了表演艺术类非遗项目在高校美育中的实践案例后，我们获得了更深层次的认知与理解。这些实践不仅丰富了高校美育的内涵，也为非遗文化的传承与发展提供了新的思路和方法。下面，我们将进一步深入探讨这些实践案例所带来的启示，并对未来的实践方向进行更为细致的反思与展望。

1.实践案例的深层启示

（1）非遗文化的独特教育价值

表演艺术类非遗项目作为人类文化的瑰宝，蕴含着深厚的历史底蕴和独特的艺术魅力。在高校美育中引入这些项目，不仅可以增强学生的审美体验，还能够培养他们的文化自信和民族认同感。通过亲身参与和体验，学生能够更加深刻地理解非遗文化的内涵和价值，从而自觉成为非遗文化的传承者和弘扬者。

（2）美育课程的多元化发展

传统的美育课程往往侧重于西方艺术形式和审美观念的培养，而忽视了本土文化的传承与发展。表演艺术类非遗项目的引入，为美育课程的多元化发展提供了新的契机。通过将非遗文化与美育课程有机融合，我们可以构建更加全面、多元的美育课程体系，满足学生多样化的艺术需求，促进他们全面发展。

（3）社区资源的有效利用

表演艺术类非遗项目往往与特定的社区和群体有着密切的联系。在高校美育实践中，积极引入社区资源，不仅可以为学生提供更加真实、生动的艺术体验，还能够促进高校与社区之间的交流与合作。通过与社区艺术家、非遗传承人等合作，我们可以共同开展课程研发、艺术创作、演出展示等活动，形成互利共赢的良好局面。

（4）创新传承的路径探索

非遗文化的传承与发展需要与时俱进，不断创新。在高校美育实践中，我们应鼓励学生和教师以现代审美视角重新审视和解读非遗文化，通过创作、改编等方式赋予其新的时代内涵和表现形式。同时，我们还可以借助数字化技术、新媒体平台等手段，对非遗文化进行创新性传承和推广，让更多的人了解和喜爱非遗文化。

2.对未来实践的深入反思与展望

（1）加强跨学科研究与合作

表演艺术类非遗项目涉及音乐、舞蹈、戏剧、文学等多个学科领域。为了更好地挖掘其艺术价值和教育意义，我们应加强跨学科的研究与合作，整合不同学科领域的资源和优势，共同推动非遗文化与高校美育的深度融合与创新发展。

（2）提升教师的专业素养和实践能力

教师在高校美育实践中扮演着举足轻重的角色。为了更好地传承和发展非遗文化，我们应加强对教师的培训和引导，提升他们的专业素养和实践能力。这包括对非遗文化的深入了解、教学技能的提升、跨学科合作能力的培养等方面。

（3）构建科学全面的评价体系

对于非遗文化在高校美育中的实践效果，我们需要构建一套科学全面的评价体系。这套体系应涵盖课程内容、教学方法、学生反馈、社会影响等多个方面，以便对实践效果进行客观准确的评估。同时，我们还应关注评价结果的反馈和应用，及时调整和优化实践策略。

（4）拓展国际交流与合作

非遗文化不仅是民族的瑰宝，也是世界的财富。在高校美育实践中，我们应积极拓展国际交流与合作，加强与其他国家和地区的互学互鉴。可以通过参与国际艺术节、文化交流活动等形式，展示和推广我国优秀的非遗文化，同时吸收借鉴其他国家的成功经验和做法，共同推动非遗文化的传承与发展。

三、民俗节庆类非遗项目的美育实践

（一）民俗节庆类非遗项目的概述与特点

民俗节庆类非遗项目，作为非物质文化遗产的重要组成部分，承载着一个民族或地区深厚的历史文化底蕴和独特的精神传统。这类项目通常以特定的时间节点为契机，通过丰富多彩的仪式、活动和表演，展现出鲜明的地域特色和民族风情。它们不仅是一个社区或群体文化身份认同的重要标识，也是维系社会情感、传递文化记忆的重要载体。

民俗节庆类非遗项目的特点表现在以下几个方面：

第一，它们具有显著的历史性和传统性。这些节庆活动往往历经数百甚至数千年的传承与发展，承载着丰富的历史信息和深厚的文化底蕴。这些活动的起源、发展和变迁，与民族历史、地域文化和社会变迁紧密相连，是研究民族文化和社会发展的重要资料。

第二，民俗节庆类非遗项目具有鲜明的群体性和社区性。它们通常是整个社区或特定群体共同参与的活动，通过集体表演、共同庆祝的方式，强化群体认同感和社区凝聚力。这种群体性和社区性，使得民俗节庆成为促进社会和谐、加强人际交往的重要平台。

第三，民俗节庆类非遗项目具有丰富的表现性和艺术性。这些活动通常

通过舞蹈、音乐、戏剧、杂技等多种形式进行展示，既有深厚的文化内涵，又极具观赏性和娱乐性。这种艺术性和表现性，使得民俗节庆成为传播民族文化、展示民族风采的重要窗口。

第四，民俗节庆类非遗项目具有活态性和流变性。与静态的物质文化遗产不同，它们是一种活生生的文化传承，需要不断地在时间和空间中演绎、发展。这种活态性和流变性，要求我们在传承和发展民俗节庆类非遗项目时，既要保持其传统的精髓和特色，又要根据时代和社会的发展进行必要的创新和调整。

在现代社会中，随着全球化、城市化等进程的加速推进，许多民俗节庆类非遗项目面临着传承困难、生存空间萎缩等挑战。高校作为文化传承和创新的重要阵地，通过引入民俗节庆类非遗项目进校园、进课堂的方式，不仅可以丰富美育课程内容、提升学生的文化素养和审美能力，还可以为非遗项目的传承和发展提供新的思路和路径。因此，将民俗节庆类非遗项目与高校美育实践相结合，具有重要的现实意义和深远的历史意义。

总的来说，民俗节庆类非遗项目是民族文化的重要组成部分，它们通过丰富多彩的活动和仪式，展现出一个民族或地区的历史、文化、社会和精神风貌。这类项目的传承和发展，不仅关系到民族文化的多样性和丰富性，也关系到社会的和谐稳定和人类的文明进步。因此，我们应该高度重视对民俗节庆类非遗项目的保护和传承工作，让它们在新的历史条件下焕发出更加绚丽的光彩。

（二）高校引入民俗节庆类非遗项目的实践案例

在非遗文化传承与高校美育的融合创新中，民俗节庆类非遗项目以其独特的文化魅力和教育价值，逐渐成为高校美育实践的重要内容。本节将通过具体案例，探讨高校如何引入民俗节庆类非遗项目，实现文化传承与美育创新的有机结合。

某高校地处我国南方地区，拥有丰富的民俗节庆类非遗资源。为了将这些宝贵的文化遗产引入校园，该校美育中心与当地非遗保护机构紧密合作，共同策划了一系列民俗节庆类非遗项目的校园实践活动。

其中，最具代表性的案例是"校园民俗文化节"。该活动以传统节庆为载体，通过展览、表演、互动体验等多种形式，将当地的民俗节庆类非遗项目生动地呈现在师生面前。在展览环节，学校邀请了非遗传承人现场展示传统手工艺制作技艺，如剪纸、泥塑、刺绣等。这些精美绝伦的手工艺品不仅吸引了大量师生驻足观赏，还激发了他们对传统工艺的兴趣和热爱。

在表演环节，学校组织了以当地民间舞蹈、戏曲为主要内容的文艺演出。演员们身着华丽的民族服饰，以精湛的技艺和饱满的热情为观众呈献了一场视觉与听觉的盛宴。这些表演不仅展示了民俗文化的艺术魅力，还加深了师生对当地传统文化的了解和认同。

此外，学校还设计了丰富多样的互动体验活动。例如，邀请师生参与传统节庆习俗的模拟体验，如写春联、包饺子、做汤圆等。这些活动让师生在亲身参与中感受到了民俗文化的独特魅力和深厚内涵，增强了他们对传统文化的认同感和归属感。

该案例的成功实践表明，高校引入民俗节庆类非遗项目具有显著的美育效果。首先，通过展览、表演等形式，民俗节庆类非遗项目为师生提供了丰富多彩的艺术审美体验。这些活动不仅提高了师生的审美能力和艺术素养，还激发了他们对传统文化的兴趣和热爱。

其次，民俗节庆类非遗项目的引入有助于培养师生的文化自信和民族认同感。通过深入了解和学习传统文化，师生能够更加深刻地认识到中华民族文化的博大精深和独特魅力，从而增强文化自信和民族自豪感。

最后，高校引入民俗节庆类非遗项目还有助于推动非遗文化的传承与发展。通过与非遗保护机构的合作，高校可以为非遗传承人提供展示技艺和传授经验的平台，同时也可以为非遗文化的传承培养更多的后继人才。这种合作模式不仅促进了非遗文化的传承与发展，还为高校美育实践注入了新的活力和内容。

综上所述，高校引入民俗节庆类非遗项目是一项具有重要意义的美育实践。通过深入挖掘和利用当地丰富的非遗资源，高校可以为师生提供多样化的艺术审美体验和文化教育机会，推动传统文化的传承与发展，实现文化传承与美育创新的有机结合。

（三）实践案例的具体实施过程与效果分析

在高校美育实践中，民俗节庆类非遗项目的引入和实施是一项系统性、复杂性的工程。它不仅需要精心策划和周密准备，更需要多方面的协作和配合。下面，我们将进一步详细阐述某高校引入民俗节庆类非遗项目的具体实施过程，并对实践效果进行更加深入的分析。

1.策划与准备阶段

（1）项目筛选与定位

在活动筹备之初，学校美育工作团队对当地的民俗节庆类非遗项目进行了全面调研和深入了解。他们通过查阅文献资料、实地考察、与传承人交流等方式，筛选出了一批具有代表性、教育性强、适合校园环境的非遗项目。同时，团队还根据学校的教育理念和学生的兴趣爱好，对这些项目进行了精准定位，明确了活动的目标和方向。

（2）资源整合与配置

为了确保活动的顺利进行，学校充分利用了自身的资源优势，对场地、设备、资金等进行了合理调配。他们为非遗项目的展示和教学活动预留了专门的场地，如艺术教室、多功能厅等，并配备了必要的音响、灯光等设备。同时，学校还积极争取了校内外的资金支持，为活动的顺利开展提供了有力保障。

（3）团队组建与培训

学校美育工作团队在活动策划和准备阶段发挥了核心作用。他们不仅负责整个活动的策划和组织，还参与了具体的实施工作。为了提高团队的专业素养和工作能力，学校还特意邀请了非遗保护专家、教育专家等对他们进行了系统培训，使他们对非遗文化和美育教育有了更加深入的认识和理解。

（4）宣传推广策略

为了让更多的学生了解和参与非遗项目，学校制定了详细的宣传推广策略。他们通过校园网、社交媒体、海报等多种渠道进行了广泛宣传，并制作了精美的宣传资料，吸引了大量学生的关注和参与。同时，学校还积极与校内外媒体合作，对活动进行了深入报道和宣传，提高了活动的知名度和影响力。

2.实施阶段

（1）活动组织与实施

在活动的实施过程中，学校美育工作团队充分发挥了自身的组织优势和协调能力，确保了活动的顺利进行。他们根据事先制订的计划，有序地组织了专题讲座、技艺展示、互动体验、文艺演出等一系列活动。同时，他们还密切关注学生的反馈和需求，及时调整活动内容和形式，使活动更加贴近学生的实际需求。

（2）学生参与和体验

在活动的实施过程中，学生的参与和体验是至关重要的。学校通过多种方式激发学生的参与热情，如设置互动环节、提供实践机会等。学生们在非遗传承人的指导下亲手制作了非遗作品，感受到了传统文化的独特魅力和制作工艺的精湛。同时，学校还鼓励学生将所学的非遗技艺带回家中，与家人共同分享和传承，进一步扩大了非遗文化的影响力。

（3）教师指导与反馈

在活动的实施过程中，教师的指导和反馈也是不可或缺的。学校为每位非遗传承人配备了专业的指导教师，协助他们进行技艺展示和教学活动。同时，学校还要求教师在活动结束后对学生的学习成果进行评估和反馈，以便及时发现问题并进行改进。这种师生互动的教学模式不仅提高了学生的学习效果，也促进了师生之间的交流与互动。

3.效果分析阶段

（1）丰富了美育课程内容与形式

通过引入民俗节庆类非遗项目，学校的美育课程内容得到了极大的丰富和拓展。这些非遗项目不仅为学生提供了更加多元化的学习选择，也使课程内容更加贴近学生的生活实际和兴趣爱好。同时，非遗项目的引入还为美育课程注入了新的活力，使课程形式更加多样化和生动有趣。

（2）提升了学生的文化素养与审美能力

通过学习和体验非遗文化，学生对传统文化的认识更加深入和全面，文化素养得到了显著提升。他们不仅了解了非遗项目的历史渊源和文化内涵，还掌握了相关的技艺和制作方法。同时，在非遗文化的熏陶下，学生的审美能力也得到了有效提高，他们更加懂得欣赏和鉴别传统文化的艺术价值和美学意义。

（3）促进了非遗文化的传承与发展

高校作为文化传承的重要阵地之一，引入民俗节庆类非遗项目对于促进非遗文化的传承与发展具有重要意义。通过与非遗传承人的合作与交流，学生对非遗文化的传承有了更加清晰的认识和责任感。他们不仅成了非遗文化传承的积极参与者和推动者，还为非遗文化的创新发展贡献了自己的智慧和力量。

（4）增强了校园文化的多样性与活力

民俗节庆类非遗项目的引入为校园文化注入了新的元素和活力，使校园文化更加多样化和丰富多彩。这些非遗项目不仅为校园增添了浓厚的文化氛围，也促进了校园文化的交流与融合。同时，非遗项目的引入还激发了学生对传统文化的兴趣和热爱，增强了他们对校园文化的认同感和归属感。这种积极向上的校园文化氛围对于构建和谐校园、提升学校整体形象具有重要的推动作用。

（四）实践案例的启示与反思

在深入探讨了民俗节庆类非遗项目在高校美育实践中的具体实施过程与效果后，我们不难发现，其背后所蕴含的文化价值与教育意义远超过表面的形式与活动。本节将对这一实践案例进行启示与反思，以期为未来更多高校在非遗文化传承与美育融合方面提供有益的参考。

启示之一，在于对非遗文化传承的重新认知。民俗节庆类非遗项目作为中华民族传统文化的重要组成部分，承载着丰富的历史信息和深厚的文化底蕴。高校作为文化传承与创新的重要场所，通过引入这些非遗项目，不仅丰富了美育课程内容，更在无形中增强了学生对传统文化的认同感和自豪感。这种认同感与自豪感是激发学生内在学习动力的重要因素，也是培养他们成为具有民族文化自信的新时代青年的关键所在。

启示之二，高校美育实践应更加注重学生的主体参与和体验。在非遗项目的实施过程中，学生的亲身参与和体验是至关重要的。通过组织各类互动性强、趣味性高的活动，如技艺学习、角色扮演、节庆庆祝等，学生能够更加直观地感受到非遗文化的魅力，从而在轻松愉快的氛围中接受美的熏陶和教育。这种以学生为主体的教育方式，不仅有助于提高学生的学习兴趣和积极性，还能更好地培养他们的实践能力和创新精神。

启示之三，非遗文化传承与高校美育实践的融合需要多方面的协作与支持。从项目的策划、实施到效果的评估与反馈，都需要学校、非遗传承人、文化机构等多方面的紧密合作。学校应充分发挥自身的组织优势和资源优势，为非遗项目的引入和实施提供必要的场地、设备和资金支持；非遗传承人则应积极参与到学校的教育活动中来，将自己的技艺和经验传授给学生；文化机构则可以提供专业的指导和建议，帮助学校更好地开展非遗文化传承工作。只有形成这种多方协作、共同支持的良好局面，才能确保非遗文化传承与高校美育实践的深度融合和持续发展。

在反思方面，我们需要注意到的是，虽然民俗节庆类非遗项目在高校美育实践中取得了显著的效果，但仍存在一些问题和挑战。首先，如何平衡非遗项目的传统性与创新性是一个亟待解决的问题。在保持非遗项目原汁原味的同时，如何根据时代的发展和学生的需求进行适当的创新和改进，是我们在实践中需要不断思考和探索的问题。其次，非遗项目的引入和实施需要持续的资金和人力投入。如何确保这种投入的稳定性和持续性，以支持非遗项目在高校的长期开展，也是我们需要关注的问题。最后，非遗文化传承与高校美育实践的融合需要建立完善的评估和反馈机制。通过对实践效果的定期评估和反馈，我们可以及时发现问题并进行改进，从而确保非遗文化传承与高校美育实践的深度融合和持续发展。

综上所述，民俗节庆类非遗项目在高校美育实践中的引入和实施是一项富有挑战性和有意义的工作。通过对这一实践案例的深入分析和反思，我们可以得到许多有益的启示和建议，为未来更多高校在非遗文化传承与美育融合方面提供有益的参考和借鉴。

第二节　非遗文化传承与高校美育结合的优秀案例

一、案例选取标准与评价体系

（一）案例选取的原则与标准

在探讨非遗文化传承与高校美育实践相结合的优秀案例时，案例的选取成为整个研究过程的关键环节。为了确保研究的严谨性和实用性，我们必须遵循一系列明确且细致的原则与标准来筛选案例。这些原则和标准不仅反映了非遗文化传承的独特性和高校美育的多元性，还确保了所选案例的代表性、创新性和实效性。

1.全面性原则的深化

全面性原则要求我们在选择案例时，必须覆盖不同地域、民族和类型的非遗文化。中国作为一个多民族、多文化的国家，拥有丰富的非遗资源。从北方的京剧、皮影戏，到南方的粤剧、苗族刺绣，再到东部的剪纸、风筝制作，以及西部的藏族歌舞、敦煌壁画等，每一种非遗文化都承载着独特的历史记忆和民族智慧。因此，在选取案例时，我们必须充分考虑这些文化的多样性，确保所选案例能够全面反映中国非遗文化的丰富内涵和独特魅力。

同时，全面性原则还要求我们关注非遗文化在高校美育实践中的多样化应用。高校美育实践不仅包括课堂教学、社团活动、艺术展览等传统形式，还涉及校园文化建设、国际文化交流等新兴领域。因此，在选取案例时，我们应关注那些在课堂教学、校园文化建设以及国际文化交流等方面都有突出表现的高校，以全面展示非遗文化传承在高校美育实践中的广泛应用和深远影响。

2.典型性原则的具体化

典型性原则要求我们所选取的案例必须具有一定的代表性和普遍性。这意味着我们需要从众多非遗文化传承与高校美育实践相结合的案例中，挑选出那些最具代表性、最能体现核心价值和普遍规律的案例进行深入研究。例如，我们可以选择那些在非遗文化传承方面有着悠久历史和深厚底蕴的高校作为典型案例，分析它们是如何将非遗文化融入美育实践中，并通过创新性的教学模式和实践活动来提升学生的审美能力和文化素养的。

同时，典型性原则还要求我们关注案例的普遍性和推广价值。一个好的案例不仅要在特定环境下取得成功，还要具有一定的普适性和可推广性。因此，在选取案例时，我们应注重选择那些具有普遍指导意义和推广价值的案例，以便为其他高校或地区提供有益的参考和借鉴。

3.创新性原则的拓展

创新性原则要求我们在选取案例时，必须注重非遗文化传承与高校美育实践相结合的创新性和前瞻性。这包括两个方面：一是非遗文化传承方式的创新；二是高校美育实践模式的创新。

在非遗文化传承方面，我们可以关注那些运用现代科技手段对非遗文化进行数字化保护、传承和推广的案例。例如，利用虚拟现实技术重现传统手工艺制作过程、通过社交媒体平台传播非遗文化等。这些创新性的传承方式不仅有助于保护和传承非遗文化，还能激发年轻人对传统文化的兴趣和热爱。

在高校美育实践方面，我们可以选择那些打破传统界限、实现跨学科融合和创新的案例。例如，将非遗文化与艺术设计、影视制作、文学创作等现代艺术领域相结合，创造出具有独特魅力和时代特色的艺术作品；或者将非遗文化融入通识教育、素质教育等课程体系中，提升学生的综合素质和创新能力等。这些创新性的实践模式不仅有助于提升高校美育水平，还能为非遗文化的传承和发展注入新的活力。

4.实效性原则的量化与评估

实效性原则要求我们在选取案例时，必须注重其实际效果和影响力。为了更加客观地评价非遗文化传承在高校美育实践中的作用和价值，我们可以采用量化的评估方法。例如，设立明确的评估指标和评价体系，从文化传承的深度、广度、持久性以及美育实践的效果、影响力等多个维度对案例进行全面、客观的评估。同时，我们还可以邀请相关领域的专家学者对案例进行专业评审和点评，以确保所选案例的权威性和公信力。

通过这样的量化评估和专业评审，我们可以更加准确地把握非遗文化传承与高校美育实践相结合的发展趋势和未来方向，为未来的实践提供有益的参考和借鉴。同时，这也有助于提升整个研究过程的科学性和严谨性，确保所得结论的准确性和可靠性。

（二）评价体系的构建与细致运用

在探讨非遗文化传承与高校美育实践的交融时，我们不可避免地需要面对如何从众多实践中甄选优秀案例的问题。为确保这一甄选过程的科学性和精准性，构建一个全面、深入、细致的评价体系显得尤为重要。这不仅仅是一个筛选标准，更是对未来实践方向的指引。

1.多维度的评价体系构建

一个完整的评价体系需要覆盖多个维度，确保能够全面而准确地衡量每一个案例的价值和影响。针对非遗文化传承与高校美育结合的特定背景，我们可以从以下几个核心维度构建评价体系：

（1）传承的广度和深度

考察案例是否全面、深入地传承了非遗文化的精髓。这不仅包括技艺和知识的传递，更涉及对非遗文化历史背景、文化内涵、精神价值的深入挖掘和传播。在这一维度下，我们可以进一步细分为传承项目的数量、质量、代表性，传承人的资质和影响力，以及传承活动的覆盖范围和持续时间等指标。

（2）美育实践的创新性和实效性

衡量案例在高校美育实践中所展现的创新精神和实际成果。这要求案例能够突破传统模式，结合非遗文化特色，创造出具有独特魅力和实效性的美育实践。为此，我们可以关注美育课程的设计与实施、教学方法的创新性、学生参与度和满意度、社会反响和影响力等具体指标。

（3）非遗与美育的融合程度和方式

探究案例中非遗文化传承与高校美育实践是如何有机结合的。这包括非遗元素在美育教学中的运用方式、非遗技艺与现代艺术教育的融合模式、非遗文化在校园文化建设中的体现等方面。在这一维度下，我们可以深入分析融合的创新点、融合成果的呈现形式以及融合过程中遇到的挑战和解决方案等。

（4）可持续性和推广价值

评估案例是否具有长期发展的潜力和广泛的推广价值。这需要考虑案例的实施成本、可持续性发展计划、在其他高校或地区的适用性等因素。同时，我们还可以关注案例在推动非遗文化传承和高校美育实践发展方面所起到的示范作用和影响力。

2.细致入微的评价体系运用

构建完评价体系后，我们需要将其细致入微地运用于实际的案例筛选和评估过程中。这要求我们不仅对每个维度进行深入分析，还要对每个具体指标进行细致考察。

（1）详细制定评价标准和指标

为确保评价的客观性和准确性，我们需要针对每个维度下的具体指标制定详细的评价标准和量化方法。这些标准和方法应尽可能具体、明确，便于操作和实施。

（2）全面收集与深入挖掘案例信息

在评价过程中，我们需要全面收集与案例相关的各种信息，包括文字资料、图片、视频等多种形式。同时，我们还要深入挖掘案例背后的故事、挑战和解决方案等，以便更全面地了解案例的价值和影响。

（3）客观分析与综合评估

在收集到足够的信息后，我们需要运用制定的评价标准和指标对案例进行客观分析和综合评估。这要求我们不仅要对每个维度进行独立分析，还要综合考虑各个维度之间的关系和影响，以得出更全面、深入的评价结果。

（4）反馈与持续改进

最后，我们还需要将评价结果反馈给相关实践者和研究者，以便他们了解自身实践的优点和不足，从而进行持续改进和提升。同时，我们也要根据实践的发展变化和新的研究成果不断完善评价体系，确保其始终保持科学性和前瞻性。

（三）案例筛选的过程与结果

在非遗文化传承与高校美育结合的实践中，案例的筛选是一项至关重要的工作。它不仅关系到研究成果的质量和代表性，还直接影响着后续的实践指导和推广。因此，我们在进行案例筛选时，必须遵循科学、系统、客观的原则，确保所选取的案例既具有典型性，又能充分体现非遗文化传承与高校美育实践的融合创新。

1.筛选过程的严谨性

为了确保案例筛选的严谨性，我们采取了以下步骤：第一步，基于前文构建的评价体系，我们制定了详细的筛选标准，这些标准涵盖了非遗文化传承的深度与广度、高校美育实践的创新性与实效性、非遗与美育的结合程度与融合效果等方面。第二步，我们组建了一个由非遗专家、美育学者和实践工作者组成的评审团队，他们具有丰富的理论知识和实践经验，能够确保筛选工作的专业性和权威性。第三步，在初步筛选阶段，评审团队对收集到的所有案例进行了全面的审查和评估，根据筛选标准排除了那些明显不符合要求的案例。这一过程确保了进入下一阶段的案例都具备一定的质量和代表性。第四步，我们对初步筛选出的案例进行了深入的分析和比较，通过定量与定性相结合的方法，综合评估了它们在各个评价维度上的表现。第五步，经过严格的讨论和审议，我们确定了最终的优秀案例名单。

2.筛选结果的代表性

经过严格的筛选过程，我们成功地选出了一批在非遗文化传承与高校美育结合方面表现突出的优秀案例。这些案例不仅涵盖了不同类型的非遗项目和多种美育实践模式，还充分体现了非遗文化传承与高校美育实践的深度融合和创新发展。

从地域分布来看，筛选出的案例既包括了东部沿海地区的先进实践，也涉及了中西部地区的典型经验。这种广泛的地理覆盖使得研究成果具有更强的普适性和推广价值。同时，我们还特别关注了那些在非遗资源相对匮乏或美育实践起步较晚的地区取得的突破性成果，这些案例对于推动非遗文化传承与高校美育实践的均衡发展具有重要意义。

在案例类型方面，我们注重了多样性和创新性的平衡。一方面，我们选取了一些传统工艺、表演艺术等典型非遗项目在高校美育中的成功应用案例；另一方面，我们也关注了那些将非遗元素与现代艺术教育相结合、创造出全新美育模式的创新实践。这些案例不仅展示了非遗文化传承的丰富内涵和独特魅力，也反映了高校美育实践在创新发展中所取得的显著成果。

3.筛选结果的启示意义

通过对这些优秀案例的深入分析和总结，我们获得了许多宝贵的启示。首先，这些案例证明了非遗文化传承与高校美育实践相结合的巨大潜力和广阔前景。通过将非遗元素融入美育课程和活动中，不仅可以有效提升学生的审美能力和文化素养，还能促进非遗文化的传承与发展。其次，这些案例也揭示了非遗文化传承与高校美育实践在结合过程中需要注意的问题和挑战。例如，如何平衡非遗文化的传统性与现代性、如何确保非遗技艺的真实传承与活态利用等。这些问题的解决需要我们不断探索和创新，进一步完善非遗文化传承与高校美育结合的理论体系和实践模式。

综上所述，通过科学、系统、客观的筛选过程，我们成功地选出了一批具有代表性的优秀案例。这些案例不仅为非遗文化传承与高校美育实践的结合提供了有力的证明和支持，也为未来的研究和实践提供了宝贵的经验和借鉴。

二、国内外优秀案例对比分析

（一）国内优秀案例介绍与分析

在非遗文化传承与高校美育实践相结合的领域中，国内众多高校已经进行了积极的探索和实践。通过深入挖掘非遗文化的内涵，将其与美育教育有机融合，不仅丰富了美育课程的内容，也为非遗文化的传承注入了新的活力。以下将详细介绍几个国内优秀案例，并对其进行分析，以期为其他高校提供借鉴和参考。

案例一：某大学"非遗进校园"系列活动

某大学充分利用地域文化资源，将当地非遗项目引入校园，通过举办"非遗进校园"系列活动，让学生近距离感受非遗文化的魅力。活动包括非遗技艺展示、传承人讲座、学生体验等环节。在技艺展示环节，邀请了当地著名的非遗传承人进行现场表演，如剪纸、刺绣、泥塑等，让学生领略到传统技艺的精湛和美妙。在传承人讲座中，传承人们分享了自己的学艺经历和心得体会，激发了学生对非遗文化的兴趣和热爱。在学生体验环节，学校提供了丰富的非遗材料，让学生在传承人的指导下亲手制作非遗作品，感受传统技艺的独特魅力。

通过这一系列活动，学生们对非遗文化有了更加深入的了解和认识，同时也提高了他们的审美能力和文化素养。此外，该活动还促进了非遗文化在校园内的传播和推广，为非遗文化的传承和发展奠定了坚实的基础。

案例二：某艺术学院"非遗+美育"课程创新实践

某艺术学院在非遗文化传承与高校美育实践方面进行了有益的探索。他们结合当地非遗资源，开设了"非遗+美育"创新课程。该课程将非遗技艺融入艺术教育中，通过系统的教学和实践，培养学生的非遗技艺传承能力和艺术创新能力。

在课程设置上，学院邀请了非遗传承人作为特聘教授，与专业教师共同制定教学大纲和教学内容。课程内容涵盖了非遗技艺的理论知识、实践操作以及艺术创新等方面。在教学方式上，采用了理论与实践相结合的方法，注重学生的动手能力和创新思维的培养。同时，学院还建立了非遗技艺传承工作室，为学生提供了良好的实践平台。

通过这一创新课程的实践，学生们不仅掌握了非遗技艺的基本技能，还在艺术创新方面取得了显著的成果。他们的作品既体现了传统非遗文化的精髓，又融入了现代艺术的元素，展现出了独特的艺术魅力。这一实践成果得到了社会的广泛认可和赞誉，也为非遗文化传承与高校美育实践的结合提供了新的思路和方向。

案例三：某综合性大学"非遗文化研究与传播中心"建设

某综合性大学在非遗文化传承与高校美育实践方面采取了更加全面和深

入的措施。他们成立了"非遗文化研究与传播中心"，旨在整合校内外资源，推动非遗文化的深入研究、广泛传播和实践应用。

该中心汇聚了一批非遗研究、艺术教育、文化传播等领域的专家学者和实践工作者，共同开展非遗文化的理论研究、教育实践和社会服务等工作。他们通过举办学术研讨会、开设非遗文化讲座、组织非遗技艺培训等方式，推动非遗文化在校园内外的广泛传播和普及。同时，该中心还积极与企业、社区等合作，开展非遗文化的产业化开发和社会化服务，为非遗文化的传承和发展注入了新的动力。

通过这一中心的建设和运营，该大学在非遗文化传承与高校美育实践方面取得了显著的成效。不仅提高了学生的非遗文化素养和审美能力，还为社会培养了一批既懂非遗技艺又具备创新能力的复合型人才。同时，该中心的成立也提升了学校在非遗文化研究领域的学术地位和社会影响力。

以上三个案例分别从不同的角度展示了非遗文化传承与高校美育实践相结合的优秀成果。它们共同的特点在于都是充分利用了非遗文化的资源优势，将其与美育教育有机融合，实现了非遗文化的传承与发展以及美育教育的创新与提升。这些案例的成功经验对于其他高校来说具有重要的借鉴意义。首先，高校应充分挖掘和利用当地的非遗文化资源，将其引入校园并与美育课程相结合。其次，高校应注重非遗技艺的实践操作和艺术创新能力的培养，为学生提供良好的实践平台和创新机会。最后，高校应积极与社会各界合作，推动非遗文化的产业化开发和社会化服务，为非遗文化的传承和发展创造更加广阔的空间和机会。

（二）国外优秀案例介绍与分析

在国际视野中，非遗文化传承与高校美育实践的结合同样呈现出丰富多彩的面貌。许多国外高校在非遗文化的保护、传承与创新方面进行了深入的探索和实践，形成了各具特色的美育模式。以下将详细介绍几个国外优秀案例，并对其进行分析，以期为国内高校提供有益的参考和借鉴。

案例一：日本某大学"传统工艺与现代设计融合"课程

日本某大学以其深厚的传统文化底蕴和卓越的设计教育而闻名。该校开设了"传统工艺与现代设计融合"课程，旨在将日本传统工艺与现代设计理念相结合，培养出既懂传统技艺又具备现代设计思维的人才。

在课程内容上，该课程注重对传统工艺技艺的深入学习和实践。同时，引入现代设计理念和方法，引导学生探索传统工艺与现代生活的结合点，创作出既具有传统韵味又符合现代审美需求的作品。

在教学方式上，该课程采用工作坊式的教学模式，邀请传统工艺大师和现代设计师共同授课。学生可以在工作坊中亲身感受传统工艺的精湛技艺，与现代设计师一起探讨传统与现代的融合之道。此外，该课程还注重与国际交流，定期组织学生参加国际设计比赛和展览，拓宽学生的国际视野。

通过这一课程的实践，学生们不仅掌握了传统工艺的基本技能，还学会了如何将传统元素融入现代设计中。他们的作品在国际设计界获得了广泛的认可和赞誉，为日本传统工艺的传承和发展注入了新的活力。

案例二：法国某艺术学院"非物质文化遗产保护与创新"项目

法国某艺术学院在非遗文化传承与高校美育实践方面进行了有益的探索。他们启动了"非物质文化遗产保护与创新"项目，旨在通过艺术教育的力量，推动非遗文化的保护、传承与创新。

该项目注重跨学科的合作与交流，汇聚了艺术学、历史学、社会学等多个学科的专家学者。他们共同研究非遗文化的内涵与价值，探索非遗技艺与现代艺术的结合点。同时，该项目还注重与社区、非遗传承人等合作，深入挖掘当地非遗资源，将其引入校园并与艺术教育相结合。

在教学实践上，该项目开设了非遗技艺课程、工作坊、讲座等多种形式的活动。学生可以在课程中学习非遗技艺的基本知识和技能，在工作坊中亲身感受非遗文化的魅力，在讲座中了解非遗文化的历史背景和社会价值。此外，该项目还鼓励学生参与非遗文化的创新实践，如创作非遗主题的艺术作品、策划非遗文化展览等。

通过这一项目的实施，学生们对非遗文化有了更加深入的了解和认识的同时也提高了他们的艺术素养和创新能力。该项目还促进了非遗文化在校园内的传播和推广，增强了学生对非遗文化的保护意识和传承责任感。

案例三：美国某大学"民族艺术与全球化"研究项目

美国某大学在非遗文化传承与高校美育实践方面采取了更加开放和包容的态度。他们成立了"民族艺术与全球化"研究项目，旨在探讨全球化背景下民族艺术的传承与发展问题。

该项目注重跨文化的交流与对话，邀请了来自不同国家和地区的民族艺术家、学者共同参与研究。他们通过田野调查、文献研究、艺术创作等多种方法，深入挖掘各民族艺术的独特魅力和文化内涵。同时，该项目还关注民族艺术在全球化进程中的挑战与机遇，探讨如何在全球化背景下保护和传承民族艺术。

在教学实践上，该项目开设了民族艺术课程、工作坊、国际研讨会等活动。学生可以在课程中学习各民族艺术的基本知识和技能，在工作坊中亲身感受不同民族艺术的魅力，在国际研讨会中与来自不同文化背景的专家学者进行交流和对话。此外，该项目还鼓励学生参与民族艺术的创新实践和国际交流活动，拓宽他们的国际视野和跨文化交流能力。

通过这一项目的实施，学生们对民族艺术有了更加全面和深入的了解和认识，同时也提高了他们的跨文化交流能力和全球意识。该项目还为民族艺术的传承和发展提供了新的思路和方向，推动了民族艺术在全球化背景下的保护与创新。

以上三个国外优秀案例分别从不同的角度展示了非遗文化传承与高校美育实践相结合的成果。日本案例注重传统工艺与现代设计的融合，通过工作坊式的教学模式培养学生的实践能力和创新意识；法国案例注重跨学科的合作与交流，通过艺术教育的力量推动非遗文化的保护与创新；美国案例注重跨文化的交流与对话，通过全球化背景下的民族艺术研究拓宽学生的国际视野和跨文化交流能力。这些案例的成功经验对于国内高校来说具有重要的借鉴意义，可以为我们提供有益的参考和启示。

（三）国内外优秀案例的对比与启示

在深入探讨了国内外非遗文化传承与高校美育结合的优秀案例后，不难发现，尽管地域、文化、教育体制等方面存在差异，但这些案例在核心理念、实践方法以及取得的成效上均呈现出一定的共性与特色。通过对比分析，我们可以从中汲取宝贵的启示，为非遗文化传承与高校美育的进一步融合创新提供有益的参考。

1.国内外案例的共性分析

无论是国内还是国外的优秀案例，都体现出了对非遗文化传承的高度重视。这些案例普遍将非遗文化作为高校美育实践的重要资源，通过课程设置、实践活动、学术研究等多种形式，将非遗技艺、精神内涵以及审美价值融入美育教育之中。同时，这些案例都注重学生的主体地位，强调学生的亲身体验与实践，让学生在感知、理解、创造非遗文化的过程中提升审美素养和文化自觉。

此外，国内外优秀案例都展现出了跨学科、跨领域的融合创新趋势。非遗文化传承与高校美育的结合，不仅仅是艺术学科内部的融合，更是与历史学、社会学、人类学等多学科的交叉融合。这种跨学科的合作与交流，有助于深入挖掘非遗文化的多重价值，推动非遗文化在现代社会的创新性发展。

2.国内外案例的特色对比

尽管国内外案例在共性上有所体现，但由于文化背景、教育体制等方面的差异，它们在实践方法和取得的成效上也呈现出各自的特色。

国内优秀案例在非遗文化传承与高校美育结合方面，更加注重地域文化的挖掘与利用。许多高校结合当地丰富的非遗资源，开展特色化的美育实践。例如，通过邀请非遗传承人进校园、设立非遗技艺传承工作室等方式，可将非遗技艺的传承与高校美育课程紧密结合起来。这种地域性的特色实践，不仅有助于非遗文化的活态传承，也增强了学生对本土文化的认同感和归属感。

而国外优秀案例则更加注重非遗文化的国际交流与传播。它们通过举办国际性的非遗文化展览、研讨会等活动，搭建起非遗文化国际交流的桥梁。同时，国外高校还注重将非遗文化与现代设计理念相结合，推动非遗文化的创新性转化和发展。这种国际化的视野和创新的实践方式，为非遗文化的传承与发展注入了新的活力。

3.启示与借鉴

通过对国内外优秀案例的对比与分析，我们可以得到以下启示：

首先，非遗文化传承与高校美育的结合需要更加注重学生的主体地位。高校应该创设多样化的美育实践平台，让学生亲身参与非遗文化的传承与创新过程，提升学生的审美素养和文化创造力。

其次，跨学科、跨领域的融合创新是非遗文化传承与高校美育结合的重要趋势。高校应该打破学科壁垒，加强多学科之间的合作与交流，共同推动非遗文化的传承与发展。

最后，非遗文化传承与高校美育的结合需要更加注重国际视野和创新实践。高校应该积极参与国际性的非遗文化交流活动，借鉴国际先进的非遗文化传承经验和实践成果，推动非遗文化在现代社会的创新性发展。同时，高校还应该鼓励师生在非遗文化传承与高校美育结合方面进行大胆的创新实践，探索出符合时代要求和自身特色的非遗文化传承与高校美育结合之路。

三、案例的启示与借鉴价值

（一）案例对非遗文化传承的启示

非遗文化传承是人类文明多样性的重要体现，它不仅承载着民族的历史记忆和文化基因，也是现代社会实现可持续发展的重要文化资源。通过深入研究与分析非遗文化传承与高校美育结合的优秀案例，我们可以获得许多宝贵的启示，这些启示对于推动非遗文化的传承与创新，具有重要的理论和实践价值。

1.坚持非遗文化传承的核心价值

优秀案例普遍显示，在非遗文化传承的过程中，必须始终坚持其核心价值。这些价值包括但不限于非遗技艺的独特性、传统文化的深厚底蕴以及民族精神的深刻内涵。在高校美育实践中，这意味着需要将非遗文化作为一种独特的教育资源，通过创新的教育方法和手段，引导学生深入了解和尊重非遗文化，从而在传承中发扬光大。

例如，通过设立非遗技艺课程、开展非遗主题的艺术创作和实践活动、邀请非遗传承人进校园等形式，高校可以将非遗文化传承融入日常教育中，让学生在亲身参与中体验非遗文化的魅力，进而自觉成为非遗文化传承的参与者和推动者。

2.注重非遗文化传承的创新性发展

非遗文化不是一成不变的，而是在不断地创新和发展中焕发新的生命力。多个优秀案例表明，在非遗文化传承的过程中，应该注重创新性发展，即在保持非遗文化核心价值的基础上，根据现代社会的需求和审美趋势，进行适度的创新和改良。

高校美育实践可以通过跨学科的研究和合作，引入现代设计理念、科技手段和市场运营方式等，推动非遗文化与时尚、科技、旅游等产业的融合发展。例如，可以利用数字技术对传统非遗技艺进行数字化保护和展示，或者通过设计创新将非遗元素融入现代产品设计中，从而拓宽非遗文化的传播渠道和受众范围。

3.强化非遗文化传承的社会参与

非遗文化传承不仅是政府和文化机构的责任，更是全社会的共同使命。多个优秀案例揭示出，非遗文化传承的成功往往得益于广泛的社会参与和支持。在高校美育实践中，这意味着需要打破校园的局限，积极与地方政府、社区、企业等各方合作，共同推动非遗文化传承的发展。

通过搭建非遗文化交流平台、举办非遗文化展览和演出、开展非遗技艺进校园和社区等活动，高校可以促进非遗文化与社会各界的互动与交流，提升非遗文化的社会影响力和公众认知度。同时，这也能够为学生提供更多的实践机会和职业发展资源，进一步增强他们对非遗文化传承的热情和动力。

4.关注非遗文化传承的可持续发展

非遗文化传承是一项长期而艰巨的任务，需要持续的投入和努力。多个优秀案例提醒我们，在非遗文化传承的过程中，必须关注其可持续发展问题。这包括建立科学有效的保护机制、制定合理的传承规划、培养专业的传承人才等方面。

在高校美育实践中，应该将非遗文化传承纳入学校的长远发展规划中，通过建立非遗文化研究中心、设置非遗文化传承基金、开展非遗文化传承教育和研究等举措，为非遗文化的传承与创新提供有力的制度保障和资源支持。同时，还需要积极培养具备专业素养和创新能力的非遗文化传承人才，为非遗文化的可持续发展提供坚实的人才基础。

综上所述，通过深入剖析非遗文化传承与高校美育结合的优秀案例，我们可以从中汲取丰富的启示和经验。这些启示不仅有助于推动非遗文化传承的创新与发展，也为高校美育实践提供了宝贵的借鉴和指导。在未来的非遗文化传承与高校美育结合工作中，我们应该继续深化理论研究和实践探索，为实现非遗文化的永续传承和繁荣发展贡献智慧和力量。

（二）案例对高校美育实践的借鉴价值

在深入研究非遗文化传承与高校美育结合的优秀案例后，不难发现这些案例对于高校美育实践具有重要的借鉴价值。它们不仅为高校美育提供了丰富的教学资源和实践经验，还为非遗文化传承注入了新的活力和创新思路。以下将从几个方面详细阐述这些案例对高校美育实践的借鉴价值。

1.丰富高校美育教学资源

非遗文化作为中华民族传统文化的重要组成部分，蕴含着丰富的历史、艺术和科学价值。通过将这些非遗文化传承的优秀案例引入高校美育实践，可以极大地丰富美育教学资源。这些案例不仅包含了各种传统技艺和表演艺术，还涵盖了民俗、节庆、传统手工艺等多个方面，为高校美育课程提供了多样化的教学内容和形式。

高校可以借鉴这些案例，开设非遗技艺课程、组织非遗文化主题讲座和展览、举办非遗技艺传承工作坊等，让学生亲身感受非遗文化的魅力，提升他们的审美素养和文化自觉。同时，这些案例还可以为高校美育教师提供宝贵的教学素材和灵感，帮助他们创新教学方法和手段，提高美育教学质量。

2.拓展高校美育实践途径

非遗文化传承的优秀案例往往具有鲜明的地域特色和民族风情，这为高校美育实践提供了广阔的拓展空间。高校可以结合自身地域文化和学科优势，深入挖掘当地非遗文化资源，开展特色化的美育实践活动。

例如，可以组织学生对当地非遗技艺进行调查、采访非遗传承人、参与非遗技艺的传承与保护等。这些实践活动不仅可以增强学生的实践能力和社会责任感，还能促进非遗文化与高校美育的深度融合。此外，高校还可以与地方政府、文化机构等合作，共同举办非遗文化节庆活动、非遗技艺比赛等，进一步拓展美育实践的途径和影响力。

3.提升高校美育国际化水平

在全球化背景下，非遗文化传承的优秀案例不仅具有民族性，还具有世界性。通过借鉴这些案例，高校可以拓宽美育的国际视野，提升美育的国际化水平。具体而言，高校可以引入国际先进的非遗文化传承理念和实践经验，加强与国际非遗组织的交流与合作，推动非遗文化的国际传播和交流。

同时，高校还可以鼓励学生参与国际性的非遗技艺比赛和文化交流活动，培养他们的国际竞争力和跨文化交流能力。这些举措不仅有助于提升高校美育的国际化水平，还能为非遗文化的传承与发展注入新的活力和创新思路。

4.促进非遗文化传承与高校美育的良性互动

非遗文化传承与高校美育之间存在着相互促进、相互依存的关系。通过借鉴优秀案例，高校可以更好地发挥自身在非遗文化传承中的作用，推动非遗文化与高校美育的良性互动。具体而言，高校可以通过设立非遗技艺传承基地、开展非遗技艺传承培训、举办非遗技艺比赛等方式，为非遗文化传承提供有力的人才保障和智力支持。

同时，非遗文化的传承与发展也能为高校美育注入新的活力和创新元素。非遗技艺的独特魅力和深厚底蕴可以为高校美育课程提供丰富的教学内容和形式；非遗文化的传承与创新也可以激发高校师生的创造力和想象力，推动美育实践的创新与发展。

综上所述，非遗文化传承与高校美育结合的优秀案例对于高校美育实践具有重要的借鉴价值。它们不仅丰富了美育教学资源和实践途径，还提升了美育的国际化水平并促进了非遗文化传承与高校美育的良性互动。在未来的高校美育实践中，我们应该继续深入挖掘这些案例的潜在价值并加以应用和推广，为非遗文化的传承与发展以及高校美育的创新与进步贡献更大的力量。

（三）案例对未来非遗文化传承与高校美育结合的展望

在深入研究非遗文化传承与高校美育结合的优秀案例后，我们不禁对未来这两者之间的融合与创新充满了期待。非遗文化，作为人类文明的瑰宝，承载着民族的历史记忆与文化基因。而高校美育，则肩负着培养学生审美素养、文化传承与创新能力的重要使命。二者的有机结合，不仅有助于非遗文化的传承与发展，更能为高校美育注入新的活力与内涵。

1.非遗文化传承在高校美育中的深化

未来的非遗文化传承，将更加深入地融入高校美育实践中。随着非遗保护意识的日益增强和教育理念的更新，高校将更加注重非遗文化的系统性传承。这不仅仅是在课程设置上增加非遗相关内容，更是在教育理念、教学方法、实践活动等各个层面进行深度融合。

例如，未来的高校美育课程可能会设置更多以非遗为主题的实践课程，如非遗技艺体验、非遗文化创意设计等。这些课程将非遗技艺与现代设计理念相结合，让学生在亲身实践中感受非遗文化的魅力，并培养其传承与创新的能力。

2.跨学科融合推动非遗美育创新

未来的非遗文化传承与高校美育结合，将更加注重跨学科的融合与创新。非遗文化本身就是一个综合性的文化现象，涵盖了历史、艺术、民俗、科技等多个领域。因此，非遗美育实践需要打破学科壁垒，促进不同学科之间的交流与合作。

例如，可以通过艺术与科技、历史与设计等跨学科的课程与项目，将非遗文化的元素与现代科技、设计理念相结合，创造出既具有传统韵味又符合现代审美的新作品。这种跨学科的融合创新，不仅有助于非遗文化的传承与发展，还能为高校美育带来新的生长点。

3.国际化视野下的非遗美育交流

在全球化背景下，未来的非遗文化传承与高校美育结合将更加注重国际化交流与合作。通过与国际非遗组织、国外高校等机构的合作与交流，可以引进国际先进的非遗保护理念和教育资源，拓宽非遗美育的国际视野。

同时，也可以将我国的非遗文化推向世界舞台，展示中华民族传统文化的独特魅力。这种国际化交流与合作，不仅有助于提升非遗文化的国际影响力，还能为高校美育注入新的国际元素和多元视角。

4.非遗美育的社会责任与担当

未来的非遗文化传承与高校美育结合，还将更加注重社会责任与担当。非遗文化作为人类共同的文化遗产，其传承与发展不仅关乎民族文化的传承与弘扬，更关乎人类文明的多样性与可持续发展。

因此，高校在非遗美育实践中，需要积极履行社会责任，关注非遗文化的生态保护与可持续发展。例如，可以通过开展非遗文化传承的社会实践活动、参与非遗保护的社会公益项目等方式，将非遗美育与社会发展紧密结合起来，共同推动非遗文化的传承与发展。

综上所述，未来的非遗文化传承与高校美育结合充满了无限可能与期待。通过深化非遗文化传承在高校美育中的实践、推动跨学科的融合创新、加强国际化交流与合作以及履行社会责任与担当等举措，我们可以期待非遗文化与高校美育在未来能够携手共进、共创辉煌。

第四章　非遗文化传承在高校美育中的挑战与对策

第一节　非遗文化传承在高校美育中面临的挑战与困境

一、文化差异与认知障碍对非遗文化传承的影响及应对策略

（一）文化差异带来的非遗文化传承难题

在非遗文化传承的过程中，文化差异带来的难题是不可忽视的。这种差异不仅体现在地域、民族、语言等方面，更深入到人们的价值观念、思维方式、审美标准等深层次的文化结构之中。在高校美育实践中，这种文化差异往往导致非遗文化传承的断层和误解，使得原本丰富多彩的非遗文化难以在异质文化环境中生根发芽。

具体来说，文化差异带来的传承难题主要表现在以下几个方面：首先，由于不同地域和民族的文化背景迥异，非遗文化所蕴含的历史信息、社会功能、审美价值等在不同文化语境中可能产生截然不同的解读。这种解读的多样性虽然有助于丰富非遗文化的内涵，但在高校美育实践中却可能导致传承的混乱和失真。例如，某些具有特定地域特色的非遗项目，在缺乏相应文化背景的高校中进行传承时，可能因无法准确传达其文化内涵而失去原有的魅力和价值。

其次，文化差异还可能导致非遗文化传承过程中的"文化折扣"现象。所谓"文化折扣"，指的是在跨文化传播过程中，由于受众对异域文化的陌生感和认同感缺失，导致文化传播效果大打折扣的现象。在非遗文化传承中，这种"文化折扣"可能使得原本富有吸引力的非遗项目在异质文化环境

中变得晦涩难懂、难以接受，从而影响其传承效果。例如，某些以口传心授为主要传承方式的非遗项目，在面对缺乏相应文化背景的高校学生时，可能因无法有效传递其技艺精髓而面临传承困境。

最后，文化差异还可能对非遗文化传承的可持续性产生负面影响。在全球化背景下，不同文化之间的交流与融合已成为一种趋势。然而，这种交流与融合并不意味着所有文化都能平等地共享发展机遇。相反，由于文化差异的存在，某些处于弱势地位的非遗文化可能在强势文化的冲击下逐渐失去生存空间。例如，一些具有浓郁地方特色的非遗项目，在面对全球化带来的文化同质化趋势时，可能因无法适应新的文化环境而逐渐消亡。

（二）认知障碍对非遗文化传承的制约作用

在非遗文化传承的过程中，认知障碍是另一大难题，对高校美育实践产生了显著的制约作用。这种障碍不仅源自对非遗文化本身的理解不足，还包括对其历史背景、社会价值、技艺要求等多方面的认知缺失或偏差。这种障碍的存在，使得非遗文化在高校中的传承变得复杂且困难重重。

认知障碍首先表现在对非遗文化的价值认知上。许多学生乃至教育者可能未能深刻理解非遗文化的深厚内涵和其在现代社会中的重要价值，仅将其视为过时或乡土的文化形式。这种价值观上的认知偏差导致了对非遗文化的忽视和轻视，从而削弱了其在高校美育实践中的地位和作用。例如，某些非遗技艺需要长时间的投入和磨炼，但由于缺乏对其价值的认同，学生们可能不愿投入时间和精力去学习和实践。

此外，认知障碍还体现在对非遗技艺本身的理解上。非遗技艺往往蕴含着深厚的历史文化和精湛的手工技艺，需要深入地学习和实践才能掌握。然而，由于缺乏对非遗技艺的系统学习和深入了解，学生们可能难以掌握其精髓和要义，导致传承过程中出现断层和失真。这种技艺传承上的认知障碍，不仅影响了非遗文化的传承效果，也制约了高校美育实践的深入发展。

再者，认知障碍还涉及对非遗文化传承方式的认同上。非遗文化的传承方式往往具有独特性和传统性，如师徒传承、口传心授等。然而，在现代教育体系中，这些传统的传承方式可能不被完全接受或理解，导致传承过程中的摩擦和障碍。例如，现代教育体系注重标准化和量化的评估方式，而非遗文化的传承往往更注重个人的感悟和体验，这使得两者在衔接上存在困难。

（三）应对文化差异与认知障碍的策略

在非遗文化传承的高校美育实践中，文化差异与认知障碍成了两大核心难题。为了有效地解决这些问题，我们需要从多个角度出发，制定全面而详细的策略。这些策略不仅要能够应对当前的挑战，还要具有前瞻性和可持续性，以确保非遗文化在高校中得到更好的传承与发展。

1.深化文化理解与尊重，构建多元文化教育体系

为了克服文化差异带来的传承难题，我们首先需要深化对多元文化的理解与尊重。高校应该积极推动跨文化教育，通过开设相关课程、举办文化讲座和展览等方式，增进学生对不同文化背景的认识和理解。这些课程和讲座可以涵盖非遗文化的历史渊源、技艺特点、审美价值等方面，让学生全面了解非遗文化的丰富内涵和独特魅力。

同时，高校还可以鼓励学生参与文化交流活动，如非遗文化体验、民间艺术表演等。通过亲身参与和体验，学生可以更加直观地感受到非遗文化的魅力，从而培养对非遗文化的兴趣和热爱。此外，高校还可以与国外的非遗文化传承机构建立合作关系，开展国际文化交流活动，让学生在更广阔的视野中认识和理解非遗文化。

为了构建多元文化教育体系，高校还需要加强对教师的培训和教育。教师可以通过参加专业培训、学术交流等方式，提高自身的非遗文化素养和传承能力。同时，高校还可以邀请非遗文化传承人、民间艺术家等走进校园，与教师进行面对面的交流和合作，共同推动非遗文化在高校中的传承与发展。

2.创新非遗文化传承方式，降低认知难度

针对认知障碍对非遗文化传承的制约作用，我们需要创新非遗文化的传承方式。传统的师徒传承、口传心授等方式虽然具有独特价值，但在现代教

育体系中可能难以完全适用。因此，我们可以尝试将非遗文化与现代教育手段相结合，创新传承方式。

例如，利用数字化技术制作非遗技艺的教学视频、开发互动式非遗文化体验课程等。这些现代化的教育手段可以更加直观、生动地呈现非遗文化，降低学生的认知难度。同时，这些教学视频和体验课程还可以随时随地进行学习和体验，不受时间和空间的限制，更加符合现代学生的学习习惯。

此外，高校还可以尝试将非遗文化与专业课程相结合。例如，在美术课程中引入非遗元素，让学生在学习绘画技巧的同时，了解和学习非遗文化的图案设计、色彩搭配等；在音乐课程中融入非遗音乐的演奏和欣赏，让学生在学习音乐理论的同时，感受和学习非遗音乐的独特韵味和演奏技巧。这种将非遗文化与专业课程相结合的方式，可以让学生在学习专业知识的同时，更加深入地了解和学习非遗文化。

3.强化非遗文化的美育功能，提升学生的审美素养和创造力

非遗文化蕴含着丰富的审美教育资源，对于提升学生的审美素养和创造力具有重要意义。因此，在高校美育实践中，我们应强化非遗文化的美育功能。具体来说，可以将非遗元素融入美术、音乐、舞蹈等艺术课程中，通过创作实践、艺术鉴赏等方式培养学生的审美能力和创造力。

例如，在美术课程中，教师可以引导学生学习非遗技艺中的图案设计、色彩搭配等技巧，并运用这些技巧进行创作实践；在音乐课程中，教师可以教授学生非遗音乐的演奏技巧和欣赏方法，并组织学生进行音乐创作和表演；在舞蹈课程中，教师可以引入非遗舞蹈的元素和动作，让学生在学习舞蹈技巧的同时，感受和学习非遗舞蹈的独特韵味和表现方式。

同时，高校还可以鼓励学生参与非遗文化的保护与传播工作。例如，参与非遗项目的挖掘与整理、策划非遗文化主题活动等。通过参与这些实践活动，学生可以更加深入地了解和学习非遗文化，同时也可以在实践中提升自己的审美素养和创造力。

4.加强师资队伍建设，提升教师的非遗文化素养和传承能力

教师在非遗文化传承的高校美育实践中发挥着关键作用。为了提升教师

的非遗文化素养和传承能力，我们需要加强师资队伍建设。具体来说，可以通过以下措施来实现：

首先，加强对教师的培训和教育。高校可以定期举办非遗文化传承与发展的培训班或研讨会，邀请非遗文化传承人、专家学者等进行授课和指导。通过系统的培训和学习，教师可以更加全面地了解和学习非遗文化的相关知识和技能。

其次，鼓励教师积极参与非遗文化的传承实践。高校可以设立非遗文化传承与实践项目或课题，鼓励教师进行深入的研究和实践。同时，还可以与非遗文化传承机构建立合作关系，为教师提供实地考察和学习的机会。通过参与实践项目和课题研究，教师可以更加深入地了解和学习非遗文化的技艺特点和传承方法。

最后，建立激励机制和评估体系。高校可以设立非遗文化传承与发展的奖励基金或荣誉称号等，对在非遗文化传承方面做出突出贡献的教师给予表彰和奖励。同时，还可以将非遗文化传承与发展纳入教师的考核和评价体系中，以激励教师更加积极地参与非遗文化的传承与发展工作。

5.构建多方参与的合作机制，形成合力推动非遗文化传承与发展

非遗文化传承是一项系统工程，需要政府、高校、社会等多方共同参与。为了形成合力推动非遗文化传承与发展，我们需要构建多方参与的合作机制。具体来说，可以采取以下措施：

首先，加强政府与高校之间的合作。政府可以出台相关政策措施和资金支持计划等，为非遗文化传承提供制度保障和资金支持；高校则可以发挥自身优势，加强非遗文化的研究与传播工作；同时，还可以建立非遗文化传承与发展的合作平台或联盟等组织形式，促进政府、高校、社会等各方之间的合作与交流。

其次，鼓励社会各界积极参与非遗文化的保护与传承工作。企业可以提供资金支持和技术援助；民间组织可以开展非遗文化的普及活动和志愿服务等；同时，还可以设立非遗文化传承与发展的社会捐赠渠道或公益基金等，吸引更多的社会力量参与进来。

最后，加强国际交流与合作。高校可以与国际上的非遗文化传承机构建立合作关系，开展国际文化交流活动；同时，还可以引入国际先进的非遗文化传承理念和技术手段等，推动非遗文化在国际上的传播与发展。通过加强国际交流与合作，我们可以借鉴和学习其他国家和地区的成功经验和做法，为非遗文化传承与发展注入新的活力和动力。

6.推动非遗文化与现代教育技术的深度融合

在现代教育体系中，技术手段的运用对于提升教育效果和学习体验具有至关重要的作用。因此，为了更好地应对文化差异与认知障碍，我们需要推动非遗文化与现代教育技术的深度融合。

一方面，可以利用虚拟现实（VR）、增强现实（AR）等现代技术手段，为非遗文化的传承和展示提供更加直观、沉浸式的体验。通过这些技术手段，学生可以仿佛身临其境地感受到非遗文化的魅力，从而更好地理解和接受这些传统文化。这种融合不仅可以激发学生的学习兴趣，还可以提高他们的学习效率和认知深度。

另一方面，可以利用大数据、人工智能等现代技术手段，对非遗文化的传承和发展状况进行实时监测和评估。通过收集和分析学生的学习数据、参与程度、反馈意见等信息，我们可以及时发现传承过程中的问题和挑战，从而及时调整和完善传承策略。这种基于数据的决策和优化过程，可以使非遗文化的传承更加精准、高效和可持续。

7.建立完善的非遗文化传承与评估体系

为了确保非遗文化在高校中的传承效果和质量，我们还需要建立完善的非遗文化传承与评估体系。这个体系应该包括明确的传承目标、具体的传承内容、科学的评估方法和持续的改进机制。

首先，需要制定明确的传承目标，包括培养学生的非遗文化素养、提高他们的传承能力和创造力等方面。这些目标应该既符合非遗文化传承的内在要求，又适应现代教育体系的发展需要。

其次，需要确定具体的传承内容，包括非遗技艺的学习与掌握、非遗文化的历史渊源与内涵理解等方面。这些内容应该既涵盖非遗文化的核心要素，又注重与现代教育的有机结合。

再次，需要采用科学的评估方法，对非遗文化的传承效果进行客观、全面的评价。这些方法可以包括学生的学习成果展示、传承活动的参与程度与反馈、教师的评价与社会认可等方面。通过这些评估方法，我们可以及时了解传承过程中的优点和不足，从而为后续的传承工作提供有针对性的改进建议。

最后，需要建立持续的改进机制，根据评估结果及时调整和完善传承策略。这个机制应该包括定期总结经验、分享成功案例、开展批评与自我批评等环节。通过这种持续改进的过程，我们可以使非遗文化的传承工作不断适应新的环境和挑战，确保其在高校中得到更好的传承与发展。

综上所述，应对文化差异与认知障碍的策略需要我们从多个角度出发，制定全面而详细的方案。这些策略不仅包括深化文化理解与尊重、创新传承方式、强化美育功能等方面，还包括加强师资队伍建设、构建多方参与的合作机制、推动与现代教育技术的深度融合以及建立完善的传承与评估体系等方面。通过实施这些策略，我们可以有效克服非遗文化传承在高校美育实践中面临的挑战与困境，推动非遗文化在现代社会中的传承与发展。

二、资源整合与利用不足的原因分析及改进建议

（一）资源整合的现状与问题

在非遗文化传承的高校美育实践中，资源整合是一个核心环节，其旨在将各种分散的、潜在的或未被充分利用的资源进行优化配置，以提高非遗文化传承的效率和效果。然而，当前的资源整合现状并不容乐观，存在着一系列问题，这些问题在很大程度上制约了非遗文化传承在高校美育实践中的发展。

首先，从资源的来源来看，非遗文化传承涉及的资源类型多样，包括传统技艺、民间艺术、历史文物、文化场所等，这些资源分散在不同的地域、领域和主体手中。目前，高校在进行资源整合时，往往面临着资源信息不对称、获取渠道不畅等难题，导致大量有价值的非遗资源无法得到有效的利用。同时，由于缺乏统一的资源整合平台和机制，各类资源之间难以实现有

效的衔接和共享，进一步加剧了资源浪费的现象。

其次，从资源的利用方式来看，当前高校在非遗文化传承中普遍存在着"重形式轻内容"的倾向。很多高校在进行美育实践时，往往将非遗文化作为一种表面装饰或展示符号，而忽略了对其深层次文化内涵的挖掘和传播。这种"浅层次"的利用方式不仅无法充分体现非遗文化的价值，还可能导致学生对非遗文化的误解和偏见。此外，由于缺乏对非遗文化传承的长期规划和持续投入，很多高校在资源整合方面也表现出明显的短期行为和功利心态，这也限制了非遗文化传承的深入发展。

最后，从资源的配置效率来看，当前高校在非遗文化传承中的资源整合往往缺乏有效的评估和监督机制。一方面，由于缺乏科学、合理的评估指标和方法，高校很难对非遗资源的价值进行准确评估，从而导致资源配置的盲目性和随意性；另一方面，由于缺乏有效的监督机制，资源配置过程中可能出现权力寻租、资源浪费等不良现象，严重影响了资源整合的效率和公平性。

针对以上问题，我们可以从以下几个方面进行深入剖析：一是非遗资源的分散性和多样性给资源整合带来了天然的难度；二是高校在非遗文化传承中的定位和角色不清，导致资源整合缺乏明确的目标和方向；三是缺乏有效的资源整合机制和平台，使得各类资源之间难以实现有效的衔接和共享；四是缺乏对非遗文化传承的长期规划和持续投入，导致资源整合表现出明显的短期行为和功利心态；五是缺乏有效的评估和监督机制，使得资源配置过程中可能出现权力寻租、资源浪费等不良现象。

综上所述，当前高校在非遗文化传承中的资源整合面临着诸多问题和挑战。为了克服这些问题和挑战，我们需要从以下几个方面着手：一是加强非遗资源的普查和登记工作，建立完善的非遗资源数据库和信息共享平台；二是明确高校在非遗文化传承中的定位和角色，制定科学、合理的长期规划和发展目标；三是建立有效的资源整合机制和平台，促进各类资源之间的衔接和共享；四是加大对非遗文化传承的投入和支持力度，形成政府、企业、社会等多方参与的良好格局；五是建立完善的评估和监督机制，确保资源配置的公平性和有效性。通过这些措施的实施，我们可以进一步推动非遗文化传承在高校美育实践中的深入发展。

（二）利用不足的成因剖析

在非遗文化传承的高校美育实践中，资源利用不足的问题显得尤为突出。这不仅影响了非遗文化的有效传承，也制约了高校美育实践的深入发展。本节将从多个层面对利用不足的成因进行深入剖析。

1.资源识别与评估机制不完善

非遗文化资源的种类繁多，包括传统技艺、表演艺术、节庆活动等，每种资源都有其独特的价值和传承方式。然而，目前许多高校在非遗文化资源的识别与评估方面缺乏系统的机制。这导致一些具有潜在教育价值的非遗文化资源未能被及时发现和利用，造成了资源的浪费。同时，由于缺乏科学的评估体系，非遗文化资源的价值和教育意义往往被低估，进一步削弱了其在高校美育实践中的地位和作用。

2.学科整合能力有限

非遗文化传承与高校美育实践的结合需要跨学科的整合能力。然而，目前许多高校在学科设置和教学资源分配上仍然存在条块分割的现象。这导致非遗文化传承相关学科与其他美育学科之间的隔阂，限制了资源的共享和优势互补。同时，跨学科整合能力的不足也制约了非遗文化资源在教育内容和方法上的创新，使得非遗文化传承在高校美育实践中缺乏活力和吸引力。

3.师资力量的匮乏

非遗文化传承需要专业的师资力量作为支撑。然而，目前许多高校在非遗文化传承相关领域的师资力量相对匮乏。这主要表现在两个方面：一是数量上的不足，即专门从事非遗文化传承研究的教师数量有限；二是质量上的欠缺，即部分教师缺乏深厚的非遗文化底蕴和实践经验，难以胜任非遗文化传承的高校美育实践工作。师资力量的匮乏直接影响了非遗文化资源在高校美育实践中的利用效果。

4.学生参与度低

学生是高校美育实践的主体，他们的参与度和兴趣直接影响着非遗文化资源的利用效果。然而，目前许多学生对非遗文化传承缺乏足够的兴趣和了解，认为其与日常生活和未来发展关系不大。这种认知上的偏差导致学生在非遗文化传承相关课程和活动中的参与度低，进一步加剧了非遗文化资源利用不足的问题。

5.社会支持体系不健全

非遗文化传承的高校美育实践不仅需要高校自身的努力，还需要得到社会的广泛支持和参与。然而，目前社会对非遗文化传承的关注度和支持力度仍然有限。这主要表现在资金投入不足、政策支持不够、社会氛围不浓等方面。社会支持体系的不健全限制了非遗文化资源在高校美育实践中的利用广度和深度的同时，也制约了非遗文化传承与高校美育实践的融合发展。

（三）提升资源整合与利用效率的建议

针对非遗文化传承在高校美育实践中资源整合与利用不足的问题，为了更加有效地推动非遗文化与高校美育的深度融合，本节将从以下几个方面详细阐述提升资源整合与利用效率的建议。

1.构建全面且动态的非遗文化资源库

高校应建立一个全面且动态的非遗文化资源库，该资源库不仅包含校内的非遗文化资源，还应积极引入校外的优质资源。资源库的建设应遵循标准化、系统化的原则，对各类非遗文化资源进行详细的分类、标签化和描述，以便于检索和利用。同时，资源库应定期更新和维护，确保资源的时效性和准确性。通过构建这样一个全面且动态的非遗文化资源库，可以为高校美育实践提供丰富多样的素材和灵感来源。

2.推动跨学科的非遗文化课程开发

为了打破学科壁垒，高校应鼓励跨学科合作，共同开发非遗文化课程。这些课程可以结合艺术、历史、民俗等多个学科的知识和方法，对非遗文化进行深入的挖掘和解读。通过跨学科的课程开发，不仅可以丰富非遗文化的表现形式和内涵，还可以培养学生的跨学科思维和创新能力。同时，高校还可以邀请非遗传承人、民间艺术家等进校园授课或开展工作坊，为学生提供更加直观和生动的非遗文化学习体验。

3.加强师资的非遗文化传承能力培训

教师在非遗文化传承和高校美育实践中扮演着重要的角色。为了提升教师的非遗文化传承能力，高校应定期组织相关培训活动。这些培训可以包括非遗文化知识讲座、技艺传承实践、教学方法研讨等内容，旨在帮助教师全面了解非遗文化的内涵和价值，掌握非遗技艺的基本方法和技巧，提升将非遗文化融入美育实践的能力。同时，高校还可以建立激励机制，对在非遗文化传承和美育实践中表现突出的教师进行表彰和奖励。

4.创新非遗文化传承的实践活动形式

为了激发学生的参与热情，高校应创新非遗文化传承的实践活动形式。除了传统的展览、演出等形式外，还可以尝试将非遗文化与现代科技相结合，开发出更具互动性和趣味性的实践活动。例如，可以利用虚拟现实技术重现非遗技艺的制作过程，让学生亲身体验传统工艺的魅力；或者利用社交媒体平台开展非遗文化主题的网络挑战活动，吸引更多学生的关注和参与。通过这些创新形式的实践活动，可以让学生更加深入地了解和喜爱非遗文化。

5.建立多元化的社会支持网络

非遗文化传承的高校美育实践需要得到社会的广泛支持和参与。为了建立多元化的社会支持网络，高校应积极与政府机构、企业、社会组织等建立合作关系。政府机构可以提供政策支持和资金扶持；企业可以提供实践基地和就业机会；社会组织可以提供志愿者和宣传推广等支持。通过建立多元化的社会支持网络，可以为非遗文化传承在高校美育实践中的持续发展提供坚实的保障和动力来源。同时，高校还应积极利用校友资源、社会捐赠等渠道筹集资金，用于支持非遗文化传承和美育实践活动的开展。

三、制度保障与政策支持的缺失问题及解决途径

（一）制度保障的现状与不足

在非遗文化传承的高校美育实践中，制度保障起着至关重要的作用。然而，当前这一领域的制度保障存在诸多不足，亟待完善。本节将详细分析制度保障的现状及其不足之处。

1.制度保障的现状

目前，非遗文化传承在高校美育实践中的制度保障主要体现在以下几个方面：一是相关法律法规的制定与实施，如《中华人民共和国非物质文化遗产法》等，为非遗文化传承提供了法律依据；二是部分高校建立了非遗文化传承与保护的相关机构，负责非遗文化的挖掘、整理、传承等工作；三是一些高校开设了非遗文化相关课程，将非遗文化传承纳入教育体系。

然而，这些制度保障措施在实际操作中往往存在执行不力、效果不佳等问题。首先，相关法律法规虽然制定，但在具体执行过程中存在诸多困难，如执法不严、监管不力等；其次，高校非遗文化传承机构往往面临资金短缺、人才匮乏等困境，难以有效开展工作；最后，非遗文化相关课程在高校教育体系中往往处于边缘地位，得不到足够的重视和支持。

2.制度保障的不足之处

（1）法律法规体系不完善

当前关于非遗文化传承的法律法规体系尚不完善，存在诸多空白和漏洞。例如，对于非遗文化传承人的权益保护、非遗文化的商业化开发等方面缺乏明确的法律规定，导致在实际操作中容易出现权益纠纷和法律风险。

（2）政策执行力度不够

尽管国家和地方政府出台了一系列关于非遗文化传承的政策措施，但在实际执行过程中往往存在力度不够、效果不佳等问题。这主要表现在政策落实不到位、执行标准不统一、监管机制不健全等方面。

（3）高校内部管理制度缺失

在高校内部，非遗文化传承往往缺乏专门的管理制度和规范。例如，对

于非遗文化传承项目的立项、审批、实施等环节缺乏明确的管理规定和流程，导致项目管理混乱、资源浪费等现象时有发生。

（4）激励机制不健全

当前对于非遗文化传承的激励机制尚不健全，无法有效调动高校师生和社会各界参与非遗文化传承的积极性。这主要表现在对于非遗文化传承成果的认定、评价、奖励等方面缺乏明确的制度和标准。

（5）跨部门协调机制不畅

非遗文化传承涉及文化、教育、财政等多个部门，需要建立有效的跨部门协调机制以实现资源共享和优势互补。然而，当前各部门之间往往缺乏有效的沟通和协作，导致非遗文化传承工作难以形成合力。

（二）政策支持的需求与缺口

在非遗文化传承与高校美育实践的交汇点上，政策支持成为一道难以逾越的鸿沟。尽管非遗文化承载着厚重的历史与文化底蕴，高校美育实践也急需这样的资源来丰富其内涵，但两者在现实中的融合却往往因政策支持的不足而显得步履维艰。

非遗文化传承，需要的是一种深入骨髓的尊重与呵护。这种尊重不仅仅体现在对非遗技艺本身的保护上，更体现在对传承人的关怀、对传承环境的营造以及对传承机制的完善上。然而，现有的政策体系往往缺乏对非遗文化传承的细致考量，导致非遗技艺在传承过程中逐渐失去其原有的生命力。高校美育实践，作为非遗文化传承的重要载体之一，本应为非遗技艺提供一个展示与传承的舞台。但受限于政策支持的不足，高校美育实践往往难以有效整合非遗资源，更遑论将其融入教育体系之中。

这种政策支持的缺口，首先，体现在财政投入上。非遗文化传承与高校美育实践的结合需要大量的资金投入，用于资源的挖掘、课程的开发以及实践活动的推广等。然而，当前的财政投入远远不能满足这一需求，导致许多优秀的非遗技艺因缺乏资金支持而面临失传的风险，高校美育实践也因资金短缺而难以深入开展。

其次，政策支持在人才培养方面也存在明显不足。非遗文化传承需要专业的人才支撑，包括技艺传承人、美育教师以及研究人员等。然而，现有的人才培养机制往往缺乏对非遗文化传承的针对性设计，导致人才供给与需求之间存在严重的不匹配现象。这种不匹配不仅影响了非遗技艺的传承效果，也制约了高校美育实践的创新发展。

再次，法规保护的缺失也是政策支持的一个重要缺口。非遗文化作为一种独特的文化遗产，需要得到法律的有效保护。然而，现有的法规体系在非遗文化保护方面仍存在诸多空白和漏洞，导致非遗技艺在传承过程中面临诸多法律风险和挑战。这种法规保护的缺失不仅损害了非遗技艺本身的价值，也影响了高校美育实践对非遗资源的合理利用。

最后，政策支持在交流合作方面也存在一定的局限性。非遗文化传承与高校美育实践需要国内外的交流与合作来借鉴先进经验、拓展传承路径。然而，现有的政策体系往往缺乏对交流合作的系统规划和支持措施，导致非遗技艺在传承过程中难以突破地域和文化的限制，高校美育实践也难以与国际接轨。

综上所述，非遗文化传承在高校美育实践中面临着政策支持的需求与缺口。为了推动两者的深度融合与发展，我们必须从财政投入、人才培养、法规保护以及交流合作等方面入手，完善政策体系、加大支持力度、创新传承机制并拓宽国际视野。只有这样，我们才能让非遗技艺在高校美育实践中焕发新的生命力，共同书写非遗与高校美育共融发展的新篇章。

（三）加强制度保障与政策支持的途径

在非遗文化传承与高校美育实践的融合过程中，加强制度保障与政策支持是确保这一创新实践得以持续、健康发展的关键。针对当前存在的制度保障不足与政策支持缺口，本节将深入探讨加强这两方面支持的途径，以期为非遗文化与高校美育的深度融合提供坚实的支撑。

1.完善法律法规体系

法律法规是非遗文化传承与高校美育实践的重要保障。首先，应制定专门针对非遗文化传承与高校美育结合的法律法规，明确各方责任、权利与义务，为非遗文化在高校中的传承提供法律依据。其次，要加强对非遗文化传承人的法律保护，包括知识产权、传承权利等方面的立法工作，确保传承人的合法权益不受侵害。最后，还应建立非遗文化传承与高校美育实践的监管机制，通过法律手段对传承活动进行规范与监督，防止非遗文化在传承过程中发生异化或失真。

2.加大财政投入力度

财政支持是非遗文化传承与高校美育实践得以顺利进行的物质基础。政府应设立专项资金，用于支持非遗文化在高校中的传承与发展。这些资金可用于非遗资源的挖掘与整理、传承人的培训与扶持、高校美育课程的开发与建设等方面。同时，要优化资金投入结构，确保资金使用的合理性与有效性。此外，还可以通过政府购买服务、税收减免等方式，引导社会资本进入非遗文化传承与高校美育领域，形成多元化的资金支持体系。

3.建立人才培养机制

非遗文化传承与高校美育实践需要一支高素质的人才队伍作为支撑。因此，应建立完善的人才培养机制，包括非遗文化传承人的培训、高校美育教师的培养以及研究人员的引进与培养等方面。可以通过设立非遗文化传承人培训基地、开设高校美育教师进修课程、实施研究人员交流访问计划等方式，提升人才队伍的整体素质与水平。同时，要重视人才的激励与保障工作，为人才提供良好的工作环境与发展空间。

4.加强国际交流与合作

非遗文化是全人类的共同财富，加强国际交流与合作对于推动非遗文化传承与高校美育实践具有重要意义。可以通过举办国际非遗文化论坛、开展非遗文化交流访问活动、建立国际非遗文化传承合作网络等方式，拓宽国际视野，借鉴先进经验，推动非遗文化在全球范围内的传播与发展。同时，要积极参与国际非遗文化保护组织的工作与活动，提升我国在国际非遗文化传承领域的地位与影响力。

5.构建多元共治格局

非遗文化传承与高校美育实践涉及多个领域与部门，需要构建多元共治的格局以实现资源的有效整合与利用。政府应发挥主导作用，建立跨部门协调机制，统筹规划与推进非遗文化传承与高校美育实践工作。同时，要积极引导社会组织、企业以及个人等多元主体参与非遗文化传承与高校美育实践工作，形成政府主导、社会参与、市场运作的多元共治格局。

综上所述，加强制度保障与政策支持是推动非遗文化传承与高校美育实践深度融合的重要途径。通过完善法律法规体系、加大财政投入力度、建立人才培养机制、加强国际交流与合作以及构建多元共治格局等措施的实施，可以为非遗文化与高校美育的深度融合提供坚实的支撑与保障。

四、其他潜在挑战与困境的识别与应对

（一）潜在挑战与困境的预测与识别

在非遗文化传承与高校美育实践的融合过程中，尽管已经识别并应对了多重挑战，但仍存在一些潜在的挑战与困境，需要预先进行预测与识别，以便及时制订应对策略。本节将对这些潜在挑战与困境进行深入分析，以期为非遗文化与高校美育的深度融合提供前瞻性思考。

1.文化认同与传承意识的缺失

随着全球化进程的加速，年轻一代对于传统文化的认同感和传承意识逐渐减弱，这可能导致非遗文化传承在高校美育实践中遭遇冷遇。学生们可能更倾向于接受现代、流行的文化元素，而忽视对非遗文化的深入了解与传承。这种文化认同与传承意识的缺失，将成为非遗文化传承在高校美育实践中的一大潜在挑战。

2.教育体制与课程设置的局限

当前的教育体制和课程设置可能无法满足非遗文化传承与高校美育实践深度融合的需求。一方面，传统的教学方法和评价体系可能难以适应非遗文化的多样性和活态性；另一方面，高校美育课程可能缺乏针对非遗文化传承的系统设计，导致非遗元素在高校美育实践中无法得到充分体现。这种教育

体制与课程设置的局限，将制约非遗文化传承在高校美育实践中的深入发展。

3.非遗资源保护与开发的矛盾

非遗资源的保护与开发往往存在矛盾。一方面，保护非遗资源需要投入大量的人力、物力和财力，以确保其真实性、完整性和传承性；另一方面，开发非遗资源以促进其与高校美育实践的融合，又可能对非遗资源的原始状态造成破坏。如何在保护与开发之间找到平衡点，将成为非遗文化传承在高校美育实践中需要面对的一大难题。

4.跨学科研究与合作的不足

非遗文化传承与高校美育实践的融合涉及多个学科领域，如艺术学、历史学、社会学等。然而，当前跨学科研究与合作的不足可能制约非遗文化传承在高校美育实践中的创新发展。不同学科之间的隔阂与壁垒可能导致研究视角的局限和合作效率的低下，从而影响非遗文化与高校美育的深度融合。

5.社会环境与市场机制的冲击

社会环境与市场机制的变化也可能对非遗文化传承在高校美育实践中造成冲击。一方面，社会环境的快速变化可能导致非遗文化与现代生活方式的脱节，使其难以在高校美育实践中找到切入点；另一方面，市场机制对于非遗文化的商业化运作可能削弱其文化内涵和精神价值，从而影响其在高校美育实践中的教育效果。

（二）制订应对策略与方案

在非遗文化传承与高校美育实践的融合过程中，识别潜在挑战与困境之后，制定全面且富有针对性的应对策略与方案至关重要。这些策略与方案不仅应着眼于当前的具体问题，还应具备前瞻性和创新性，以应对未来可能出现的新挑战。

1.深化非遗文化认知，提升美育实践内涵

针对非遗文化传承在高校美育中可能面临的文化差异与认知障碍，首要任务是深化师生对非遗文化的认知。通过组织专题讲座、研讨会和实地考察等活动，让师生亲身体验非遗文化的魅力，从而增强文化认同感和传承意识。同时，将非遗文化元素有机融入美育课程体系，提升美育实践的内涵和深度，使学生在接受艺术教育的同时，自然而然地成为非遗文化的传承者和弘扬者。

2.强化资源整合，优化利用机制

针对非遗文化传承中资源整合与利用不足的问题，高校应加强与地方政府、非遗保护机构以及民间艺人的合作与交流。通过建立资源共享平台、设立非遗文化传承基金等方式，汇聚各方力量和资源，共同推动非遗文化传承在高校美育中的发展。同时，优化资源利用机制，确保各项资源能够得到有效配置和高效利用，避免资源浪费和重复建设。

3.完善制度保障，加大政策支持力度

非遗文化传承在高校美育中的持续发展离不开制度保障和政策支持。高校应建立健全非遗文化传承与美育实践相融合的制度体系，包括课程设置、师资培养、实践基地建设等方面。同时，积极争取政府和相关部门的政策支持，如设立非遗文化传承专项资金、制定优惠扶持政策等，为非遗文化传承在高校美育中的发展提供有力保障。

4.创新传承方式，激发非遗文化活力

面对现代社会的快速发展和年轻一代审美需求的变化，非遗文化传承方式需要不断创新。高校应鼓励师生运用现代科技手段和艺术形式对非遗文化进行创新性转化和发展。例如，利用数字技术对非遗技艺进行记录和传播；将非遗元素与现代艺术设计相结合，创作出具有时代特色的艺术作品；开展非遗文化主题的美育实践活动等。这些创新性的传承方式不仅能够激发非遗文化的活力，还能够吸引更多年轻人关注和参与非遗文化传承。

5.建立评估反馈机制，持续优化改进

为确保非遗文化传承在高校美育中的质量和效果，应建立评估反馈机制。定期对非遗文化传承与美育实践融合的情况进行评估和审查，收集师生和社会的反馈意见和建议，及时发现问题并进行改进。同时，将评估结果作为优化非遗文化传承与美育实践融合策略的重要依据，确保各项工作能够持续、稳定地推进。

综上所述，制定针对非遗文化传承在高校美育中面临的挑战与困境的应对策略与方案是一项系统工程。需要从深化认知、强化资源整合、完善制度保障、创新传承方式以及建立评估反馈机制等多个方面入手，形成全方位、多层次的应对策略体系。只有这样，才能确保非遗文化传承在高校美育中得以有效实施和持续发展。

（三）建立持续监测与评估机制

在非遗文化传承与高校美育实践的融合过程中，建立持续监测与评估机制是确保非遗文化得到有效传承和美育实践不断优化的关键环节。该机制不仅需要对非遗文化传承的现状和美育实践的效果进行定期评估，还需要根据评估结果及时调整和完善传承与实践策略，以确保非遗文化传承在高校美育中的持续发展。

1.构建多维度评估指标体系

为确保持续监测与评估的准确性和全面性，首先应构建多维度的评估指标体系。该体系应包括非遗文化传承的广度与深度、美育实践的效果与质量、学生的参与度与反馈、教师的能力与投入以及社会影响与评价等方面。每个方面都应细化为具体的评估指标，并赋予相应的权重，以便进行综合评估。通过构建多维度评估指标体系，可以全面反映非遗文化传承在高校美育中的实际情况，为后续的监测与评估提供科学依据。

2.定期实施评估与监测

在构建完评估指标体系后，应定期实施评估与监测。评估可以采用问卷调查、实地考察、专家评审等方式进行。通过收集相关数据和信息，对非遗文化传承与美育实践的各个方面进行深入分析，找出存在的问题和不足之处。监测则应重点关注非遗文化传承的动态变化和美育实践的发展趋势，以及时发现潜在的问题和挑战。通过定期实施评估与监测，可以及时了解非遗文化传承与美育实践的实际情况，为后续的改进和优化提供有力支持。

3.及时反馈与调整策略

评估与监测的结果应及时反馈给相关部门和人员，以便及时调整和完善非遗文化传承与美育实践的策略。对于评估中发现的问题和不足之处，应深入分析原因，并提出针对性的改进措施。同时，根据监测结果预测非遗文化传承与美育实践的发展趋势，并制定相应的应对策略。通过及时反馈与调整策略，可以确保非遗文化传承在高校美育中始终保持正确的发展方向和持续的发展动力。

4.建立激励与约束机制

为确保持续监测与评估机制的有效实施，还应建立相应的激励与约束机制。对于在非遗文化传承与美育实践中表现突出的个人和团队，应给予表彰和奖励，以激发其积极性和创造性。同时，对于评估结果不佳或存在严重问题的个人和团队，应采取相应的约束措施，如责令整改、减少资金支持等，以促使其重视并改进非遗文化传承与美育实践工作。通过建立激励与约束机制，可以增强持续监测与评估机制的权威性和有效性。

5.强化跨部门协作与信息共享

非遗文化传承与高校美育实践涉及多个部门和领域，因此强化跨部门协作与信息共享是建立持续监测与评估机制的重要保障。各部门应建立定期沟通机制，共同制定非遗文化传承与美育实践的发展规划和实施方案。同时，应加强信息共享，及时传递非遗文化传承与美育实践的相关数据和信息，以便各部门全面了解非遗文化传承在高校美育中的实际情况和发展动态。通过强化跨部门协作与信息共享，可以形成合力推动非遗文化传承在高校美育中的持续发展。

第二节　推动非遗文化传承与高校美育深度融合的对策与建议

一、加强顶层设计与战略规划的具体措施

（一）制定长远目标与规划蓝图

在推动非遗文化传承与高校美育深度融合的进程中，制定长远目标与规划蓝图是至关重要的第一步。这一步骤不仅为整个融合过程提供了明确的方向指引，也为后续的实践和策略实施奠定了坚实的基础。

1.明确非遗文化传承与高校美育融合的长远愿景

首先，我们需要明确非遗文化传承与高校美育融合的长远愿景。这一愿景应该包括非遗文化在高校中的广泛传播、学生对非遗文化的深度认同与积极传承、非遗文化与美育实践的有机结合以及非遗文化在创新中得到新的生命力等方面。通过明确这一愿景，我们可以为整个融合过程设定一个高远而又切实可行的目标。

2.制定阶段性的目标与规划

在明确长远愿景的基础上，我们需要进一步制定阶段性的目标与规划。这些目标与规划应该围绕非遗文化传承与高校美育融合的不同方面和层次展开，包括非遗文化的普及与推广、非遗技艺的传承与提升、非遗文化与美育课程的整合与创新、非遗文化在校园文化建设中的作用等。每个阶段的目标都应该具体、明确，并配有相应的时间表和实施方案。

3.构建全面的规划蓝图

有了长远愿景和阶段性目标之后，我们需要构建一个全面的规划蓝图。这个蓝图应该涵盖非遗文化传承与高校美育融合的各个方面，包括组织架构、人员配置、资源整合、课程设置、实践活动、评估反馈等。在这个蓝图中，我们需要明确各个部门和人员的职责与任务分工，建立有效的协调与沟

通机制，确保整个融合过程的顺利进行。

4.注重策略性与可操作性的平衡

在制定长远目标与规划蓝图的过程中，我们需要注重策略性与可操作性的平衡。一方面，我们要从战略的高度出发，思考如何通过非遗文化传承与高校美育融合来推动非遗文化的传承与创新，提升高校美育的质量和水平；另一方面，我们也要关注具体的实施细节，确保每一个目标和规划都能够落地生根，转化为实际的行动和成果。

5.持续调整与优化规划蓝图

最后，我们需要认识到非遗文化传承与高校美育融合是一个长期而复杂的过程，需要持续调整与优化规划蓝图。在实施过程中，我们可能会遇到各种预料之外的情况和挑战，这时就需要我们根据实际情况及时调整目标和规划，确保整个融合过程能够始终沿着正确的方向前进。

（二）明确各部门职责与任务分工

在推动非遗文化传承与高校美育深度融合的过程中，明确各部门的职责与任务分工至关重要。这不仅有助于提高工作效率，还能确保各项措施得到有效实施，进而促进非遗文化在高校中的广泛传播和深入发展。

1.教育部门的职责

教育部门在非遗文化传承与高校美育融合中扮演着关键角色。其主要职责包括：制定相关政策和规划，为非遗文化在高校中的传承提供制度保障；指导和监督高校开设非遗文化相关课程，确保课程质量和教学效果；组织开展非遗文化研究和学术交流活动，推动非遗文化的创新发展；以及评估非遗文化传承与高校美育融合的成果，为进一步优化工作提供依据。

2.文化部门的职责

文化部门在非遗文化传承方面拥有丰富资源和专业优势。其主要职责是：深入挖掘和整理非遗文化资源，为高校美育提供丰富的教学素材；组织非遗文化传承人进校园活动，让学生近距离感受非遗文化的魅力；协助高校建立非遗文化传承基地和工作室，为非遗文化的传承和创新提供平台支持；

以及加强与教育部门的沟通协作，共同推动非遗文化与高校美育的深度融合。

3.高校内部的职责分工

在高校内部，需要明确各相关部门的职责分工。教务部门负责非遗文化相关课程的设置、教学安排和质量监控；学生工作部门负责组织非遗文化传承相关的学生社团和活动，激发学生的参与热情；科研部门则负责非遗文化的研究工作，包括项目申报、成果转化等；宣传部门负责非遗文化的校园推广和对外宣传，提升非遗文化的影响力和美誉度。

4.跨学科合作与资源整合

非遗文化传承与高校美育融合需要跨学科的合作与资源整合。因此，建议高校成立专门的非遗文化传承与美育融合工作领导小组，由分管校领导担任组长，各相关部门负责人为成员。领导小组负责统筹协调各部门工作，推动跨学科合作和资源整合，确保非遗文化传承与高校美育融合工作的顺利进行。

5.明确职责分工的意义与价值

明确各部门职责与任务分工对于推动非遗文化传承与高校美育深度融合具有重要意义和价值。一方面，它可以确保各项工作有序进行，避免出现推诿扯皮的现象；另一方面，它有助于发挥各部门的专业优势和资源优势，形成工作合力，提升非遗文化传承与高校美育融合的效果和质量。

（三）建立有效的协调与沟通机制

在推动非遗文化传承与高校美育深度融合的过程中，建立有效的协调与沟通机制至关重要。这一机制能够确保各方之间的顺畅交流，促进资源共享，协同解决问题，从而推动非遗文化传承与高校美育的深度融合和持续发展。

1.构建多层次的协调体系

为了建立有效的协调机制，需要构建一个多层次的协调体系。这个体系应包括校级领导层、各相关部门以及具体的执行团队。校级领导层负责整体战略规划和重大决策，各相关部门则根据各自的职责和任务分工，负责具体工作的协调与推进。执行团队则是由各领域的专家和实践者组成，负责具体项目的实施和效果的评估。

在这个协调体系中，各层级之间应保持密切的沟通与联系，确保信息的及时传递和问题的有效解决。同时，还应建立定期的工作汇报和反馈机制，以便校级领导层能够全面掌握工作进展，及时调整战略方向。

2.建立信息共享与交流平台

为了加强各方之间的沟通与协作，需要建立一个信息共享与交流平台。这个平台可以是线上的，也可以是线下的，或者是线上线下的结合。通过这个平台，各方可以及时分享最新的非遗文化资源和高校美育实践成果，交流工作经验和心得体会，共同探讨非遗文化传承与高校美育融合的新模式和新路径。

同时，这个平台还可以作为非遗文化传承人与高校师生之间的桥梁和纽带，促进他们之间的深度交流与合作。通过线上线下的互动与交流，非遗文化传承人可以更好地了解高校美育的需求和特点，高校师生也可以更深入地了解非遗文化的内涵和价值。

3.制定灵活多样的沟通策略

在建立协调与沟通机制的过程中，还需要制定灵活多样的沟通策略。这些策略应根据不同的沟通对象和沟通目的来制定，以确保沟通的有效性和针对性。

例如，对于校级领导层与各相关部门之间的沟通，可以采用定期的工作会议、座谈会等形式；对于各相关部门之间的沟通，可以采用工作联络函、电子邮件等形式；对于执行团队内部的沟通，则可以采用项目讨论会、工作坊等形式。此外，还可以根据需要采用非正式的沟通方式，如茶话会、联谊活动等，以增进彼此之间的了解和信任。

4.强化机制执行与效果评估

为了确保协调与沟通机制的有效执行和持续改进，需要强化机制执行与效果评估。具体来说，就是要建立一套完善的执行和监督机制，明确各方的职责和任务分工，确保各项工作能够按照既定的计划和要求推进。同时，还要建立一套科学的效果评估体系，对非遗文化传承与高校美育融合的成果进行定期评估和总结，以便及时发现问题并进行改进。

在评估过程中，应注重量化指标与质性评价的结合，既要关注非遗文化传承与高校美育融合的数量和规模等量化指标的变化情况，也要关注非遗文化传承的深度和广度、高校师生的参与度和满意度等质性评价方面的内容。通过全面、客观的评估结果来指导后续工作的改进和优化。

二、完善非遗文化传承人的培养机制与激励机制

（一）加大传承人的选拔与培养力度

在非遗文化传承与高校美育深度融合的进程中，传承人的角色至关重要。他们不仅是非遗文化的承载者，更是高校美育实践中的关键力量。因此，加大传承人的选拔与培养力度，对于推动非遗文化传承与高校美育的深度融合具有举足轻重的意义。

1.传承人选拔的重要性与标准

传承人的选拔是非遗文化传承的基石。只有选拔出真正具备非遗技艺和传承精神的传承人，才能确保非遗文化的纯正性和持续性。在选拔标准上，应注重技艺水平、传承意愿、教育能力等多方面的考量。技艺水平是传承人选拔的基础，只有具备高超技艺的传承人才能胜任非遗文化的传承工作；传承意愿则体现了传承人对非遗文化的热爱和责任心；教育能力则是传承人将非遗文化传授给高校学生的关键。

2.多元化培养策略与实践路径

在培养传承人方面，应采取多元化的培养策略和实践路径。首先，通过举办非遗技艺培训班、研讨会等活动，可以为传承人提供学习和交流的平台，帮助他们提高技艺水平和教育能力。其次，鼓励传承人参与高校美育课程建设和教学活动，让他们在实践中积累教育经验，提升传承效果。最后，还可以组织传承人开展非遗文化进校园、社区等活动，扩大非遗文化的影响力，激发更多人对非遗文化的兴趣。

3.高校与传承人的紧密合作机制

高校在非遗文化传承中扮演着重要角色。为了加强高校与传承人之间的紧密合作，应建立长效的合作机制。高校可以为传承人提供研究平台、教育资源等支持，帮助他们更好地开展传承工作。同时，传承人也可以为高校提供丰富的非遗文化资源和实践经验，促进高校美育课程的创新与发展。此外，双方还可以共同开展非遗文化研究项目、举办非遗文化展览等活动，推动非遗文化传承与高校美育的深度融合。

4.政策保障与激励机制

为了加大传承人的选拔与培养力度，还需要建立完善的政策保障和激励机制。政府应出台相关政策，为传承人提供经济补贴、荣誉奖励等支持措施，激发他们的积极性和创造力。同时，高校也应建立相应的激励机制，如设立非遗文化传承人岗位、提供研究经费和学术资源等，鼓励更多优秀的传承人参与到高校美育实践中来。

5.持续评估与动态管理

为了确保传承人选拔与培养工作的有效性，还需要建立持续评估与动态管理机制。通过对传承人的技艺水平、传承效果、教育能力等方面进行定期评估，及时发现问题并采取改进措施。同时，根据评估结果对传承人进行动态管理，优胜劣汰，保持传承队伍的活力和纯洁性。

（二）建立健全传承人激励机制与体系

在推动非遗文化传承与高校美育深度融合的过程中，建立健全传承人激励机制与体系至关重要。这一机制旨在通过合理的激励措施，激发传承人的积极性和创造力，进而促进非遗文化的有效传承和高校美育的创新发展。

1.传承人激励的重要性

传承人是非遗文化的活态载体，他们的技艺、知识和经验是非遗文化传承的核心要素。然而，在现实生活中，许多传承人面临着经济压力、社会认可度低等问题，这些问题严重影响了他们的传承积极性和效果。因此，建立健全传承人激励机制与体系，对于保护和激发传承人的传承热情，促进非遗文化的可持续发展具有重要意义。

2.激励机制的构建原则

在构建传承人激励机制时，应遵循以下原则：一是公平性原则，确保所有传承人都能获得与其贡献相匹配的激励；二是差异性原则，根据传承人的不同技艺水平和贡献程度，给予相应的激励；三是可持续性原则，激励机制应长期有效，能够持续激发传承人的积极性；四是可操作性原则，激励机制应具有可操作性，便于实施和管理。

3.多元化的激励措施

为了有效激励传承人，应采取多元化的激励措施。首先，经济激励是基础，通过提高传承人的经济待遇，减轻他们的生活压力，使他们能够更专注于非遗文化的传承工作。其次，社会荣誉激励也很重要，通过授予传承人荣誉称号、举办传承人技艺展示活动等方式，提高他们的社会认可度和影响力。再次，还可以提供培训和学习机会，帮助传承人提升技艺水平和教育能力，实现自我价值的提升。最后，情感激励也不可忽视，通过关心传承人的生活和工作状况，增强他们的归属感和使命感。

4.激励体系的完善与实施

为了确保激励机制的有效实施，还需要完善相关的激励体系。首先，应建立科学的评估机制，对传承人的技艺水平、传承效果等进行全面评估，为激励措施的实施提供依据。其次，应建立公开透明的激励机制，确保激励措施的公平性和公正性。再次，还需要建立动态调整机制，根据传承人的实际情况和非遗文化传承的需要，适时调整激励措施和力度。最后，应建立有效的监督机制，对激励机制的实施过程进行监督和管理，确保激励措施的有效落实。

5.与高校美育实践的深度融合

在建立健全传承人激励机制与体系的过程中，还应注重与高校美育实践的深度融合。高校作为非遗文化传承的重要阵地，应为传承人提供展示技艺、传授知识的平台。同时，高校还可以通过开设非遗文化课程、举办非遗文化讲座等方式，提高学生对非遗文化的认知度和兴趣度。此外，高校还可以与传承人合作开展非遗文化研究项目、共同举办非遗文化展览等活动，推动非遗文化传承与高校美育的深度融合和发展。

（三）提升传承人在高校美育中的地位与影响力

在非遗文化传承与高校美育的融合过程中，传承人作为非遗文化的直接传递者和守护者，其地位与影响力的提升，对于促进非遗文化的有效传承和高校美育的深入发展具有举足轻重的作用。因此，必须采取有效措施，提升传承人在高校美育中的地位与影响力，以确保非遗文化传承的连续性和高校美育的创新性。

1.明确传承人在高校美育中的角色定位

首先，要明确传承人在高校美育中的角色定位。传承人不仅是非遗技艺的持有者，更是高校美育实践中的重要参与者和指导者。他们应该将自身的技艺、知识和经验，通过教学活动、讲座、展览等形式，传递给高校学生，引导他们深入了解非遗文化的内涵和价值，从而提升其审美素养和文化传承能力。因此，高校应充分认识到传承人在美育实践中的重要作用，给予他们相应的地位和尊重。

2.增强传承人与高校师生的互动与交流

为了提升传承人在高校美育中的地位与影响力，应增强传承人与高校师生之间的互动与交流。高校可以定期邀请传承人走进校园，与学生进行面对面的交流与互动，让他们亲身体验非遗技艺的魅力，激发他们对非遗文化的兴趣和热爱。同时，也可以鼓励传承人参与到高校美育课程的建设与改革中来，根据他们的建议和经验，完善美育课程体系，使之更加符合非遗文化传承的需要。

3.建立传承人在高校美育中的评价机制

建立传承人在高校美育中的评价机制，是提升他们地位与影响力的重要保障。这一评价机制应包括传承人的技艺水平、教学效果、社会影响力等多个方面。通过科学的评价标准和公正的评价过程，对传承人在高校美育中的贡献进行客观评价，并根据评价结果给予相应的荣誉和奖励。这样不仅可以激励传承人更加积极地参与到高校美育实践中来，还可以提升他们在社会上的知名度和影响力。

4.创新传承人在高校美育中的展示方式

创新传承人在高校美育中的展示方式，也是提升他们地位与影响力的重要途径。高校可以利用现代信息技术手段，如虚拟现实、增强现实等，为传承人搭建数字化展示平台，将他们的技艺、作品和故事以更加生动、形象的方式呈现出来。这不仅可以吸引更多学生的注意力，增强他们对非遗文化的感知和理解，还可以拓宽传承人的受众范围，提升他们的社会影响力。

5.加强传承人在高校美育中的培训与学习

为了不断提升传承人在高校美育中的地位与影响力，还应加强对他们的培训与学习。高校可以定期组织传承人参加非遗技艺研修班、教育教学培训班等活动，帮助他们提高技艺水平和教育教学能力。同时，也可以鼓励传承人积极参与到非遗文化研究和学术交流中来，通过与其他领域专家的交流与合作，可以拓宽视野，提升综合素养。

三、创新非遗文化与美育的结合模式与实践路径

（一）探索多元化的结合模式与实践路径

在推动非遗文化传承与高校美育深度融合的过程中，探索多元化的结合模式与实践路径是至关重要的。这不仅有助于激发非遗文化的内在活力，还能为高校美育注入新的内容和形式，实现双方的互补与共赢。为此，我们需要打破传统思维的束缚，以开放和创新的姿态去探索和实践。

1.课程融合模式的探索

非遗文化与高校美育课程的融合是最直接也最有效的结合模式之一。高校可以根据自身的学科特点和资源优势，将非遗文化元素融入美育课程中，如美术鉴赏、音乐欣赏、舞蹈艺术等。通过在课堂上引入非遗技艺、作品和故事，让学生在学习和欣赏中感受非遗文化的魅力，提升对传统文化的认知和认同感。此外，还可以开设专门的非遗文化传承课程，邀请非遗传承人走进课堂，亲自传授技艺和经验，让学生在亲身体验中深入了解非遗文化的内

涵和价值。

2.实践体验模式的创新

除了课程融合外，实践体验也是非遗文化与高校美育结合的重要途径。高校可以组织学生参与非遗技艺的学习和制作活动，如剪纸、刺绣、泥塑等。通过亲身实践，学生不仅能够掌握一定的非遗技艺，还能在动手制作的过程中感受非遗文化的独特魅力和创作乐趣。此外，高校还可以与非遗传承机构或民间艺人合作，建立非遗文化传承实践基地，为学生提供更加广阔的实践平台。通过实地考察、学习和交流，学生可以更加深入地了解非遗文化的传承现状和发展动态，增强对传统文化的敬畏之心和传承意识。

3.校园文化活动的丰富

校园文化活动是非遗文化与高校美育结合的又一重要载体。高校可以通过举办非遗文化艺术节、展览、演出等活动，营造浓厚的非遗文化氛围。这些活动不仅可以展示非遗文化的丰富多样和艺术魅力，还能吸引更多学生参与其中，加深对非遗文化的了解和喜爱。此外，高校还可以鼓励和支持学生自发组织非遗文化相关的社团活动，如非遗技艺传承社、民俗文化研究社等。通过社团活动的开展，学生可以更加自主地学习和传播非遗文化，形成积极向上的校园文化传承氛围。

4.科研与创新的推动

科研与创新是推动非遗文化与高校美育深度融合的重要力量。高校可以组织专家学者对非遗文化进行深入研究和挖掘，探索其在现代社会中的传承与发展路径。同时，还可以鼓励师生开展非遗文化相关的课题研究、艺术创作和产品设计等创新实践活动。这些科研成果和创新作品不仅可以为非遗文化的传承与发展提供理论支持和实践经验，还能为高校美育注入新的内容和形式，推动双方的共同发展和进步。

5.国际交流与合作的拓展

在全球化背景下，拓展国际交流与合作也是推动非遗文化与高校美育深度融合的重要途径。高校可以积极参与国际非遗文化交流活动，如组织师生赴国外学习考察、参加国际非遗文化论坛等。通过与国际同行的交流与合作，可以借鉴国外非遗文化传承与美育的先进经验和做法，拓宽自身的视野和思路。同时，还可以将我国的非遗文化推向国际舞台，展示其独特魅力和价值所在，增强文化自信心和国际影响力。

综上所述，探索多元化的结合模式与实践路径是推动非遗文化传承与高校美育深度融合的关键所在。通过课程融合、实践体验、校园文化活动、科研创新以及国际交流与合作等途径的探索与实践，我们可以为非遗文化的传承与发展注入新的活力和动力，同时也为高校美育的发展提供新的内容和形式选择。

（二）注重理论与实践的相结合，持续推进创新发展

在推动非遗文化传承与高校美育深度融合的过程中，注重理论与实践的相结合至关重要。这种结合不仅有助于提升非遗文化传承的实效性，还能促进高校美育的创新发展。理论与实践的相互滋养，将为非遗文化与美育的融合注入新的活力。

1.理论指导实践，确保非遗文化传承的正确方向

理论是实践的先导，为非遗文化传承提供科学的指导。高校作为理论研究的重镇，拥有丰富的学术资源和研究力量。通过深入研究非遗文化的历史渊源、艺术特征和社会价值，可以为非遗文化传承提供坚实的理论支撑。这些理论成果可以指导实践活动的开展，确保非遗文化传承的正确方向。

例如，针对某一具体非遗项目，高校可以组织专家学者进行深入研究，挖掘其历史内涵和文化价值。同时，结合现代审美理念和教育方法，将这些理论成果转化为适合高校美育实践的教学内容和方法。这样一来，非遗文化传承不仅能保持其原汁原味，还能与时俱进，满足现代社会的审美需求和教育要求。

2.实践丰富理论，推动高校美育的创新发展

实践是理论的源泉，学生通过参加非遗文化传承的实践活动，可以不断丰富和发展相关理论。高校美育实践是检验非遗文化传承理论的重要场所。通过将非遗文化融入课堂教学、社团活动、艺术展览等实践活动中，可以让

学生亲身感受非遗文化的魅力，增强对非遗文化的认同感和自豪感。

同时，这些实践活动还能为理论研究提供鲜活的案例和数据支持。通过对实践活动的总结和分析，可以发现非遗文化传承中存在的问题和不足，进而提出改进和完善的建议。这些实践经验反过来又可以推动相关理论的发展和创新，形成良性循环。

例如，在高校美育实践中，可以通过组织非遗文化主题的艺术展览、演出和比赛等活动，激发学生的创造力和想象力。这些活动不仅可以展示非遗文化的独特魅力，还能为非遗文化的传承和发展注入新的活力。同时，通过对这些活动的总结和反思，可以为非遗文化传承的理论研究提供有益的参考和借鉴。

3.持续推进创新发展，实现非遗文化与高校美育的深度融合

在注重理论与实践相结合的基础上，还需要持续推进创新发展。非遗文化与高校美育的深度融合是一个动态的过程，需要不断适应时代的发展和社会的变化。通过创新结合模式、拓展实践路径、优化教育方法等手段，可以实现非遗文化与高校美育的深度融合和持续发展。

例如，可以探索将非遗文化与现代教育技术相结合的新模式。利用数字化技术、虚拟现实技术等现代科技手段，可以打造非遗文化的数字化资源库和在线学习平台。这些资源不仅可以为高校美育提供丰富的教学素材和学习资源，还可以为社会公众提供便捷的非遗文化体验和学习途径。同时，通过与国际非遗组织、艺术机构等开展交流与合作，可以引进国际先进的非遗文化传承理念和经验，推动我国非遗文化与高校美育的融合发展走向国际化。

四、强化政策支持、资源整合与多方协同的具体举措

（一）争取更多政策支持与资源投入力度

在推动非遗文化传承与高校美育深度融合的进程中，争取更多政策支持与资源投入力度显得尤为重要。这不仅关乎非遗文化的传承效果，更直接影响高校美育实践的质量与深度。因此，本节将从政策支持和资源投入两个方面，深入探讨如何为非遗文化与高校美育的融合提供有力保障。

1.政策支持的必要性及其实现途径

政策支持对于非遗文化传承和高校美育实践具有不可替代的引领作用。通过制定和实施相关政策，政府可以为非遗文化的传承提供法律保障、资金扶持和人才培养等方面的支持。具体而言，政策支持的实现途径包括：

（1）立法保障

通过制定相关法律法规，明确非遗文化的法律地位和保护措施，为非遗文化传承提供坚实的法律基础。例如，可以出台专门针对非遗文化传承的法律，规定传承人的权利和义务，以及非遗文化的保护标准和程序等。

（2）财政扶持

政府可以通过设立非遗文化传承专项资金，用于支持非遗文化的挖掘、整理、研究和传播等工作。同时，还可以对从事非遗文化传承的机构和个人给予税收减免、资金补贴等优惠政策，鼓励更多的社会力量参与到非遗文化传承中来。

（3）人才培养

政府可以制定非遗文化传承人才培养计划，通过设立奖学金、助学金等方式，鼓励和支持高校、研究机构等开设非遗文化传承相关专业和课程，培养更多的非遗文化传承人才。此外，还可以建立非遗文化传承人才评价和激励机制，对在非遗文化传承方面做出突出贡献的个人和机构给予表彰和奖励。

2.资源投入的重要性及其优化配置

资源投入是非遗文化传承和高校美育实践得以顺利进行的物质基础。无论是非遗文化的挖掘、整理、研究还是高校美育课程的开发、实施和评价，都需要充足的资源支持。因此，优化资源配置，提高资源使用效率显得尤为重要。具体而言，资源投入的优化配置可以从以下几个方面入手：

（1）资金投入

高校和教育部门应加大对非遗文化传承和美育实践的资金投入力度，确保各项工作的顺利开展。同时，还可以通过社会捐赠、企业赞助等方式拓宽资金来源渠道，形成多元化的资金投入机制。

（2）物质资源保障

高校应建立完善的非遗文化传承和美育实践物质资源保障体系，包括建设非遗文化展览馆、设立非遗文化传承工作室、配备必要的教学设备和器材等。这些物质资源不仅可以为非遗文化的传承提供必要的场所和条件，还可以为高校美育实践提供丰富的教学资源和实践平台。

（3）人力资源开发

高校应注重非遗文化传承和美育实践人力资源的开发和利用。一方面，可以邀请非遗文化传承人、民间艺人等进校园开展讲座、表演等活动，让学生亲身感受非遗文化的魅力；另一方面，也可以组织教师参加非遗文化传承和美育实践相关的培训和学习活动，提高教师的专业素养和实践能力。

（二）加强校内外资源整合与共享机制建设

在推动非遗文化传承与高校美育深度融合的过程中，加强校内外资源整合与共享机制建设是至关重要的一环。通过有效地整合和利用各种资源，可以打破校内外资源之间的壁垒，实现优势互补，从而推动非遗文化传承与高校美育的深度融合。

1.校内外资源整合的重要性

非遗文化传承与高校美育的深度融合需要依托丰富的资源支撑。然而，当前高校在非遗文化传承方面往往面临着资源分散、利用率低等问题。因此，加强校内外资源整合显得尤为重要。通过整合校内外的非遗文化资源、教育资源、研究资源等，可以形成合力，提升非遗文化传承与高校美育实践的效果。

2.校内外资源共享机制建设的策略

（1）建立非遗文化资源库：高校可以联合地方政府、文化机构等，共同建立非遗文化资源库，将分散在各地的非遗文化资源进行数字化处理和分类存储。这样可以方便师生随时查阅和学习，同时也为非遗文化的传播和研究提供了便利。

（2）构建教育资源共享平台：高校之间可以建立教育资源共享平台，将各自的美育课程、教学资源、实践经验等进行共享。这不仅可以丰富高校美育的教学内容和方法，还可以促进不同高校之间的交流和合作。

（3）加强校企合作：高校可以积极与企业合作，共同开发非遗文化产品和服务。通过企业的市场化和商业化运作，可以将非遗文化更好地推向社会，同时也为高校提供了实践和研究的机会。

（4）推动跨学科研究：非遗文化传承与高校美育的融合涉及多个学科领域。因此，高校可以推动跨学科研究，鼓励不同学科的专家学者共同参与到非遗文化传承与美育实践的研究中来。这样可以打破学科壁垒，促进学术交流和创新。

3.校内外资源整合与共享的实践案例

以某高校为例，该校通过与地方政府合作，建立了非遗文化传承基地。基地内不仅展示了丰富的非遗文化资源和成果，还开设了相关的美育课程和实践活动。同时，该校还积极与其他高校和企业合作，共同开展非遗文化的研究和产品开发。通过这些实践活动，该校成功地将非遗文化传承与高校美育相结合，取得了显著的效果。

4.面临的挑战与对策

当然，在校内外资源整合与共享机制建设的过程中，也会面临一些挑战，如资源权属问题、利益分配问题、管理机制问题等。为了解决这些问题，需要采取以下对策：

（1）明确资源权属和利益分配机制

在整合校内外资源时，需要明确资源的权属和利益分配机制。可以通过签订协议、建立合作机构等方式来明确各方的权利和义务，确保资源的合理利用和共享。

（2）完善管理机制和评价体系

为了保障校内外资源整合与共享机制的有效运行，需要建立完善的管理机制和评价体系。可以设立专门的管理机构来负责资源的整合、共享和监管工作，同时，建立科学的评价体系来评估资源的利用效果和共享成果。

（3）加强宣传和推广工作

为了让更多的人了解和参与到非遗文化传承与高校美育的深度融合中来，需要加强宣传和推广工作。可以通过举办展览、演出、讲座等活动来展示非遗文化的魅力和高校美育的成果，吸引更多的人关注和参与。

（三）推动校内外多方协同与合作共赢发展

在非遗文化传承与高校美育深度融合的进程中，推动校内外多方协同与合作共赢发展是至关重要的一环。这种协同合作不仅有助于打破传统界限，实现资源共享，还能促进非遗文化的创新性发展和高校美育实践质量的提升。本节将从以下几个方面详细阐述如何推动这种协同合作。

1.建立协同合作机制

为推动校内外多方协同合作，首先需要建立起一套行之有效的协同合作机制。这一机制应明确各方职责，确保非遗文化传承机构、高校、企业、政府等各方能够在平等互利的基础上开展合作。同时，该机制还应包括信息共享、资源整合、项目合作、成果共享等方面的具体安排，以确保协同合作的顺利进行。

2.加强高校合作与区域联动

高校之间应加强合作，共同推动非遗文化传承与美育实践的发展。通过校际合作，可以实现资源共享、师资互聘、课程互选等，从而丰富非遗文化传承与美育实践的内容和形式。此外，不同地区的高校还可以结合当地非遗文化特色，开展区域联动，共同打造非遗文化传承与美育实践的品牌活动。

3.深化校企合作与产教融合

高校与企业之间的合作也是推动非遗文化传承与美育实践发展的重要途径。通过校企合作，可以引入市场机制，推动非遗文化的产业化发展。同时，企业可以为高校提供实践基地和资金支持，帮助高校更好地开展非遗文化传承与美育实践活动。此外，产教融合还可以促进非遗文化传承与高校美育课程体系的完善，使非遗文化更好地融入高校教育体系。

4.引导社会参与和公众互动

非遗文化传承与高校美育实践不仅需要高校和企业的参与，还需要广泛的社会支持和公众互动。因此，应积极引导社会各界参与非遗文化传承与美育实践活动，如邀请非遗文化传承人进校园、组织非遗文化体验活动等。同时，还可以利用现代信息技术手段，建立非遗文化传承与美育实践的公众互动平台，吸引更多人关注和参与非遗文化传承与美育实践。

5.构建合作共赢的发展模式

推动校内外多方协同合作的关键在于构建合作共赢的发展模式。这一模式应确保各方在合作中能够获得相应的利益和发展空间，从而形成稳定的合作关系。为此，需要探索多样化的合作方式，如项目合作、基地共建、资源共享等，以实现非遗文化传承与高校美育实践的共赢发展。

第五章　非遗文化传承与高校美育的未来展望

第一节　非遗文化传承与高校美育的发展趋势与前景

一、数字化、智能化技术在非遗文化传承中的应用前景

（一）数字化技术在非遗文化记录与保存中的作用

数字化技术在非遗文化传承中扮演着日益重要的角色。非遗文化，作为人类文明的瑰宝，其传承不仅关乎文化的多样性，更涉及民族记忆与历史脉络的延续。然而，传统的非遗文化保存方式往往受限于物理媒介的自然老化与信息的碎片化，难以抵御时间的侵蚀。在此背景下，数字化技术的介入，为非遗文化的记录与保存提供了全新的解决方案。

数字化技术的核心优势在于其能够高精度地捕捉非遗文化的多维信息，并通过数字格式实现长久存储与广泛传播。例如，高清摄影与录音技术能够真实再现非遗技艺的视觉与听觉效果，使观者仿佛置身于非遗传承人的实际操作之中。三维扫描与建模技术则能够完整记录非遗文物的物理形态与结构特征，为后续的研究与复制提供翔实的数据支持。

此外，数字化技术在非遗文化的记录与保存中还展现出了强大的整合与共享能力。通过构建非遗文化数据库与数字平台，可以将分散在各地的非遗资源整合到一个统一的数字空间中，实现资源的集中管理与高效利用。这不仅极大地方便了研究者与爱好者的查阅与学习，也为非遗文化的国际交流与合作铺平了道路。

数字化技术在非遗文化的记录与保存中还具有显著的可持续性。与传统的物理保存方式相比，数字存储不仅占用空间小、维护成本低，而且能够有效抵御自然灾害与人为破坏的风险。同时，数字格式的易复制性与易传播性也极大地提升了非遗文化的抗风险能力，确保了其在不同时间与空间中的延续与传播。

值得注意的是，数字化技术在非遗文化的记录与保存中也面临着一些挑战与问题。例如，数字格式的统一与标准化问题、数据存储与管理的安全性问题以及数字技术与传统文化的融合问题等都需要在实践中不断探索与解决。然而，这些挑战与问题并不能否定数字化技术在非遗文化传承中的积极作用与价值。相反，它们构成了非遗文化传承在数字化时代的新课题与新任务，推动着非遗文化传承事业的不断进步与发展。

（二）智能化技术在非遗技艺传承与创新中的潜力

在非遗技艺的传承与创新过程中，智能化技术正展现出前所未有的潜力。智能化技术以其高效、精准的特性，正在逐步改变传统非遗技艺的传承方式，为其注入新的活力。

智能化技术在非遗技艺传承方面的潜力主要表现在以下几个方面：首先，通过智能化技术，可以对非遗技艺进行高精度的记录与再现。例如，利用高清影像捕捉技术，能够全方位、多角度地记录非遗技艺的每一个细节，为后续的传承提供翔实的数据支持。此外，智能化技术还可以对这些记录进行智能分析，提取出技艺中的关键信息与特征，为传承者提供更加精准的指导。

其次，智能化技术在非遗技艺的创新方面也发挥着重要作用。借助机器学习、深度学习等算法，智能化技术可以对非遗技艺进行智能模拟与预测，探索出新的创作可能性。这不仅有助于拓宽非遗技艺的创作思路，还可以为其注入新的审美元素，使其更加符合现代人的审美需求。

再次，智能化技术还可以为非遗技艺的传承与创新提供强大的数据支持。通过对非遗技艺相关数据的收集、整理与分析，智能化技术可以揭示出技艺背后的深层次规律与联系，为传承者提供更加深入的理解与认知。这些数据还可以为非遗技艺的传承效果评估提供客观依据，帮助传承者及时调整传承策略与方法。

最后，要充分发挥智能化技术在非遗技艺传承与创新中的潜力，还需要解决一些关键问题。例如，如何确保智能化技术对非遗技艺记录的准确性与完整性？如何平衡智能化技术创新与非遗技艺传统特色的保持？这些问题都需要在实践中进行不断探索与解决。

总的来说，智能化技术在非遗技艺传承与创新中具有巨大的潜力。通过充分发挥其高精度记录、智能分析与数据支持等优势，智能化技术有望为非遗技艺的传承与创新带来新的突破与发展。在未来的非遗文化传承中，智能化技术将发挥越来越重要的作用，为推动非遗文化的繁荣与发展贡献自己的力量。同时，我们也需要关注并解决智能化技术在非遗技艺传承与创新中可能遇到的问题与挑战，确保其能够在尊重非遗文化传统特色的基础上，发挥其应有的作用与价值。

（三）虚拟现实、增强现实技术在非遗文化体验中的应用

在非遗文化传承的语境下，虚拟现实（VR）技术和增强现实（AR）技术以其独特的交互性和沉浸感，为非遗文化的体验带来了革命性的变革。这些技术不仅为非遗文化的展示提供了全新的视角，更为其传承与创新开辟了新的路径。

虚拟现实技术通过构建三维虚拟环境，使用户能够身临其境地体验非遗文化的魅力。例如，在非遗技艺的展示中，虚拟现实技术可以模拟出传统工艺的制作过程，让用户亲自感受技艺的精湛与独特。用户可以在虚拟空间中自由探索，观察每一个制作细节，甚至可以尝试自己动手制作，从而更加深入地理解非遗技艺的内涵与价值。

增强现实技术则通过将虚拟信息叠加到真实世界中，为用户提供了与非遗文化互动的新方式。通过增强现实技术，用户可以在现实环境中看到非遗文化的虚拟展示，如传统的舞蹈、戏剧表演等。这种展示方式不仅保留了非遗文化的原真性，还通过现代科技手段增强了其表现力和感染力。用户可以通过手机或其他设备观看虚拟表演，甚至可以与虚拟角色进行互动，使非遗

文化的体验更加生动有趣。

虚拟现实技术和增强现实技术的应用，不仅丰富了非遗文化的展示方式，还提高了用户的参与度和体验感。这些技术打破了时间和空间的限制，使用户可以随时随地体验非遗文化的魅力。同时，它们也为非遗文化的传承提供了新的思路。通过虚拟现实和增强现实技术，可以将非遗技艺的制作过程、表演形式等以数字化的形式保存下来，供后人学习和研究。这种数字化的传承方式不仅可以减少物理媒介的损耗和丢失风险，还可以使非遗文化的传播更加广泛和便捷。

此外，虚拟现实和增强现实技术还可以为非遗文化的创新提供新的灵感。通过将这些技术与现代艺术、设计等领域相结合，可以创作出具有现代感和科技感的非遗文化作品。这些作品不仅可以吸引更多年轻人的关注和喜爱，还可以为非遗文化的传承注入新的活力和创意。

（四）大数据分析在非遗文化传承效果评估中的价值

在非遗文化传承的过程中，如何准确、全面地评估传承效果，一直是研究者与实践者关注的焦点。随着大数据技术的迅猛发展，其在非遗文化传承效果评估中的应用价值日益凸显。大数据分析以其强大的数据处理能力、精准的分析预测功能，为非遗文化传承效果评估提供了全新的视角和方法。

首先，大数据分析在非遗文化传承效果评估中的首要价值，体现在对海量数据的整合与处理上。非遗文化传承涉及众多方面，包括传承人、传承技艺、传承活动、受众反馈等，这些都会产生大量数据。通过大数据技术，可以对这些数据进行有效整合，建立起非遗文化传承的数据库，为后续的分析评估提供坚实的数据基础。

其次，大数据分析能够揭示非遗文化传承的内在规律与趋势。通过对历史数据的深入挖掘和分析，可以发现非遗文化传承中的关键因素、传承技艺的发展脉络以及受众需求的变化趋势等。这些规律性的认识，对于调整传承策略、优化传承路径具有重要的指导意义。

再次，大数据分析在非遗文化传承效果评估中的预测功能不可忽视。基于对历史数据的分析，大数据可以预测未来一段时间内非遗文化传承的发展趋势和可能遇到的问题。这种预测功能有助于传承者及时采取应对措施，确保非遗文化传承的连续性和稳定性。

最后，大数据分析还能为非遗文化传承效果评估提供客观、量化的指标。传统的评估方法往往依赖于主观判断和定性分析，而大数据分析则可以通过构建评估模型，将非遗文化传承效果量化为具体的指标数值。这种量化评估方法更加客观、准确，有助于提升评估结果的公信力和说服力。

最后，大数据分析在非遗文化传承效果评估中的价值还体现在对传承活动的优化上。通过对传承活动的数据进行分析，可以发现传承过程中的不足之处和改进空间。这些数据反馈有助于传承者调整传承方式、改进传承内容，从而提升非遗文化传承的效果和质量。

二、国际化、本土化在非遗文化传承中的融合发展趋势

（一）国际交流与合作在非遗文化传承中的重要性

在全球化的今天，国际交流与合作在非遗文化传承中扮演着至关重要的角色。非遗文化，作为人类文明的瑰宝，其传承不仅关乎一个国家或民族的文化认同和历史记忆，更是世界文化多样性的重要组成部分。因此，通过国际交流与合作来推动非遗文化的传承，具有深远的意义。

国际交流与合作有助于非遗文化的共享与传播。在全球化的背景下，各国之间的文化交流日益频繁。通过开展国际化的非遗文化展示、艺术节、研讨会等活动，可以让更多的人了解和欣赏不同国家和民族的非遗文化，从而增进相互之间的理解和尊重。这种跨文化的传播不仅能够拓宽非遗文化的影响力，还能够为非遗文化的传承注入新的活力。

国际交流与合作对于非遗技艺的互鉴与创新至关重要。不同国家和民族的非遗技艺各具特色，通过交流与合作，可以相互学习、借鉴对方的经验和技艺，从而丰富和发展自身的非遗文化。这种互鉴与创新不仅能够提升非遗技艺的水平，还能够促进非遗文化的多样性和创新性发展。

国际交流与合作在非遗文化的保护与传承机制建设方面发挥着重要作用。通过国际合作，可以共同研究和制定非遗文化的保护政策、传承机制和

管理模式，从而形成更加完善和有效的保护体系。同时，国际合作还能够促进非遗文化传承人的培养与交流，为非遗文化的传承提供坚实的人才支撑。

此外，国际交流与合作还能够带动非遗文化相关产业的发展。随着非遗文化的国际影响力不断提升，与之相关的文化旅游、文化创意、文化教育等产业也迎来了新的发展机遇。通过国际合作，可以共同开发和推广非遗文化产品和服务，从而拓展非遗文化的市场空间和产业链条，为非遗文化的传承与发展注入更多的经济动力。

（二）本土化特色在非遗文化传承中的保护与弘扬

在非遗文化传承的宏大议题中，本土化特色的保护与弘扬占据着举足轻重的地位。非遗文化，作为民族历史与文明的载体，其最本质的特征便是深深植根于本土土壤之中，蕴含着独特的地域风情和民族韵味。因此，在非遗文化传承的过程中，必须高度重视本土化特色的保护与弘扬，以确保非遗文化的原真性和生命力。

本土化特色是非遗文化的根基和灵魂。每一种非遗文化都是在特定的自然环境和社会历史条件下孕育而成的，它们承载着当地人民的生活方式、价值观念、审美情趣和精神追求。这些独特的本土化特色是非遗文化区别于其他文化的重要标志，也是其吸引力和魅力的源泉。因此，在非遗文化传承中，必须尊重和保护这些本土化特色，防止因过度商业化或外来文化冲击而导致的特色丧失和同质化现象。

弘扬本土化特色有助于增强民族认同和文化自信。非遗文化作为民族文化的重要组成部分，是民族认同和文化自信的重要基础。通过弘扬非遗文化中的本土化特色，可以让人们更加深刻地认识到自己民族文化的独特性和价值，从而增强对民族文化的认同感和自豪感。这种文化自信是推动民族文化传承和发展的重要动力，也是抵御文化同质化和外来文化冲击的坚实屏障。

在非遗文化传承中弘扬本土化特色需要采取多种措施。首先，要加强对非遗文化传承人的培养和支持。传承人是非遗文化传承的主体和关键，他们的技艺和经验是保护和弘扬本土化特色的重要资源。因此，要通过设立传承人制度、提供传承场所和资金支持等措施，为传承人创造良好的传承条件和环境。其次，要注重非遗文化与现代生活的融合创新。非遗文化只有在与现代生活相结合的过程中才能焕发新的生机和活力。因此，要积极探索非遗文化与现代设计、现代科技等领域的融合创新途径，让非遗文化更好地融入现代生活，满足人们的精神文化需求。最后，要加强非遗文化的国际交流与合作。通过国际交流与合作，可以让更多的人了解和欣赏不同国家和民族的非遗文化，从而增进相互之间的理解和尊重。同时，也可以借鉴其他国家和民族在非遗文化传承方面的成功经验和做法，为本土化特色的保护与弘扬提供有益的参考和借鉴。

此外，还需要建立完善的非遗文化保护体系。这个体系应该包括法律法规、政策扶持、资金投入、人才培养等多个方面，以确保非遗文化传承工作的持续性和有效性。同时，还要加强对非遗文化传承工作的监督和评估，及时发现问题和不足，并采取有效措施加以改进和完善。

（三）跨文化融合在非遗文化传承中的创新实践

在全球化的浪潮中，跨文化融合成为非遗文化传承不可忽视的一环。非遗文化，作为人类文明的宝贵遗产，不仅承载着本民族的历史记忆和文化基因，更是世界文化多样性的重要组成部分。因此，跨文化融合在非遗文化传承中的创新实践显得尤为重要。

1.跨文化融合为非遗文化传承注入了新的活力

传统非遗文化在传承过程中往往会遇到各种挑战，如技艺传承的断层、传统与现代审美的脱节等。而跨文化融合则能够将不同文化背景下的创新元素引入非遗文化传承中，为其带来新的发展机遇。例如，在非遗技艺传承中融入现代设计理念，不仅可以提升非遗产品的实用性和审美价值，还能够拓展其市场空间，吸引更多年轻消费者的关注。

2.跨文化融合丰富了非遗文化的内涵与表现形式

非遗文化作为一种活态文化，需要在传承中不断发展与创新。跨文化融合为非遗文化提供了更为广阔的视野和多元的表达方式，使其能够在不同文化的交流互鉴中汲取养分，不断丰富自身的内涵。例如，通过与其他民族艺术形式的结合，可以创作出具有多元文化特色的非遗艺术作品，为观众带来全新的审美体验。

3.在非遗文化传承中实践跨文化融合需要遵循一定的原则

首先，要尊重非遗文化的本真性，确保在跨文化融合中不破坏其核心价值和文化特征。其次，要注重文化交流的平等性，避免文化霸权和文化殖民的现象。最后，要强调创新的可持续性，确保非遗文化在跨文化融合中能够实现长期、稳定的发展。

4.实现跨文化融合的创新实践需要多方面的努力

政府和社会各界应加大对非遗文化传承的支持力度，提供资金、政策等方面的保障。非遗传承人应积极参与跨文化交流活动，学习借鉴其他文化的优秀元素，不断提升自身的技艺水平。高校和研究机构也应加强非遗文化的研究工作，推动非遗文化与现代科技、现代教育的深度融合，为非遗文化的传承与创新提供智力支持。

（四）国际标准化与本土多样性的平衡与发展

在非遗文化传承的语境下，国际标准化与本土多样性的平衡与发展成了一个核心议题。这一议题涉及如何在全球化的大背景下保持非遗文化的独特性，同时又能够使其融入更广泛的国际交流中。

国际标准化对于非遗文化传承具有显著的推动作用。通过制定和实施统一的标准，可以确保非遗技艺在传承过程中的准确性和一致性，进而提升其在国际舞台上的认知度和影响力。然而，过分强调标准化可能会影响到非遗文化的本土多样性。非遗文化的魅力源于其独特的地域特色和民族风情，这是其区别于其他文化的重要标识。如果过度追求标准化，可能会导致非遗文化的同质化，进而丧失其原有的独特性和吸引力。

因此，在非遗文化传承中，必须寻求国际标准化与本土多样性之间的平衡。这一平衡可以通过以下几个方面来实现：首先，建立灵活多样的非遗文化传承体系，允许不同地区和民族根据自身的实际情况制定相应的传承标准和规范。这样可以既保证非遗文化传承的准确性，又能够保持其本土特色。其次，加强国际交流与合作，共同制定非遗文化传承的国际标准。这些标准应该充分考虑不同文化的特点和需求，确保其具有普适性和可操作性。同时，这些标准也应该是开放和动态的，能够随着非遗文化传承的发展而不断调整和完善。

在实现国际标准化与本土多样性平衡的过程中，高校美育实践发挥着重要作用。高校作为非遗文化传承的重要阵地，应该积极探索将非遗文化融入美育实践的有效途径。首先，高校可以通过开设非遗文化相关课程，引导学生了解和欣赏非遗文化的独特魅力，培养其对非遗文化的兴趣和热爱。其次，高校也可以邀请非遗传承人进校园，与学生进行面对面的交流和互动，让学生亲身感受非遗技艺的独特魅力和传承人的精湛技艺。最后，高校还可以通过组织非遗文化主题的艺术展演、学术研讨等活动，搭建起非遗文化传承与国际交流的桥梁。

同时，高校美育实践还应该注重创新。创新是非遗文化传承的重要动力，也是保持其本土多样性的关键。高校应该鼓励师生在非遗文化传承中进行创新实践，探索将传统技艺与现代审美、科技手段等相结合的新途径。这种创新实践不仅可以提升非遗文化的吸引力和竞争力，还可以为其注入新的活力和内涵。

三、跨学科、跨领域在非遗文化传承中的创新趋势分析

（一）艺术学、历史学、社会学等学科的交叉融合

在非遗文化传承的宏大议题中，跨学科的研究与实践显得尤为关键。特别是艺术学、历史学、社会学等学科的交叉融合，为非遗文化的深入挖掘、全面理解和有效传承提供了新的视角和方法。

艺术学在非遗文化传承中发挥着基础性作用。非遗文化中的许多元素，如民间音乐、舞蹈、戏剧、美术等，都是艺术学研究的对象。通过艺术学的专业分析，可以深入探究这些非遗元素的艺术特征、审美价值和文化内涵，为非遗文化的传承提供艺术层面的支撑。此外，艺术学还能从创作和表演的角度，探讨非遗技艺的创新与发展，使传统艺术在现代社会中焕发新的活力。

历史学则为非遗文化传承提供了深厚的历史背景和文化脉络。非遗文化

往往承载着丰富的历史信息，是某个历史时期、某个地域或某个民族的文化记忆。通过历史学的深入研究，可以揭示非遗文化的历史渊源、发展变迁和社会影响，有助于人们更全面、更深刻地理解非遗文化的价值。同时，历史学还能为非遗文化的传承提供历史依据和借鉴，避免在传承过程中出现文化断层或误解。

社会学则从社会结构和文化变迁的角度，审视非遗文化在现代社会中的地位和作用。非遗文化作为一种社会现象，其传承与发展受到社会环境、文化政策、民众需求等多种因素的影响。社会学可以通过对这些因素的深入分析，为非遗文化传承提供社会层面的支持和建议。例如，如何通过社会教育、媒体宣传等途径提高公众对非遗文化的认知度和参与度，如何借助社会力量推动非遗文化的产业化发展等。

当艺术学、历史学、社会学等学科在非遗文化传承中交叉融合时，将产生强大的协同效应。这种融合不仅可以打破学科壁垒，促进学术交流和资源共享，还能为非遗文化传承提供更全面、更深入的理解和支持。例如，在艺术学的研究基础上，结合历史学的文化背景和社会学的社会分析，可以更准确地把握非遗文化的艺术价值、历史意义和社会功能，进而制定出更有效的传承策略和发展规划。

此外，这种跨学科的交叉融合还能为非遗文化传承注入新的活力和创新元素。不同学科的视角和方法相互碰撞、相互激发，有助于发现非遗文化中新的研究点和创新点。例如，艺术学可以从审美的角度对非遗技艺进行再创作和再设计，历史学可以从文献的角度挖掘非遗文化的历史故事和文化内涵，社会学可以从社会的角度探索非遗文化与现代社会生活的结合点和切入点。

（二）教育领域、文化产业、旅游业等领域的协同创新

在非遗文化传承的广阔天地中，教育领域、文化产业和旅游业等领域的协同创新显得尤为重要。这种协同创新不仅能够推动非遗文化的有效传承，还能促进相关领域的持续发展，实现文化与经济的双赢。

教育领域是非遗文化传承的重要阵地。学校作为教育的主要场所，承担

着培养学生非遗文化素养和技艺传承能力的重要任务。通过将非遗文化融入课程体系、开展非遗技艺实践活动、建立非遗文化传承基地等方式，教育领域可以系统地传授非遗知识和技能，从而培养一批批具备专业素养和传承能力的非遗人才。同时，教育领域还可以与文化产业和旅游业等领域进行合作，共同开发非遗文化教育资源，为学生提供更加丰富多样的学习体验和实践机会。

文化产业是非遗文化传承的重要推手。文化产业通过市场化运作，将非遗文化转化为文化产品和服务，满足公众对非遗文化的消费需求，推动非遗文化的传播和普及。在协同创新中，文化产业可以与教育领域合作，共同研发非遗文化教材和教辅产品，打造非遗文化特色课程和品牌活动。同时，文化产业还可以与旅游业等领域进行合作，开发非遗文化旅游线路和产品，将非遗文化与旅游资源相结合，为游客提供更加深入和独特的文化体验。

旅游业是非遗文化传承的重要载体。旅游业通过吸引游客前往非遗文化地区进行游览和体验，促进非遗文化的传播和交流。在协同创新中，旅游业可以与教育领域合作，开展非遗文化研学旅行等活动，让学生在亲身体验中感受非遗文化的魅力。同时，旅游业还可以与文化产业合作，共同打造非遗文化旅游品牌和特色活动，提升旅游的文化内涵和品质。

当教育领域、文化产业和旅游业等领域在非遗文化传承中进行协同创新时，将产生强大的联动效应。这种联动效应可以推动非遗文化在更广泛的领域得到传承和发展，促进相关领域的创新和进步。例如，通过教育领域与文化产业的合作，可以推动非遗文化教材的研发和出版，为非遗文化传承提供更加丰富的教育资源；通过文化产业与旅游业的合作，可以开发非遗文化旅游线路和产品，为游客提供更加独特和深入的文化体验；通过旅游业与教育领域的合作，可以开展非遗文化研学旅行等活动，让学生在亲身体验中感受非遗文化的魅力并培养其传承意识。

此外，这种协同创新还有助于提升非遗文化的社会认知度和影响力。通过多领域的合作和宣传，可以让更多的人了解和关注非遗文化，增强公众对非遗文化的认同感和自豪感。这将为非遗文化的传承和发展创造更加良好的社会环境和氛围。

（三）科技创新在非遗文化传承中的应用与发展

在非遗文化传承的过程中，科技创新一直扮演着重要角色。它不仅为非遗文化的保护、传播和发展提供了有力支持，还为非遗技艺的创新注入了新的活力。科技创新在非遗文化传承中的应用与发展，不仅是一个技术层面的问题，更是一个文化与科技融合的深层次命题。

科技创新在非遗文化的记录和保存方面发挥了巨大作用。传统的非遗文化记录方式，如文字、图片和音像等，虽然能够保留一部分非遗信息，但往往难以全面、真实地再现非遗技艺的原貌。而数字化技术的广泛应用，使得非遗文化的记录和保存更加全面、细致和精确。通过高清摄影、三维扫描、动作捕捉等技术手段，可以将非遗技艺的每一个细节都记录下来，形成完整的数字化档案。这些数字化档案不仅可以长久保存，还可以通过互联网等媒介进行广泛传播，让更多人了解和欣赏非遗文化。

此外，科技创新还在非遗文化的展示和体验方面发挥了重要作用。虚拟现实（VR）、增强现实（AR）等技术的运用，使得非遗文化的展示更加生动、立体和交互性强。观众可以通过佩戴VR眼镜或AR设备，身临其境地感受非遗技艺的独特魅力和文化内涵。这种沉浸式的体验方式，不仅能够吸引观众的注意力，还能够加深他们对非遗文化的认知和理解。

在非遗技艺的创新方面，科技创新同样具有重要意义。传统的非遗技艺往往是基于手工操作和经验传承的，而现代科技手段的运用，可以为非遗技艺的创新提供更多可能性和灵感。例如，通过计算机辅助设计软件，可以对非遗技艺进行更加精确的设计和优化；通过3D打印技术，可以实现非遗技艺的快速原型制作和个性化定制；通过人工智能算法，可以对非遗技艺进行智能分析和推荐，帮助其更好地适应现代社会的需求。

未来，科技创新在非遗文化传承中的应用与发展将更加广泛和深入。随着科技的不断进步和创新，我们可以期待更多先进的技术和手段被应用于非遗文化的传承中。例如，5G通信技术的普及将使得非遗文化的传播更加快速和高效；人工智能和大数据技术的深度融合将使得非遗文化的分析和挖掘更加深入和精准；量子计算等新兴技术的发展也将为非遗文化传承带来更加广阔的想象空间。

（四）跨学科、跨领域研究团队的构建与合作

在非遗文化传承的宏大舞台上，跨学科、跨领域的研究团队构建与合作显得尤为关键。这不仅是因为非遗文化本身涵盖了艺术、历史、社会等多个学科的知识，更是因为在现代社会背景下，非遗文化的传承与创新需要借助科技、教育、文化产业等多领域的力量。因此，构建一个高效、协同的跨学科、跨领域研究团队，对于推动非遗文化传承与高校美育的深度融合具有不可估量的价值。

构建这样的研究团队，首先要明确团队的目标与定位。团队成员应来自不同的学科背景和专业领域，如艺术学、历史学、社会学、教育学、文化产业管理等。他们应共同致力于非遗文化的深入研究、传承创新以及高校美育实践的推进。团队内部应建立起平等、尊重、开放、共享的合作氛围，鼓励成员间的思想碰撞与知识交流。

在团队构建过程中，要特别注重成员间的互补性与协同性。不同学科背景的专家学者可以从各自的专业角度出发，对非遗文化进行多维度、深层次的解读与分析。例如，艺术学者可以关注非遗文化的审美价值与艺术特色，历史学者可以挖掘非遗文化的历史渊源与社会背景，社会学者则可以探讨非遗文化在当代社会的功能与意义。通过这种跨学科的交流与合作，可以更加全面地揭示非遗文化的内涵与价值，为其传承与创新提供坚实的学术支撑。

同时，跨领域的合作也是推动非遗文化传承与创新的重要途径。教育领域、文化产业、旅游业等领域的协同创新，可以为非遗文化注入新的活力与机遇。例如，教育领域可以通过将非遗文化融入课程体系、开展非遗技艺传承活动等方式，培养一批批具备专业素养和传承能力的非遗人才；文化产业可以通过市场化运作，将非遗文化转化为文化产品和服务，满足公众对非遗文化的消费需求；旅游业则可以通过开发非遗文化旅游线路和产品，让游客在亲身体验中感受非遗文化的魅力。

在跨学科、跨领域研究团队的构建与合作中，还需要建立一套科学、高效的管理机制。这包括明确团队成员的职责与分工、制定详细的研究计划与

时间表、建立定期的交流与汇报机制等。通过这些管理机制的建立与实施，可以确保团队的高效运转和研究成果的高质量产出。

四、基于非遗文化的高校美育个性化亮点孵化策略

（一）关联本校专业与非遗文化，塑造特色美育内容

在高等教育日益重视个性化与特色化的今天，将本校专业与非遗文化紧密结合，不仅有助于非遗文化的传承与发展，更能为高校美育注入新的活力，塑造出独具特色的美育内容。这一策略的实施，需要高校深入挖掘本校专业与非遗文化的内在联系，通过创新性的课程设计与实践活动，实现两者的有机融合。

高校作为文化传承与创新的重要阵地，拥有丰富的学科资源和专业人才。在非遗文化传承方面，高校可以依托艺术、历史、文学等相关专业，开展非遗文化的系统研究与教学。通过开设非遗文化课程、举办专题讲座、组织实地考察等方式，让学生深入了解非遗文化的历史渊源、艺术特色和社会价值。同时，高校还可以邀请非遗传承人走进校园，与学生进行面对面交流，传授非遗技艺，让学生在亲身体验中感受非遗文化的魅力。

在塑造特色美育内容方面，高校应深化挖掘本校专业与非遗文化之间的内在联系，实施精准对接，推动深度融合发展。例如，艺术设计类专业不仅可开设非遗工艺美术课程，教授传统绘画、雕刻、陶瓷等技艺，还应鼓励学生参与创作，将传统元素融入现代设计，实现创意与传统的和谐共生；音乐和舞蹈类专业则可进一步拓展，不仅挖掘民间音乐、舞蹈、戏曲，还应组织学生参与非遗剧目的复原与创新，通过舞台实践传递非遗文化的深厚底蕴与时代新声；建筑类专业可以深入探讨与实践传统建筑营造技艺，如木结构榫卯技术、石雕装饰艺术等，通过田野调查、模型制作与数字化复原等教学环节，使学生在掌握现代设计理念的同时，深刻理解并尊重历史文化的脉络；食品工程类专业可以开设非遗美食文化课程，如研究制作传统糕点、酿造工艺等，让学生在实验室里体验从古法到现代科技的跨越，既培养其食品创新意识，又促进地方美食文化的传承。通过深入挖掘各专业与非遗文化的结合

点，不仅可以丰富专业教学内涵，也为非遗文化的传承提供了多元路径，体现了高校美育在个性化与特色化道路上的积极探索。

此外，高校还可以通过跨学科合作的方式，将非遗文化与多个专业领域相结合，创造出更加丰富多样的美育内容。例如，可以将非遗文化与旅游学、市场营销学等专业相结合，开发非遗文化旅游线路和产品，让学生在参与非遗文化旅游项目的过程中，既学习专业知识，又感受非遗文化的独特魅力。这种跨学科的合作模式，不仅有助于拓宽非遗文化的传承途径，还能为高校美育提供新的思路和方法。

在实施关联本校专业与非遗文化、塑造特色美育内容的策略时，高校还需要注重师资队伍的建设。通过培训、引进等方式，提高教师对非遗文化的认知水平和教学能力，使他们能够更好地将非遗文化融入专业教学中。同时，高校还应鼓励教师积极参与非遗文化的传承与创新实践，为教师提供必要的支持和条件，激发他们在非遗文化传承与高校美育融合方面的积极性和创造力。

（二）优化整合本校特色资源，打造特有美育品牌

在高校美育实践中，优化整合本校特色资源并打造特有美育品牌，是推动非遗文化传承与高校美育融合创新的关键策略。这一举措旨在充分利用高校自身的独特优势，通过整合校内外各类资源，形成具有鲜明特色和广泛影响力的美育品牌，从而有效提升非遗文化传承的实效性和高校美育的内涵质量。

要实现这一目标，高校需首先对本校的特色资源进行深入挖掘和系统梳理。这些特色资源可以包括学校的地理位置、历史传统、学科优势、师资力量、校园文化等多个方面。通过对这些资源的细致分析，高校可以明确自身在非遗文化传承和美育实践中的独特优势和潜在价值。

在明确特色资源的基础上，高校应进一步整合资源，构建以非遗文化传承为核心的美育课程体系。这一课程体系应充分利用本校的学科优势和师资力量，将非遗文化融入课堂教学、实践活动、校园文化等多个环节，形成全方位、多层次的美育格局。同时，高校还应注重课程体系的创新性和实效

性，不断更新教学内容和方法，以适应非遗文化传承和高校美育发展的新需求。

除了构建美育课程体系之外，高校还应积极且策略性地搭建非遗文化传承与展示的多元化平台，尤其强调与校外合作单位的紧密互动与协同配合。这不仅限于校园内部的展览、表演和工作坊，更应拓展至与博物馆联合举办专题展览，借力图书馆资源进行非遗文献与资料的共享，与社区服务中心合作开展非遗文化体验日，携手研究机构举办学术研讨会，以及与校企合作企业共同开发非遗文化创意产品等。尤为重要的是，利用乡村振兴帮扶点作为实践基地，既展现高校的社会责任，也使得非遗文化在真实的生活场景中得到活态传承。通过对展示平台多元化、多层次的建设，高校能够构建一个校内外联动、层次分明、互动频繁的展示平台网络，不仅扩大非遗文化的受众范围和影响力，还能吸引更多资源投入，为非遗文化传承和高校美育实践的持续发展奠定坚实基础。同时，这也是一种双向滋养的过程，高校在输出知识与技术的同时，也能从合作单位那里获得第一手的研究素材与实践机会，不断丰富和深化教学内容，实现互利共赢。

在打造特有美育品牌的过程中，高校还应注重品牌的传播与推广。通过校内外各类媒体和渠道，高校可以宣传自身的非遗文化传承和美育实践成果，提升品牌的知名度和美誉度。同时，高校还可以与其他机构、企业等合作，共同推广非遗文化和美育品牌，形成更大的社会效应。

最后，高校应建立对非遗文化传承和美育实践成果的评估与反馈机制。通过对实践活动的定期评估和总结，高校可以及时发现存在的问题和不足，及时调整策略和方法，确保非遗文化传承和高校美育实践的持续改进和提升。

（三）加强师资队伍建设，提升教师非遗文化素养与创新能力

在非遗文化传承与高校美育的融合发展进程中，教师的作用至关重要。他们不仅是知识的传授者，更是文化的传承者和创新者。因此，加强师资队伍建设，提升教师的非遗文化素养和创新能力，对于推动非遗文化在高校中的传承与发展具有举足轻重的意义。

1.提升教师非遗文化素养

要提升教师的非遗文化素养，首先需要加强非遗文化的教育与培训。高校可以组织定期的非遗文化专题讲座、研讨会和工作坊，邀请非遗专家、传承人和相关领域的学者进行授课和指导。通过这些活动，教师可以深入了解非遗文化的历史渊源、技艺特点、传承现状以及发展趋势，从而增强对非遗文化的认知和尊重。

此外，高校还可以鼓励教师参与非遗实践活动。例如，组织教师参观非遗展览、体验非遗技艺、参与非遗项目的研究与推广等。通过亲身实践，教师可以更加直观地感受非遗文化的魅力，增强对非遗文化的情感认同，从而将这些体验和感受转化为教学资源，更好地传授给学生。

2.培养教师创新能力

在提升教师非遗文化素养的基础上，还需要进一步培养教师的创新能力。首先，高校应该为教师创造一个宽松、自由的学术氛围，鼓励他们敢于挑战传统、勇于创新。可以设立非遗文化与现代教育融合研究基金，支持教师进行跨学科的研究与合作，探索非遗文化传承与现代教育的新模式、新路径。

其次，高校应该建立健全教师创新能力评价体系，将创新能力作为教师晋升和奖励的重要依据。通过设立创新奖项、表彰创新成果等方式，激励教师积极投身于非遗文化传承与高校美育实践的创新工作中。

最后，高校还可以加强与其他机构、企业的合作与交流，共同推动非遗文化的传承与发展。可以与企业合作开展非遗文化产品的研发与推广，与博物馆、艺术馆等机构合作举办非遗文化展览和演出活动，为教师提供更多的实践机会和创新平台。

3.构建良好的师资队伍结构

除了提升教师的非遗文化素养和创新能力外，还需要构建良好的师资队伍结构。高校应该注重引进和培养具有非遗文化背景和专业技能的优秀人才，充实到师资队伍中。同时，加强校内教师的交流与合作，形成学科交叉、优势互补的团队优势。

此外，高校还应该关注青年教师的成长与发展。通过设立青年教师培养计划、提供进修学习机会等方式，帮助青年教师提升非遗文化素养和创新能力，为非遗文化传承与高校美育实践的持续发展储备人才。

（四）创新美育评价体系，多元化评估方式促进学生个性化发展

在非遗文化传承与高校美育的融合实践中，创新美育评价体系、采用多元化评估方式，对于促进学生个性化发展至关重要。传统的美育评价方式往往过于单一，难以全面反映学生的非遗文化素养和创新能力，因此，构建多元化、个性化的评价体系势在必行。

1.构建多元化评价体系

多元化评价体系应涵盖多个维度，包括学生的知识技能、情感态度、实践创新等方面。在知识技能方面，可以通过书面测试、实践操作等方式评估学生对非遗文化的掌握程度；在情感态度方面，可以通过观察、问卷调查等方式了解学生对非遗文化的兴趣、认同感和传承意愿；在实践创新方面，则可以通过项目制作、成果展示等方式评价学生在非遗文化传承中的创新能力和实践成果。

此外，多元化评价体系还应注重过程性评价与终结性评价的结合。过程性评价关注学生在学习过程中的表现和努力，有利于激发学生的学习积极性和自信心；终结性评价则关注学生的学习成果和效果，有助于全面反映学生的非遗文化素养和创新能力。

2.实施个性化评估策略

在多元化评价体系的基础上，还应实施个性化评估策略，以更好地促进学生的个性化发展。个性化评估策略强调尊重学生的个性差异和特长，根据每个学生的特点和需求制定相应的评估方案。

例如，对于在非遗技艺方面有特长的学生，可以采用以实践操作为主的评估方式，重点评价其技艺水平和创新能力；对于在非遗文化研究方面有兴趣的学生，则可以采用以论文写作、课题研究为主的评估方式，重点评价其研究能力和学术素养。通过这样的个性化评估策略，可以更好地激发学生的学习兴趣和潜能，促进其在非遗文化传承中的个性化发展。

3.利用现代技术手段提升评价效率与准确性

在创新美育评价体系的过程中，还可以充分利用现代技术手段提高评价效率和准确性。例如，可以利用大数据分析技术对学生的学习行为、成绩变化等进行深入挖掘和分析，为教师提供更加全面、客观的学生评价信息；可以利用在线评价系统实现对学生作品的快速、准确评价，提高评价工作的效率和公正性。这些现代技术手段的应用，不仅可以减轻教师的评价负担，还可以提高评价的准确性和科学性。

4.注重评价结果的反馈与应用

最后，创新美育评价体系还应注重评价结果的反馈与应用。教师应及时将评价结果反馈给学生，帮助学生了解自己的优点和不足，明确改进方向。同时，学校也应将评价结果作为改进美育教学、优化课程设置的重要依据，以不断完善非遗文化传承与高校美育的融合实践。

第二节　非遗文化传承与高校美育的共同使命与责任担当

一、弘扬民族文化、增强文化自信的使命担当

（一）培养学生对民族文化的认同感与自豪感

在非遗文化传承与高校美育的共同使命中，培养学生对民族文化的认同感与自豪感是一项系统而深入的工作。这不仅需要高校美育课程体系的完善，还需要教学方法的创新、实践活动的丰富以及校园文化氛围的营造等多方面的努力。

1.完善美育课程体系，深化民族文化内容

高校应建立完整的非遗文化美育课程体系，将非遗文化作为重要内容融入各类美育课程中。例如，在美术鉴赏课程中，可以增加对民族绘画、雕塑、工艺品等的赏析；在音乐欣赏课程中，可以引入民族音乐的鉴赏与学

习；在舞蹈课程中，可以教授民族舞蹈的基本动作与韵律等。通过多样化的课程设置，使学生能够全面、深入地了解民族文化的丰富内涵和独特魅力。

同时，高校还可以开设专门的非遗文化课程，如非遗概论、非遗技艺传承与实践等，为学生提供更加系统、深入的学习机会。这些课程可以邀请非遗传承人、专家学者等进行授课，结合实地考察、实践操作等方式，让学生亲身体验非遗文化的独特魅力，从而增强对民族文化的认同感。

2.创新教学方法，激发学生情感共鸣

在非遗文化美育教学中，教师应注重创新教学方法，激发学生的学习兴趣和情感共鸣。例如，可以采用情境教学法，通过创设生动的非遗文化情境，让学生在情境中感受民族文化的魅力；可以采用互动式教学法，鼓励学生积极参与课堂讨论和实践活动，发表自己的见解和感受；还可以采用多媒体教学法，利用图片、视频等多媒体手段展示非遗文化的精彩瞬间，增强学生的感官体验。

此外，教师还可以结合学生的兴趣爱好和实际需求，设计个性化的非遗文化美育项目。例如，可以组织学生参与非遗文化的创意设计比赛、民族手工艺制作活动等，让学生在亲身实践中感受民族文化的魅力，培养对民族文化的自豪感。

3.丰富实践活动，拓宽学生认知视野

高校应积极开展各类非遗文化实践活动，为学生提供更多的实践机会和认知视野。例如，可以组织学生参与非遗文化的田野调查、传承人访谈等活动，让学生深入了解非遗文化的传承历史、技艺特点和社会价值；可以举办非遗文化主题展览、演出等活动，展示非遗文化的独特魅力和传承成果；还可以开展非遗文化进校园、进社区等活动，让更多的人了解和关注非遗文化。

通过丰富的实践活动，学生可以更加直观地感受非遗文化的独特魅力和价值所在，增强对民族文化的认同感和自豪感。同时，实践活动还可以培养学生的团队协作能力、创新思维能力等综合素质，为非遗文化传承事业注入新的活力。

4.营造良好校园文化氛围，浸润学生心灵

高校应积极营造良好的校园文化氛围，让学生在潜移默化中受到民族文化的熏陶和感染。可以通过悬挂非遗文化标语、设置非遗文化展示区等方式，营造浓郁的民族文化氛围；可以举办各类非遗文化主题讲座、研讨会等活动，提高学生的文化素养和审美水平；还可以鼓励学生自发组织非遗文化社团、兴趣小组等，开展丰富多彩的民族文化活动。

在良好的校园文化氛围中，学生可以更加深入地了解和感受民族文化的魅力，增强对民族文化的认同感和自豪感。同时，校园文化氛围的营造还可以促进学生的全面发展，提升高校的整体办学水平和社会影响力。

（二）通过美育实践传播非遗文化的独特魅力与价值

在非遗文化传承与高校美育的交融中，通过美育实践传播非遗文化的独特魅力与价值，不仅有助于非遗文化的传承与发展，更能深化学生对非遗文化的理解，提升其审美情趣和文化素养。为此，高校美育实践应积极探索有效途径，将非遗文化的精髓融入其中，使之成为传播非遗文化的重要载体。

1.非遗文化融入美育课程，展现独特魅力

高校美育课程是传播非遗文化的重要平台。通过将非遗文化融入美术、音乐、舞蹈等美育课程中，可以使学生更加直观地感受非遗文化的独特魅力。例如，在美术课程中，可以引入非遗绘画、雕塑等艺术形式，让学生了解其独特的艺术风格和创作技巧；在音乐课程中，可以教授非遗音乐的演奏和演唱方法，让学生感受其独特的音乐韵律和美感；在舞蹈课程中，可以编排非遗舞蹈作品，让学生亲身体验其独特的舞蹈语汇和表演风格。通过这样的课程设置，不仅可以使学生更加深入地了解非遗文化，还能激发其学习兴趣和热情，从而更加积极地参与到非遗文化的传承与发展中来。

2.开展非遗文化主题实践活动，深化学生理解

除了课程设置外，高校还可以通过开展非遗文化主题实践活动来深化学生对非遗文化的理解。这些活动可以包括非遗文化讲座、展览、演出、工作坊等多种形式。通过邀请非遗传承人进行现场展示和教学，学生可以更加直观地了解非遗文化的技艺和制作过程；通过观赏非遗文化演出和展览，学生

可以更加深入地感受其艺术魅力和文化内涵；通过参与非遗文化工作坊，学生可以亲身体验非遗技艺的制作过程，从而更加深刻地理解其独特价值。这些实践活动的开展不仅可以增强学生的实践能力和团队合作意识，还能使其在亲身体验中更加深刻地领悟非遗文化的独特魅力与价值。

3.利用现代科技手段，创新非遗文化传播方式

随着现代科技手段的不断发展，高校美育实践也可以借助这些手段创新非遗文化的传播方式。例如，可以利用虚拟现实技术打造非遗文化的数字化展示平台，让学生通过虚拟现实眼镜等设备身临其境地感受非遗文化的魅力；可以利用社交媒体平台开展非遗文化的线上推广活动，吸引更多年轻人的关注和参与；还可以与影视制作机构合作，拍摄非遗文化主题的影视作品或纪录片，通过影像的方式更加直观地展现非遗文化的独特魅力。这些现代科技手段的运用不仅可以拓宽非遗文化的传播渠道，还能使其更加贴近年轻人的生活方式和审美需求。

4.加强国际交流与合作，展示中华民族文化底蕴

在全球化背景下，高校美育实践还应加强国际交流与合作，将非遗文化推向国际舞台。通过组织非遗文化代表团出国访问、参加国际文化交流活动等方式，可以展示中华民族的文化底蕴和实力；通过与国外高校和研究机构开展合作研究、共同举办展览和演出等活动，可以推动非遗文化的国际传播与交流。这些国际交流与合作不仅可以提升非遗文化的国际影响力，还能促进不同文化之间的交流与融合，为构建人类命运共同体贡献力量。

（三）积极参与国际文化交流，展示中华民族的文化底蕴与实力

在全球化的时代背景下，国际文化交流日益频繁，这为中华民族的文化传承与发展提供了难得的机遇。对于非遗文化传承与高校美育实践而言，积极参与国际文化交流不仅有助于提升非遗文化的国际知名度，还能促进高校美育实践与国际接轨，拓宽学生的国际视野，进而展示中华民族的文化底蕴与实力。

1.精心策划与组织，打造非遗文化国际交流品牌

高校在参与国际文化交流时，应精心策划与组织各类活动，力求打造非

遗文化国际交流品牌。首先，可以依托学校的学科优势和特色，举办以非遗文化为主题的国际学术研讨会，邀请国内外知名专家学者共同探讨非遗文化的传承与创新问题。通过学术研讨，不仅可以深入挖掘非遗文化的内涵与价值，还能推动非遗文化在国际学术界的传播与认可。其次，可以组织非遗文化艺术团赴国外进行巡回演出，展示中国非遗文化的艺术魅力。通过艺术演出，可以让更多外国观众领略到中国非遗文化的独特风采，进而增进对中国文化的了解和认同。最后，还可以与国外高校或文化机构合作，共同举办非遗文化展览、工作坊等活动，让更多人能够亲身体验和感受中国非遗文化的魅力。

2.注重传播效果与评估，提升非遗文化国际影响力

在参与国际文化交流的过程中，高校应注重传播效果与评估，不断提升非遗文化的国际影响力。一方面，可以利用现代传播手段，如社交媒体、网络直播等，对非遗文化的国际交流活动进行广泛宣传和推广，吸引更多人的关注和参与；另一方面，可以建立非遗文化国际交流效果评估机制，定期对交流活动的效果进行评估和总结，以便及时发现问题并改进策略。通过评估机制的建立和实施，可以更加科学地衡量非遗文化在国际交流中的传播效果和影响力，进而为未来的交流活动提供有益的参考和借鉴。

3.培养学生跨文化素养，提升国际交流能力

高校在积极参与国际文化交流的同时，还应注重培养学生的跨文化素养和国际交流能力。首先，可以在课程设置中增加跨文化交流相关的课程内容，引导学生了解不同文化之间的差异和共性，培养其跨文化意识和尊重多元文化的态度。其次，可以鼓励学生参加国际交流项目、留学等活动，让其在亲身体验中感受不同文化的魅力并提升语言沟通能力。最后，还可以邀请国外专家学者来校举办讲座或工作坊等活动，为学生提供与国际专家面对面交流的机会并拓宽其国际视野。通过这些措施的实施，可以帮助学生更好地适应全球化时代的挑战并提升其在国际舞台上的竞争力。

4.借鉴国际先进经验，推动非遗文化创新发展

在积极参与国际文化交流的过程中，高校还应借鉴国际先进经验来推动非遗文化的创新发展。一方面，可以学习其他国家和地区在非遗文化传承与

发展方面的成功做法和先进理念；另一方面，也可以引入现代科技手段对非遗文化进行数字化保护和开发利用。通过借鉴国际先进经验和引入现代科技手段相结合的方式可以推动非遗文化在保持传统魅力的基础上实现创新发展并满足现代人的审美需求。这种创新发展不仅可以为非遗文化的传承注入新的活力还能推动其与现代社会的融合发展并提升其在国际舞台上的竞争力。

二、培养全面发展、具有创新精神的高素质人才的责任担当

（一）注重学生知识技能与审美情趣的全面提升

在非遗文化传承与高校美育的实践中，对学生知识技能与审美情趣的全面提升，不仅是教育教学的核心目标，也是确保非遗文化得以有效传承和发展的关键所在。这种提升不仅关乎学生个人的全面发展，更与整个社会的文化传承和创新息息相关。

1.知识技能的提升是非遗文化传承的基石

知识技能的提升是非遗文化传承的基石。非遗文化作为中华民族几千年文明积淀的精华，其技艺之精湛、内涵之丰富，都需要通过系统的学习和实践才能得以掌握和传承。高校作为人才培养的摇篮，有责任也有能力为学生提供全面、深入的非遗文化知识和技能教育。

在教育内容上，高校应精心设计课程体系，确保涵盖非遗文化的各个方面，包括历史渊源、技艺流程、文化内涵以及现代应用等。通过课堂教学、实践操作、田野调查等多种方式，让学生全面了解和掌握非遗文化的知识和技能。同时，高校还应积极引入现代科技手段，如数字化技术、虚拟现实等，创新教学方式方法，提高学生的学习兴趣和效率。

在教育实践上，高校应加强与非遗传承人的合作与交流，邀请他们走进校园、走进课堂，为学生提供面对面的指导和帮助。通过设立非遗技艺工作坊、组织非遗技艺比赛和展示等活动，让学生有机会亲身实践、体验非遗技艺的魅力，从而更加深入地理解和掌握非遗文化的精髓。

2.审美情趣的培养是非遗文化传承的重要补充

审美情趣的培养是非遗文化传承的重要补充。非遗文化作为一种独特的

艺术形式，其美感和魅力需要通过审美教育来引导和发掘。高校作为美育教育的主阵地，应充分发挥自身优势，通过课程设置、艺术展览、文化交流等多种方式，培养学生的审美情趣和审美能力。

在课程设置上，高校应开设以非遗文化为主题的美育课程，如非遗艺术鉴赏、非遗美学等。通过系统的教学和实践，引导学生学会欣赏非遗文化的艺术之美、感悟非遗文化的精神内涵。同时，高校还可以将非遗文化与其他艺术形式相结合，如音乐、舞蹈、戏剧等，创新美育课程的内容和形式，提高学生的学习兴趣和参与度。

在艺术展览上，高校应定期举办非遗文化艺术展览活动，将优秀的非遗作品呈现给学生。通过观展、讲解、互动等方式，让学生更加直观地感受非遗文化的艺术魅力和独特风格。此外，高校还可以邀请艺术家、设计师等对非遗文化进行现代解读和再创作，将传统与现代相结合，展现出非遗文化的时代魅力和创新活力。

在文化交流上，高校应积极搭建平台，促进国内外非遗文化的交流与合作。通过组织国际研讨会、文化交流活动等形式，让学生有机会接触到世界各地的非遗文化，拓宽其视野和认知。通过与不同文化背景的交流和碰撞，学生可以更加深入地理解非遗文化的独特性和价值所在，从而更加坚定地传承和发展非遗文化。

3.知识技能与审美情趣的全面提升有助于非遗文化的创新发展

当学生具备了扎实的知识技能和良好的审美情趣后，他们将成为非遗文化传承与发展的重要力量。他们不仅能够准确地掌握和传承非遗技艺和文化内涵，更能够在此基础上进行创新和发展。这种创新不仅是对传统技艺的改进和提升，更是对非遗文化精神内涵的深入挖掘和拓展。

通过创新实践，学生可以将非遗文化与现代社会相结合，探索出更加符合现代审美和消费需求的产品和服务。这种创新实践不仅有助于提升非遗文化的市场竞争力和影响力，更能够为非遗文化的传承与发展注入新的活力和动力。同时，学生的创新实践还能够带动更多人关注和参与到非遗文化传承与发展中来，形成全社会共同关注和支持非遗文化传承与发展的良好氛围。

综上所述，注重学生知识技能与审美情趣的全面提升在非遗文化传承与高校美育实践中具有举足轻重的地位。高校应充分发挥自身优势资源条件，通过精心设计课程体系、加强与非遗传承人的合作与交流、定期举办艺术展览活动以及积极搭建文化交流平台等措施的实施，培养出既具备扎实知识技能又具有良好审美情趣的高素质人才，为推动非遗文化传承事业的持续发展贡献智慧和力量。

（二）激发学生创新思维与实践能力的发展潜力

在非遗文化传承与高校美育的交融中，激发学生创新思维与实践能力的发展潜力，是培养全面发展、具有创新精神的高素质人才不可或缺的一环。非遗文化，作为中华民族几千年文明积淀的精华，蕴含着丰富的创新元素和实践智慧，为高校美育提供了独特的资源和平台。

1.激发非遗文化传承中的创新思维

非遗文化传承不仅仅是技艺的传递，更重要的是文化精神的延续和创新。高校在美育实践中，应通过引入非遗文化元素，设计富有挑战性的创新任务，激发学生的创新思维。例如，可以鼓励学生结合现代审美和消费需求，对传统非遗技艺进行再创作，设计出既具有传统韵味又符合现代潮流的非遗文创产品。这样的创新实践，不仅能够让学生深刻理解非遗文化的内涵和价值，更能够激发他们的创新思维，培养出具有独特视角和创意的设计师和艺术家。

同时，高校还可以通过举办非遗文化创新大赛、设立非遗文化创新基金等方式，为学生提供展示和交流的平台，进一步激发他们的创新热情。在这样的平台上，学生可以相互学习、相互启发，共同探索非遗文化传承与创新的无限可能。

2.培养非遗文化传承中的实践能力

实践能力是检验学生学习成果和创新能力的重要标准。在非遗文化传承与高校美育的实践中，高校应注重培养学生的实践能力，让他们在实践中掌握技艺、感悟文化、提升自我。具体来说，高校可以通过建立非遗技艺工作坊、组织非遗技艺实践课程等方式，为学生提供亲身实践的机会。在这样的实践环境中，学生可以亲手制作非遗作品，体验非遗技艺的精湛和美妙，从而更加深入地理解和掌握非遗文化。

此外，高校还可以积极与企业、社区等合作，建立非遗文化传承与创新的实践基地。在这样的基地中，学生可以参与到非遗产品的设计、制作、推广等全过程中，了解市场需求和消费者喜好，提升他们的市场意识和实践能力。同时，通过与企业、社区等的合作，还可以促进非遗文化的产业化发展，推动非遗文化更好地融入现代生活。

3.创新思维与实践能力的相互促进

创新思维与实践能力是相互促进、相辅相成的。在非遗文化传承与高校美育的实践中，高校应注重培养学生的创新思维和实践能力，并努力实现二者的有机结合。具体来说，高校可以通过设计综合性的创新实践项目，让学生在实践中发现问题、提出问题、解决问题，从而培养他们的创新思维和实践能力。同时，高校还可以邀请非遗传承人、艺术家等走进校园，与学生进行面对面的交流和指导，激发他们的创新灵感和实践热情。

（三）培养学生具备跨学科融合与团队协作的综合素质

在非遗文化传承与高校美育的交融背景下，培养学生具备跨学科融合与团队协作的综合素质显得尤为重要。这种综合素质的培养，不仅有助于学生更好地理解和传承非遗文化，更能为他们未来的职业发展和社会责任担当奠定坚实基础。

1.构建跨学科融合的知识体系

非遗文化作为一种综合性的文化现象，其内涵和外延涉及多个学科领域。因此，要培养学生具备跨学科融合的知识体系，首先需要打破传统学科之间的壁垒，实现多学科之间的有机融合。高校可以通过优化课程设置，增加跨学科课程，引导学生从不同学科的角度去审视和理解非遗文化。例如，可以开设以非遗文化为主题的跨学科课程，将历史学、艺术学、民俗学、工艺学等多个学科的知识进行整合，让学生在学习过程中形成全面、系统的非遗文化认知。

高校还可以积极引入跨学科的研究方法和手段，鼓励学生在非遗文化传承实践中进行跨学科探索。例如，可以运用现代科技手段对非遗技艺进行数字化保护和传承，将传统工艺与现代设计相结合，创造出既具有传统韵味又符合现代审美需求的非遗文创产品。这样的实践过程，不仅能够让学生深刻体会到跨学科融合的魅力，更能激发他们的创新思维和实践能力。

2.培养团队协作的能力

非遗文化的传承与发展需要集体的智慧和力量。因此，要培养学生具备团队协作的能力，让他们学会在团队中发挥自己的优势，与他人共同完成任务。高校可以通过组织非遗文化传承团队、开展团队协作训练等方式，培养学生的团队协作意识和能力。

在非遗文化传承团队中，学生可以担任不同的角色，如策划者、组织者、实施者等，共同参与到非遗文化传承活动的全过程中。在团队中，学生需要学会与他人沟通、协调、分工合作，共同解决问题，完成任务。通过团队协作的实践锻炼，学生可以逐渐培养出良好的团队协作精神和能力。

此外，高校还可以开展专门的团队协作训练，通过模拟实际情境、设置团队任务等方式，提升学生的团队协作技巧。例如，可以组织学生进行非遗技艺的传承与展示活动，让他们在活动中学会如何分工合作、协调配合，共同呈现出精彩的非遗技艺表演。这样的训练过程，不仅能够让学生更加深入地了解非遗文化，更能提升他们的团队协作能力和综合素质。

3.实现跨学科融合与团队协作的有机结合

跨学科融合与团队协作是相辅相成、相互促进的。要培养学生具备跨学科融合与团队协作的综合素质，需要将二者有机结合起来，共同推动非遗文化的传承与发展。具体来说，可以通过设置综合性的非遗文化传承项目，让学生在跨学科融合的知识体系基础上进行团队协作实践。

例如，可以设立以非遗文化为主题的创新设计大赛，要求学生以跨学科的视角进行创新设计，并通过团队协作的方式完成作品。在这样的项目中，学生需要将不同学科的知识和方法进行融合运用，设计出既具有传统韵味又符合现代审美需求的非遗文创产品。同时，他们还需要在团队协作中充分发挥自己的优势，与他人共同解决问题，完成任务。通过这样的实践锻炼，学生可以逐渐培养出具备跨学科融合与团队协作的综合素质。

此外，高校还可以积极与企业、社区等合作，建立非遗文化传承与创新的实践基地。在这样的基地中，学生可以参与到非遗产品的设计、制作、推广等全过程中，了解市场需求和消费者喜好。同时，他们还可以与企业员工、社区居民等进行深入交流和合作，共同推动非遗文化的产业化发展和社会化传承。这样的实践过程，不仅能够让学生更加深入地了解非遗文化的内涵和价值，更能提升他们的市场意识和实践能力。

三、构建和谐共生、充满活力的校园文化生态的贡献担当

（一）营造尊重多元文化、鼓励创新实践的校园文化氛围

在非遗文化传承与高校美育的融合发展中，营造尊重多元文化、鼓励创新实践的校园文化氛围是至关重要的。这种氛围不仅有助于培养学生的国际视野和跨文化交流能力，更能激发他们的创新思维和实践精神，为非遗文化的传承与发展注入新的活力。

1.尊重多元文化的价值理念

在全球化日益加剧的今天，多元文化已成为社会发展的必然趋势。高校作为文化传承与创新的重要阵地，更应该积极倡导尊重多元文化的价值理念。这不仅包括对不同民族、不同地域文化的尊重，更包括对不同学科、不同领域文化的包容与融合。高校应该通过课程设置、学术交流、文化活动等多种方式，让学生接触到丰富多彩的文化现象，培养他们的多元文化意识和跨文化交流能力。

在非遗文化传承方面，尊重多元文化的价值理念尤为重要。非遗文化作为中华民族传统文化的重要组成部分，具有多样性、地域性、民族性等特点。高校应该充分尊重非遗文化的这些特点，通过邀请非遗传承人进校园、举办非遗文化展览、开设非遗技艺课程等方式，让学生亲身感受非遗文化的魅力，增强他们对非遗文化的认同感和自豪感。

2.鼓励创新实践的教育环境

创新是民族进步的灵魂，也是非遗文化传承与发展的关键所在。高校应该积极营造鼓励创新实践的教育环境，激发学生的创新思维和实践精神。这可以通过建立创新实验室、举办创新竞赛、设立创新基金等方式实现。

在非遗文化传承方面，鼓励创新实践的教育环境同样具有重要意义。非遗技艺的传承与发展需要不断创新与实践。高校应该鼓励学生将现代科技手段应用于非遗技艺的传承与创新中，如运用数字化技术对非遗技艺进行保护与传承，运用现代设计理念对非遗产品进行开发与推广等。这样的创新实践不仅能够提升非遗技艺的传承效果，更能培养学生的创新能力和实践能力。

3.构建开放包容的校园文化生态

营造尊重多元文化、鼓励创新实践的校园文化氛围，需要构建开放包容的校园文化生态。高校应该打破学科壁垒和地域限制，促进不同学科、不同地域之间的文化交流与合作。同时，高校还应该积极引入社会资源，加强与企业、社区等的合作与交流，共同推动非遗文化的传承与发展。

在开放包容的校园文化生态中，学生可以更加自由地表达自己的观点和想法，更加积极地参与到非遗文化的传承与创新中。这样的文化氛围不仅能够培养学生的创新意识和实践能力，更能为非遗文化的传承与发展提供有力的支撑和保障。

（二）加强校园内外非遗文化传承活动的互动与合作交流

在非遗文化传承与高校美育的融合进程中，加强校园内外非遗文化传承活动的互动与合作交流显得尤为关键。这种交流不仅有助于拓宽非遗文化的传承渠道，更能深化学生对非遗文化的理解，同时也为社会各界参与非遗保护提供了有效平台。

1.构建多元化的非遗文化传承合作网络

高校在非遗文化传承中应发挥桥梁作用，主动与地方政府、非遗保护中心、博物馆、文化企业等多方机构建立合作关系，共同构建非遗文化传承的合作网络。通过定期召开非遗文化传承研讨会、工作坊等活动，分享经验、探讨问题，形成非遗文化传承的合力。此外，高校还可以与民间艺人、非遗传承人建立师徒传承关系，邀请他们进校园开设工作室，为学生提供更加直观、生动的非遗技艺学习体验。

2.策划与实施多样化的非遗文化传承活动

为了让学生和社会公众更加深入地了解非遗文化，高校可以策划与实施一系列多样化的非遗文化传承活动。如定期举办非遗技艺大赛、非遗文化周、非遗主题晚会等，展示非遗文化的独特魅力。同时，还可以结合重要节日、纪念日等时间节点，开展非遗主题的庆祝活动，如春节剪纸展、端午龙舟赛等，让非遗文化融入学生的日常生活。此外，高校还可以组织学生参与非遗文化的田野调查、志愿服务等活动，让他们在实践中深入了解非遗文化的内涵和价值。

3.加强校园内外非遗文化传承活动的联动与互动

高校应打破校园内外的界限，加强与社会各界的联动与互动。可以邀请地方政府、非遗保护机构等参与校园非遗文化传承活动的策划与实施，共同推动非遗文化的校园传播。同时，高校还可以积极组织学生参与地方举办的非遗文化节、非遗技艺展演等活动，展示校园非遗文化传承的成果，吸收借鉴社会各界的先进经验和做法。此外，高校还可以通过建立非遗文化传承志愿者团队、开展非遗文化进社区等活动，将非遗文化传承的触角延伸到社会的各个角落。

4.利用现代信息技术手段提升非遗文化传承效果

在信息技术日新月异的今天，高校应充分利用现代信息技术手段提升非遗文化传承效果。可以建立非遗文化传承的数字化平台，将非遗技艺、非遗作品、非遗故事等以数字化的形式进行展示和传播，让更多的人了解和关注非遗文化。同时，还可以利用虚拟现实、增强现实等技术手段打造非遗文化的沉浸式体验场景，让学生和社会公众更加深入地感受非遗文化的魅力。此外，高校还可以通过社交媒体、短视频平台等渠道推广非遗文化传承活动，吸引更多人的关注和参与。

5.建立非遗文化传承的长效机制

为了确保非遗文化传承活动的持续开展和效果提升，高校应建立非遗文化传承的长效机制。可以通过设立非遗文化传承基金，为相关活动的开展提供经费保障；建立非遗文化传承的激励机制，对在非遗文化传承中做出突出贡献的个人和团队给予表彰和奖励；加强非遗文化传承的师资队伍建设，培养一支既懂非遗技艺又懂教育的专业教师队伍；建立非遗文化传承的评估机制，定期对相关活动的效果进行评估和总结，及时调整和优化传承策略。

（三）促进校园内外资源共享与优势互补的良性循环发展

在非遗文化传承与高校美育的深度融合过程中，促进校园内外资源共享与优势互补的良性循环发展，是实现非遗文化传承与高校美育共同发展的重要途径。这不仅可以优化资源配置，提高资源利用效率，还能推动非遗文化传承与高校美育实践相互促进、共同发展。

1.打造校园内外非遗资源共享平台

为了促进校园内外非遗资源的共享，高校应积极搭建非遗资源共享平台。这一平台可以汇集校内外的非遗资源信息，包括非遗技艺、非遗作品、非遗传承人、非遗活动等，方便校内外各方了解和学习非遗文化。通过共享平台，高校可以与社会非遗资源实现有效对接，将校外的非遗资源引入校园。同时，将校园内的非遗资源推向社会，形成非遗资源在校园内外流通的良性循环。

2.实现校内外优势互补，提升非遗传承效果

校园内外的非遗资源各具特色，通过优势互补可以实现更好的传承效果。高校可以利用自身的教育资源和科研优势，为非遗传承提供科学的方法论指导，推动非遗传承的科学化、系统化。而社会非遗资源则可以提供更加真实、生动的非遗实践场景，让学生亲身体验非遗技艺的制作过程和传承人的精湛技艺。通过校园内外的优势互补，不仅可以提升学生的非遗文化素养和实践能力，还能促进非遗文化在校园内的广泛传播和深度融入。

3.构建校园内外非遗文化传承的良性循环机制

要实现校园内外非遗文化传承的良性循环发展，需要构建一套科学、有效的传承机制。这包括制定明确的非遗文化传承计划，建立非遗文化传承的评价标准，完善非遗文化传承的激励机制等。通过这些机制的建立和实施，可以保障非遗文化传承的连续性、稳定性和创新性。同时，高校还应加强与社会各界的沟通与合作，共同推动非遗文化传承事业的持续发展。

4.创新非遗文化传承模式，推动多元化发展

在促进校园内外资源共享与优势互补的过程中，高校应积极探索非遗文化传承的新模式和新途径。可以结合现代科技手段，如数字化技术、虚拟现

实技术等，打造非遗文化的数字化展示平台或虚拟现实体验场景，让学生和社会公众以更加直观、生动的方式了解和体验非遗文化。此外，还可以开展非遗文化的跨界融合实践，将非遗文化与艺术教育、文化创意产业等相结合，推动非遗文化的多元化发展和创新性传承。

5.强化非遗文化传承的人才队伍建设

为了保障非遗文化传承的持续性和稳定性，高校应加强非遗文化传承的人才队伍建设。可以通过开设非遗文化传承相关专业课程，培养具备专业知识和实践能力的非遗传承人才；邀请非遗传承人进校园开展传承活动，指导学生学习和实践非遗技艺；加强与校外非遗保护机构、研究机构等的合作与交流，共同提升非遗文化传承的专业水平和实践能力。

四、推动社会进步、促进人类文明发展的长远愿景与目标追求

（一）通过高校美育实践推动非遗文化传承事业的持续发展

在全球化的大背景下，非遗文化作为人类文明的瑰宝，正面临着前所未有的挑战与机遇。高校，作为文化传承与创新的重要基地，其美育实践对于非遗文化的保护与传承具有深远的影响。通过更加深入的美育实践，高校可以有力地推动非遗文化传承事业的持续发展，实现民族文化的弘扬与创新。

1.高校美育实践与非遗文化传承的深度融合

高校美育实践不仅仅局限于艺术课程的传授，更是一种文化理解、审美培养和创新思维的过程。将非遗文化融入美育实践，可以使学生更加直观地感受到民族文化的魅力，从而增强对非遗文化的认同感和自豪感。通过开设非遗文化专题讲座、组织非遗技艺体验活动、举办非遗主题艺术展览等形式，高校可以为学生打造一个全方位、沉浸式的非遗文化学习环境，让学生在亲身体验中感悟非遗文化的独特魅力。

2.创新引领，激发非遗文化传承的新活力

高校汇聚了大量的青年才俊和专家学者，他们具有敏锐的洞察力和无限的创造力。通过美育实践，高校可以鼓励师生深入挖掘非遗文化的内涵和价值，运用现代科技手段和艺术表现形式，对非遗文化进行创新性的转化和发

展。例如，可以将传统手工艺与现代设计相结合，开发出既具有民族特色又符合现代审美需求的文创产品；也可以将传统音乐、舞蹈与流行音乐、街舞等现代艺术形式相融合，创作出更具时代感和吸引力的艺术作品。这些创新性的尝试和探索，不仅可以为非遗文化传承注入新的活力，还可以拓宽非遗文化的受众群体和传播渠道。

3.产学研一体化，推动非遗文化与区域经济的共同发展

高校美育实践还可以与地方政府、企业等社会各界进行合作，共同推动非遗文化与区域经济的融合发展。通过产学研一体化的合作模式，高校可以为地方非遗文化产业提供智力支持和人才保障，帮助企业提高产品设计和创新能力，打造具有地方特色的非遗文化品牌。同时，地方政府和企业也可以为高校提供实践基地和资金支持，促进高校美育实践成果的转化和应用。这种互利共赢的合作模式，不仅可以推动非遗文化产业的发展壮大，还可以为区域经济发展注入新的动力。

4.构建非遗文化传承的长效机制

高校美育实践在推动非遗文化传承事业持续发展的过程中，还需要注重构建长效机制。这包括完善非遗文化传承的课程体系、加强师资队伍建设、建立非遗文化传承的评估和激励机制等。通过这些措施的实施，可以确保高校美育实践在非遗文化传承中的持续性和有效性，为非遗文化的传承与发展提供坚实的制度保障。

（二）为区域经济发展提供有力支撑和智力保障

在非遗文化传承与高校美育实践的融合创新中，不仅民族文化的魅力得以彰显，更为区域经济发展提供了有力的支撑和智力保障。这种支撑与保障，源于非遗文化所蕴含的经济价值，以及高校美育实践在人才培养、文化创新等方面的独特作用。

非遗文化作为一种活态的文化遗产，其本身就是一种独特的经济资源。通过高校美育实践的深入挖掘和有效传承，非遗文化可以转化为具有市场竞争力的文化产品和服务，从而为区域经济发展注入新的活力。例如，高校可以依托地方非遗文化资源，开展文创产品设计、旅游开发等经济活动，打造

独具特色的非遗文化品牌，吸引更多的消费者和投资者，推动区域经济的繁荣发展。

同时，高校美育实践在培养具备创新精神和实践能力的高素质人才方面发挥着重要作用。这些人才不仅具备扎实的非遗文化知识和技能，还能够在传承中创新，将非遗文化与现代科技、时尚元素等相结合，开发出更符合现代市场需求的文化产品和服务。他们的创新能力和创业精神，将为区域经济发展提供源源不断的智力支持和人才保障。

此外，高校美育实践还能够促进区域经济的产业结构优化和升级。通过引入非遗文化元素，高校可以帮助地方企业提升产品的文化附加值和市场竞争力，推动传统产业向文化创意、旅游等新兴产业转型升级。这种产业结构的优化和升级，不仅能够提高区域经济的整体效益和竞争力，还能够为当地居民提供更多的就业机会和收入来源。

值得一提的是，高校美育实践在推动非遗文化传承与区域经济发展相结合的过程中，还能够促进社会的和谐稳定和可持续发展。通过非遗文化的传承和创新，可以增强社会凝聚力和文化认同感；通过区域经济的发展，可以提高居民的生活水平和幸福感。这种文化与经济的良性互动，将为社会的和谐稳定和可持续发展奠定坚实的基础。

（三）为人类命运共同体建设贡献智慧和力量

在全球化日益深入的今天，人类命运共同体建设已成为世界各国共同关注的时代命题。非遗文化，作为人类文明的瑰宝，承载着丰富的历史信息和深厚的文化底蕴，对于促进不同文化间的交流互鉴、推动人类命运共同体建设具有重要意义。而高校美育实践，作为非遗文化传承的重要载体和途径，更是为人类命运共同体建设贡献了不可或缺的智慧和力量。

非遗文化所蕴含的人类智慧、价值观念和审美追求，是构建人类命运共同体的宝贵资源。通过高校美育实践，这些宝贵的文化资源得以系统地挖掘、整理和传播，为不同文化背景下的人们提供了相互理解、尊重和欣赏的平台。在这个过程中，学生们不仅学习了非遗文化的知识和技能，更在潜移默化中培养了跨文化交流的能力和全球视野，成为推动人类命运共同体建设的重要力量。

高校美育实践在推动非遗文化传承的同时，也注重创新与发展。通过将传统非遗文化与现代审美、科技手段相结合，高校师生创作出大量具有时代特色的非遗文化作品，为非遗文化注入了新的活力。这些创新性的实践成果不仅丰富了人类的文化宝库，更为不同文化间的交流互鉴提供了新的契机和平台，有助于推动人类命运共同体的文化认同和价值共鸣。

此外，高校美育实践还通过组织各类国际文化交流活动，如非遗文化展览、艺术表演、学术研讨等，为来自不同国家和地区的人们提供了直接感受和理解彼此文化的机会。这些活动不仅展示了非遗文化的独特魅力，更在交流中促进了不同文化间的相互尊重和理解，为构建人类命运共同体营造了和谐的文化氛围。

高校美育实践在非遗文化传承中的这些积极作用，不仅有助于提升学生们的综合素质和跨文化交流能力，更为人类命运共同体建设提供了坚实的文化支撑和智力保障。未来，随着高校美育实践的不断深入和非遗文化传承机制的日益完善，相信这种贡献将更加显著和深远。

参考文献

［1］胡洋.地方非遗文化与高校美育的有效结合——以化州跳禾楼为例［J］.戏剧之家.2018（18）：171-173.

［2］孙文舒，陆学凯.高校美育与"非遗"文化深度融合的研究［J］.美术文献.2020（12）：106-107.

［3］周俊炜.区域非遗文化与高校美育契合性提升策略研究［J］.中学地理教学参考.2023（15）：91-92.

［4］张楠.非物质文化遗产在高校美育中的价值及其实现路径［J］.中国民族博览.2023（13）：216-218.

［5］罗诗妍，张雅.广绣非遗文化融合高校美育的传承与创新［J］.美术教育研究.2023（22）：60-62.

［6］周大鹏.高校美育热下对"非遗"文化进校园的冷思考——以艺术设计专业为例［J］.美与时代（下）.2020（03）：42-44.

［7］李百灵.高校美育的当代转型与价值延伸［N］.中国文化报，2023-10-01（003）.

［8］杨圆.非遗文化在高校美育中的融合路径分析——以漳浦剪纸为例［J］.艺术与设计（理论）.2020，2（05）：142-144.

［9］赵佳.非遗文化融入高校美育课程推广研究［J］.大众文艺.2021

（08）：169-170.

　　［10］王健，张毓麒.新时代高校美育视角下湖湘非遗文化传承策略研究［J］.大观（论坛）.2022（01）：96-98.

　　［11］张哲.非遗文化融合高校美育对策探究［J］.美术教育研究.2022（04）：57-59.

　　［12］李烨林，呼和满都拉.非遗文化融入高校课堂对美育与艺术教育的价值［J］.对联.2022，28（24）：23-25.

　　［13］王静.地域性非遗文化融入驻地高校美育的实践研究——以盐城地区为例［J］.美术教育研究.2023（24）：58-60.

　　［14］刘静瑜.高职教育中非遗文化的传承与创新［J］.美术大观.2018（12）：130-131.

　　［15］狄松菊.广西非遗文化传承与地方高校艺术教育课程的融合探讨［J］.广西教育.2021（15）：150-151.

　　［16］王亦非.非遗文化与高职艺术教育的融合创新之道［J］.文化创新比较研究.2021，5（33）：104-107.

　　［17］黄韵.高职院校公共艺术教育融入"非遗"文化的探索与实践［J］.大众文艺.2022（23）：175-177.

　　［18］何瞻.数字经济下非遗文化传承及产品典藏营销策略研究［J］.商展经济.2023（01）：34-36.

　　［19］陈国总.高职美术教育与非遗文化融合创新提升学生美学素养——以德宏职业学院为例［J］.美术教育研究.2023（11）：41-43.

　　德宏职业学院为例［J］.美术教育研究.2023（11）：41-43.

　　［20］吴琼.非遗文化与传统节日的融合路径［J］.文学教育（上）.2023（08）：183-185.

　　［21］柏桦.传承创新 激发非遗文化的时代光彩［N］.陕西日报，2022-11-28（008）.

［22］陈思琦，李佳，李雨竹.非物质文化遗产与文化创意产业融合发展实践［M］.西南交通大学出版社.2020.

［23］冯骥才.中国非物质文化遗产百科全书［M］.中国文联出版社.2014.

［24］王文章.非物质文化遗产概论［M］.教育科学出版社.2013.

［25］席勒.美育书简［M］.中国文联出版公司，1984.

［26］刘虹，张秀坤.王国维、蔡元培美育思想之比较--兼论王国维、蔡元培的人文教育精神［J］.教师教育研究，2003，15（6）：68-72.

［27］曾繁仁.美育十五讲［M］.北京大学出版社，2012：4-7.

［28］曾繁仁.美育十五讲［M］.北京大学出版社，2012：13-25.

［29］曾繁仁.美育十五讲［M］.北京大学出版社，2012：36-37.

［30］中共中央办公厅，国务院办公厅.关于全面加强和改进新时代学校美育工作的意见［EB/OL］.（2022-10-15）.［2023-05-24］http：//www.moe.gov.cn/s78/A01/s4561/jgfwzx_zcwj/202010/t20201019_495584.html